Christoph Kaiser
Theologie der Ehe

Studien zur systematischen und spirituellen Theologie

22

Herausgegeben von
Gisbert Greshake, Medard Kehl
und Werner Löser

Christoph Kaiser

Theologie der Ehe

Der Beitrag Hans Urs von Balthasars

echter

Die Deutsche Bibliothek – CIP-Einheitsaufnahme

Kaiser, Christoph:
Theologie der Ehe : der Beitrag Hans Urs von Balthasars /
Christoph Kaiser. – Würzburg : Echter, 1997
Zugl.: Freiburg (Breisgau), Univ., Diss., 1996
ISBN 3-429-01952-4

Umschlag: Ernst Loew
Gesamtherstellung: Echter Verlag Würzburg
ISBN 3-429-01952-4

Vorwort

Die vorliegende Untersuchung wurde im Sommersemester 1996 von der Theologischen Fakultät der Albert-Ludwigs-Universität in Freiburg im Breisgau als Dissertation angenommen und für die Veröffentlichung überarbeitet.

Ich darf allen danken, die zum Gelingen beigetragen haben. Namentlich erwähnen möchte ich Herrn Prof. Dr. Gisbert Greshake, der mit Geduld und Weitblick die Arbeit begleitete, Herrn Prof. Dr. Peter Walter, der das Zweitgutachten erstellte, und die Damen und Herren des Doktorandenkolloquiums, die im regen Austausch konstruktiv hinterfragten und freundschaftlich ermutigten. Danken möchte ich den Herausgebern der »Studien zur systematischen und spirituellen Theologie« für die Aufnahme in die Reihe.

Nicht minder dankbar bin ich meiner Frau und unseren Töchtern, die »die Last der Arbeit« mitgetragen haben.

Freiburg i.Br., im Mai 1997 *Christoph Kaiser*

Inhaltsverzeichnis

Hinführung

Viele Christen leben in einer Ehe. Als eine auf Dauer angelegte, gesellschaftlich anerkannte, alle Lebensbereiche umfassende Gemeinschaft von Mann und Frau gehört sie zur Kulturgeschichte der Menschheit. In der christlichen Theologie wurde die Ehe sehr unterschiedlich verstanden und stand oft nur am Rande des theologischen Interesses. Dennoch bleibt sie als christliche Lebensform Gegenstand systematisch-theologischer Reflexion.
Schon in schöpfungstheologischer Perspektive ist sie nicht ohne eine Offenheit auf Transzendenz hin denkbar. Dies zeigt sich darin, daß die Eheschließung in den meisten, wenn nicht in allen Kulturen mit religiösen Riten begangen wird. Des weiteren kommt in der Ehe als Gegenüber von Mann und Frau im Lebensvollzug zum Ausdruck, was das Menschsein insgesamt konstituiert: Sich im Gegenüber zu anderen, im Mitsein mit ihnen, zu verwirklichen. Und dies verweist letztlich auf das Gegenüber zu Gott.[1]
Im Hinblick auf die Erlösung durch Jesus Christus wird die Ehe unter Christen katholischerseits als Sakrament aufgefaßt.[2] Es kommt darin die Glaubensüberzeugung zum Ausdruck, daß Gott selbst in der Ehe wirksam ist. Sie wird als Zeichen und Werkzeug der Geschichte Gottes mit den Menschen verstanden. Die Sakramentalität christlicher Ehe kann jedoch nicht isoliert von der Ehe als Schöpfungsgröße

---

1 Vgl. H. Vorgrimler, Sakramententheologie, Düsseldorf 1987, 310: »Wenn schon der einzelne Mensch ein reales Symbol Gottes sein kann ..., dann eignet diese Symbolik erst recht der Beziehung von Mann und Frau.« Vorgrimler verweist dabei auf v.Balthasar: »Einen wesentlichen Aspekt dieser jüdisch-christlichen Auffassung vom Menschen als Sakrament/Symbol hat Hans Urs von Balthasar (* 1905) herausgearbeitet in seinen Überlegungen zum Menschen als Wort Gottes«: Ebd. 25 - mit Verweis auf S 1, 73-99. Vgl. auch Th. Schneider, Zeichen der Nähe Gottes, Mainz [4]1984, 282-283.

2 Vgl. die als Anfrage formulierte Habilitationsschrift von U. Baumann: Die Ehe - ein Sakrament?, Zürich 1988. Siehe dazu die Kritik H. Vorgrimlers: Zur dogmatischen Einschätzung und Neueinschätzung der kirchlichen Trauung, in: Eheschließung - mehr als ein rechtlich Ding? (QD 120) hg.v. K. Richter, Freiburg i.Br. 1989, 42-61, hier 58.

gedacht werden. Es gilt als ihr Charakteristikum, daß sie zugleich natürlich *und* heilig ist.[3]
Mit der vorliegenden Arbeit soll keine umfassende Theologie der Ehe entworfen werden. Die Untersuchung ist beschränkt auf das Eheverständnis eines einzelnen Theologen: Hans Urs von Balthasar. Um die Problemlage kurz zu umreißen, in der sich v.Balthasars Auffassung und unsere Reflexion abspielt, seien im Folgenden einige wichtige Stationen der Theologiegeschichte skizziert.

1. Geschichtliche Stationen des Eheverständnisses

Das christliche Eheverständnis hat sich im Lauf der Kirchengeschichte durch verschiedenste Einflüsse und Auseinandersetzungen stark verändert und entwickelt.[4] In den neutestamentlichen Schriften kommt die Ehe nicht oft und wenn ja, dann jeweils situationsbedingt zur Sprache. Wichtig sind insbesondere die Worte Jesu zur Ehe, die die Synoptiker überliefern, und die Abschnitte aus den paulinischen Briefen zu Fragen der Ehe.[5] Eine der ältesten Kennzeichnungen christlicher Ehe ist in 1 Kor 7, 39 enthalten: Die Eheschließung von Christen geschieht »im Herrn«. Damit beschreibt Paulus eine grundsätzliche Lebenshaltung, die die Ehe unter Christen aus einer inneren Verbindung mit Jesus

---

3 Vgl. J. Ratzinger, Zur Theologie der Ehe, in: Theologie der Ehe, hg. v. G. Krems/R. Mumm, Regensburg-Göttingen ²1972, 81-115, insbesondere 93-108; W. Kasper, Zur Theologie der christlichen Ehe, Mainz ³1981, 9; F. Böckle, Ehe und Ehescheidung, in: Handbuch der christlichen Ethik, 2, hg. v. A. Hertz/W. Korff/ T. Rendtroff/H. Ringeling, Aktualisierte Neuausgabe, Freiburg i.Br. 1993, 117-135, hier 121; O.H. Pesch, Ehe, in: CGG VII, Freiburg i.Br. 1981, 12; H. Vorgrimler, Sakramententheologie, 310; Lehrverurteilungen - kirchentrennend?, 1: Rechtfertigung, Sakramente und Amt im Zeitalter der Reformation und heute, hg. v. K. Lehmann/W. Pannenberg, Freiburg i.Br. ²1986, 150.

4 Vgl. zum Folgenden: W. Molinski, Theologie der Ehe in der Geschichte, Aschaffenburg 1976 und E. Schillebeeckx, Le Mariage, Paris 1966, besonders 207-331. Siehe auch die Zusammenstellungen bei W. Kasper, Zur Theologie der christlichen Ehe, 84-86, und O.H. Pesch, Ehe, 8-43.

5 Insbesondere: Mk 10, 2-12 und par.; 12,25 und par.; Mt 5, 27-32; 1 Kor 6; 7; 11; Kol 3, 18-19; Eph 5. Siehe auch 1 Tim 2, 10-15; Tit 2, 1-6 und 1 Petr 3, 1-7. Vgl. zur Ehe im Neuen Testament: H. Baltensweiler, Die Ehe im Neuen Testament, Zürich 1967; die Aufsätze von R. Schnackenburg und H. Greeven in: Theologie der Ehe, hg.v. G. Krems/R. Mumm, 9-36 und 37-79; R. Pesch, Freie Treue, Freiburg i.Br. 1971; W. Kirchschläger, Ehe und Ehescheidung im Neuen Testament, Wien 1987.

Christus heraus versteht. Theologiegeschichtlich ungleich bedeutsamer wurde jedoch Eph 5, 32. Vor allem in der Begründung der Sakramentalität der Ehe wurde die biblische Metapher vom »ehelichen« Verhältnis zwischen Christus, dem Bräutigam, und der Kirche, seiner geliebten Braut, als systematisches Argument verwendet.[6]

In der Zeit der Kirchenväter stand die Ehe nicht im Mittelpunkt des theologischen Interesses. Texte zur Ehe - wie zum Beispiel von Tertullian, Gregor von Nazianz, Hieronymus oder Johannes Chrysostomos - entwerfen keine umfassende Ehetheologie, sondern sind Auslegungen einschlägiger Schriftstellen oder Erörterungen von speziellen Einzelfragen.[7] Lediglich im Gesamtwerk des Augustinus ist eine relativ umfassende Ehetheologie enthalten, die sich auch tiefgreifend auf die weitere Entwicklung ausgewirkt hat.[8]

Mit der Entfaltung der Sakramententheologie in der Zeit der Scholastik wurde die Ehe als Sakrament zu einem Bestandteil der theologischen Lehre.[9] So gehen zum Beispiel Hugo von Sankt Viktor, Albert der Große, Bonaventura oder Thomas von Aquin systematisch auf die Ehe ein.

Durch die Spaltung der Kirche in verschiedene Konfessionen entstanden unterschiedliche Traditionen der Ehepraxis und des Eheverständnisses. Katholischerseits prägt das Konzil von Trient die Eheauffas-

---

6 U. Baumann, Die Ehe - ein Sakrament?, 167, spricht von einer »phänomenale(n) Wirkungsgeschichte« von Eph 5, 21-33 für das christliche Eheverständnis. Zur Einordnung von Eph 5, 21-33 vgl. Th. Mackin, The Marital Sacrament, New York - Mahwah 1989, 69-78.594-596 und besonders 634-642.

7 Vgl. zum Aspekt der Eheschließung: K. Ritzer, Formen, Riten und religiöses Brauchtum der Eheschließung in den christlichen Kirchen des ersten Jahrtausends, Münster ^{2}1982; H.J. Vogt, Die Eheschließung in der frühen Kirche, in: Eheschließung - mehr als ein rechtlich Ding?, hg. v. K. Richter, Freiburg i.Br. 1989, 119-132. Siehe dazu auch: H. Crouzel, L'Église primitive face au divorce du premier au cinquième siècle, Paris 1971.

8 Vgl. M. Müller, Die Lehre des Hl. Augustinus von der Paradiesesehe und ihre Auswirkungen in der Sexualethik des 12. und 13. Jahrhunderts bis Thomas von Aquin, Regensburg 1954; S. Demel, Kirchliche Trauung - unerläßliche Pflicht für die Ehe des katholischen Christen?, Stuttgart 1993, 190-193.346-347; H. Crouzel, L'Église primitive face au divorce, 317-358; P.L. Reynolds, Marriage in the Western Church, Leiden - New York - Köln 1994, 241-311.

9 Vgl. die Auflistung der lehramtlichen Entscheidungen bei J. Auer, Die Sakramente der Kirche, Regensburg ^{2}1979, 240-241; J. Duss-von Werdt, Theologie der Ehe, in: MySal, IV/2, Einsiedeln 1973, 422-448, hier 422; O.H. Pesch, Ehe, 9; H. Vorgrimler, Sakramententheologie, 324ff.

sung der nachfolgenden Jahrhunderte nachhaltig.[10] Sie wird in den Kontext der sieben Sakramente gestellt und ihre weitere Entwicklung bleibt mit der allgemeinen Sakramententheologie eng verbunden.
»Die nachtridentinische Theologie hat die Sakramentenlehre nicht mehr wesentlich befruchtet« - urteilt J. Finkenzeller 1964.[11] Erst im 20. Jahrhundert gibt es grundlegende Verschiebungen und Neuansätze in der katholischen Theologie, die sich auch auf das Eheverständnis auswirken: Das Wirklichkeitsverständnis insgesamt (und mit ihm die Anthropologie), die Auffassung von Liturgie, die Eschatologie, die biblische Erneuerung und nicht zuletzt ein neues Kirchenverständnis prägen die theologische Diskussion der vergangenen Jahrzehnte. Im Hinblick auf die Ehetheologie legte vor allem die Entwicklung der Gnadentheologie die grundlegenden Voraussetzungen für ein neues Verständnis.
Die verschiedenen theologischen Neuaufbrüche fanden ihre Bündelung im II. Vatikanum. »Nach den Worten des II. Vatikanischen Konzils steht die Menschheit heute an der Schwelle einer neuen, weniger statischen als dynamisch und geschichtlich orientierten Epoche, deren größere Mobilität auch zu größerer Instabilität der Ehen geführt hat.«[12] Dieser Übergang zu einem mehr geschichtlichen Denken, der auf dem Konzil selbst ein heftiges Ringen um den Standort der Kirche auslöste, hat auch zu einer veränderten Perspektive in der Ehetheologie beigetragen. Die Impulse, die diesbezüglich vom Konzil ausgingen - insbesondere die Betonung des Bundesgedankens und das personale

---

10 So hatte etwa die mit dem Reformdekret »Tametsi« (vgl. DS 1813-1816) festgelegte Formpflicht weitreichende Konsequenzen. Siehe dazu: R. Lettmann, Die Diskussion über die klandestinen Ehen und die Einführung einer zur Gültigkeit verpflichtenden Eheschließungsform auf dem Konzil von Trient, Münster 1966.

11 J. Finkenzeller, Art. Sakrament, III: Dogmengeschichtlich, in: LThK^2, Bd. 9, 220-225, hier 224; ders., Die Lehre von den Sakramenten im allgemeinen (HDG 4/1b) 68-70. Vgl. H. Vorgrimler, Sakramententheologie, 79.

12 W. Kasper, Zur Theologie der christlichen Ehe, 74. Mit Verweis auf GS 4f. Vgl. ebd. 73-74: »Es ist auffallend, daß das Problem der Ehescheidung in der Vergangenheit immer beim Übergang der Kirche in einen neuen Kulturkreis und in eine neue Epoche aufbrach: bei Matthäus und Paulus beim Übergang zu judenchristlichen und heidenchristlichen Gemeinden, bei Origenes und Basilius beim Übergang zur Groß- und Volkskirche, im frühen Mittelalter beim Übergang von der spätantiken zur germanischen Welt und im 16. Jahrhundert beim missionarischen Vorstoß aus dem abendländischen Kulturraum auf den asiatischen und südamerikanischen Kontinent. Heute steht die Kirche in einer ähnlichen Übergangssituation.«

Verständnis des ehelichen Lebens[13] -, stehen erst am Anfang ihrer Entfaltung. Die Ehe-»lehre« dieses Konzils ist noch lange nicht erschöpfend rezipiert.[14] Eine umfassende Theologie der Ehe ist »in der neueren Dogmatik immer noch ein Desiderat.«[15]
Eine solche Ehetheologie kann nicht von den gesellschaftlichen Rahmenbedingungen absehen, in der sich die konkret gelebte Ehe bewegt. Deshalb müssen wir in aller Kürze und nur stichwortartig auf die gesellschaftliche Situation der »Ehe in moderner Gesellschaft«[16] eingehen, bevor wir auf die Fragen und Schwerpunkte der gegenwärtigen Ehetheologie zu sprechen kommen.

2. Gesellschaftliche Bedingungen der Ehe

Die wirtschaftlichen und sozialen Rahmenbedingungen des Zusammenlebens von Mann und Frau haben sich im letzten Jahrhundert stark verändert. Die industrialisierte, urbane Zivilisation brachte eine zunehmend scharfe Trennung von privatem Freizeit- und öffentlichem Arbeits- und Berufsbereich mit sich. Ehe und Famile zählen hier zur individuellen Privatsphäre, sodaß das gesellschaftsrelevante, institutionelle Moment der Ehe mehr und mehr an Bedeutung verliert. Der Aspekt der subjektiven Erfüllung des Einzelnen in der Ehe steht im Vordergrund. Die Erwartungen, die die Partner aneinander stellen, können dadurch zu unerfüllbaren Forderungen anwachsen.[17]

---

13 Vgl. GS 48ff. Weitere Aussagen des Konzils zu Ehe (und Familie) finden sich in LG 11; 35; 41, GS 12; 61; 67; 87, AA 10; 29 und GE 3; 6; 8. Vgl. O.H. Pesch, Das Zweite Vatikanische Konzil: (1962-1965), Würzburg 1993, 336.

14 Vgl. die umfangreiche kirchenrechtliche Dissertation von N. Lüdecke, Eheschließung als Bund. Genese und Exegese der Ehelehre der Konzilskonstitution »Gaudium et Spes« in kanonistischer Auswertung, Würzburg 1989, insbesondere 53-54 und 690-821. Siehe auch M. Kaiser, Spender des Ehesakramentes, in: Klerusblatt 70 (1990) 194-200, hier 196, mit Verweis auf W. Kasper, Zur Theologie der christlichen Ehe, 21f.

15 G.L. Müller, Katholische Dogmatik, Freiburg i.Br. 1995, 767.

16 Vgl. H.-G. Gruber, Christliche Ehe in moderner Gesellschaft, Freiburg i.Br. [2]1995.

17 Es ist z.B. eine Überforderung, von einer Bindung zwischen Mann und Frau vollkommenes Glück und endgültige Geborgenheit (den »Himmel auf Erden«) zu erwarten. Ebenso bringt die Meinung, menschliche Bindungen ließen sich gestalten, ohne Verantwortung füreinander zu übernehemen, Belastungen mit sich, welche einer freien Entfaltung der Partner im Weg stehen.

Der Entwicklung zur Trennung von Berufs- und Privatbereich entspricht die Verlagerung der Ehe aus ihrer Einbindung in die Großfamilie hin zum Leben in der Kernfamilie. Eine Reihe von Funktionen der vorindustriellen Großfamilie sind auf außerfamiliale Institutionen übergegangen. Das Verhältnis der Ehepartner zur vorhergehenden und nachfolgenden Generation hat sich dadurch grundlegend gewandelt. So ist die Eheschließung zum Beispiel nicht mehr unabdingbar mit der Familiengründung verbunden und umgekehrt.[18] Die Partnerbeziehungen von Mann und Frau sind dementsprechend zunehmend auf sich selbst bezogen und immer weniger in gesellschaftliche Zusammenhänge eingebunden.

Die Loslösung der Ehe(schließung) von ihrer Verknüpfung mit direkten sozialen und wirtschaftlichen Interessen - zum Beispiel der beteiligten Großfamilie oder Sippe - eröffnet Mann und Frau eine früher nur schwerlich gegebene Freiheit zur Entscheidung füreinander, einen Raum zur freien, personalen Lebensbindung.

In den Industriestaaten haben die Steigerung des Lebensstandards sowie die damit einhergehende Verbesserung der hygienischen Bedingungen und der medizinischen Versorgung eine deutliche Erhöhung des durchschnittlichen Lebensalters mit sich gebracht. Damit erhöht sich auch die zeitliche Dauer der Ehen. Im Hinblick auf die Unauflöslichkeit der Ehe entstehen dadurch neue Fragen und Probleme. Ebenso neu sind die Lebensbedingungen, die durch die enormen Veränderungen des individuellen Mobilitätsverhaltens entstehen. Die hohe Mobilität des Einzelnen hat auf Ehe und Familie tiefgreifende Auswirkungen und ermöglicht Lebensentwürfe, die bisher nicht denkbar waren.

Das Spektrum der Ausgestaltungsmöglichkeiten wird immer größer. Das kirchliche Ehemodell ist dabei nicht mehr der selbstverständliche Maßstab für die zwischengeschlechtlichen Verhaltensweisen und Lebensbindungen. Diese Situation bedeutet für die Entwicklung des christlichen Eheverständnisses auch eine Chance. Es entsteht die in einer volkskirchlichen Struktur nicht in dieser Weise vorhandene Möglichkeit, das spezifisch Christliche (und Sakramentale) der Ehe gegenüber anderen Lebensentwürfen deutlich zu machen.

---

[18] Es gibt Eheleute, die erklärtermaßen ohne Kinder bleiben wollen, und umgekehrt werden Lebensgemeinschaften von Mann und Frau mit Kind(ern) gelebt, die ausdrücklich keine »Ehe« sein möchten.

Im kurzen Überblick über geschichtliche Stationen und gesellschaftliche Bedingungen hat sich gezeigt, daß die Ehe eine vielschichtige und komplexe Wirklichkeit ist, hinter der die theologische Reflexion in unserem Jahrhundert nicht selten zurückzubleiben droht.

3. Heutige Fragen der Ehetheologie

Der Schwerpunkt der theologischen Diskussion um die Ehe lag in jüngster Zeit überwiegend bei den kirchenrechtlichen Regelungen.[19] Eine Grundfrage ist dabei die nach der Zuordnung von Vertrag und Sakrament, die kirchenrechtlich eindeutig beschrieben ist: Ein gültiger Ehevertrag zwischen Getauften bedeutet, daß deren Ehe eo ipso Sakrament ist.[20] Diese rechtlich geltende *Identität von Ehevertrag und Ehesakrament* wird jedoch - vor allem im Zusammenhang mit der Frage, wer Spender des Sakraments ist und welche Rolle die kirchliche Trauung spielt - zunehmend hinterfragt.[21] Der kirchenrechtliche Ansatz einer Ehetheologie werde dem erneuerten Verständnis der Liturgie bzw. der liturgischen Feier der Trauung nicht gerecht. Gibt es nicht Ehen zwischen Getauften, die nicht Sakrament sind: Zum Beispiel dann, wenn Eheleute die in der Trauliturgie zum Ausdruck kommende kirchliche Sakramentalität ihrer Ehe für sich selbst nicht übernehmen können oder wollen? Welche Rolle spielt dann noch der (in der Liturgie gefeierte) Glaube?[22]

---

19 C.E. O'Neill, Die Sakramententheologie, in: Bilanz der Theologie im 20. Jahrhundert, hg. v. H. Vorgrimler/R.v. Gucht, Bd. 3, Freiburg i.Br. 1970, 244-294, beurteilt diesen Umstand kritisch: »Der Fortschritt, den die Sakramententheologie in diesem Jahrhundert machte, läßt sich daran ermessen, wie weit der Traktat über die Sakramente von einer ausschließlich moralistischen - um nicht zu sagen kasuistischen und juridischen - Sicht befreit und seinem dogmatischen Status angepaßt wurde. Im Fall des Sakraments der Ehe hat dieser Prozeß ... nur wenig Fortschritte gemacht«: A.a.O. 277.
Zu Fragen des Eherechts vgl. H. Zapp, Kanonisches Eherecht, Freiburg i.Br. [7]1988 und die dort angegebene Literatur.

20 Es kann »zwischen Getauften keinen gültigen Ehevertrag geben, ohne daß er zugleich Sakrament ist«: CIC (1983) Can. 1055 §2. Zur Frage der Identität von Vertrag und Sakrament vgl. S. Demel, Kirchliche Trauung - unerläßliche Pflicht für die Ehe des katholischen Christen?, 228-252.

21 Vgl. Eheschließung - mehr als ein rechtlich Ding?, hg. v. K. Richter, Freiburg i.Br. 1989.

22 Vgl. W. Kasper, Zur Theologie der christlichen Ehe, 89-95; H. Zapp, Kanonisches Eherecht, 30-31; K. Lehmann, Glaube - Taufe - Ehesakrament, in: StMor 16 (1978) 71-97, hier 81-92.

Zu dieser Frage bemerkt die Internationale Theologische Kommission in einer Studie von 1977:

> »Es kann aber auch bei manchen Christen der Fall sein, daß ihr Gewissen durch Unwissenheit oder unüberwindlichen Irrtum so deformiert ist, daß sie glauben, eine wahre Ehe unter Ausschluß des Sakraments eingehen zu können. In dieser Situation sind sie wegen Ablehnung des Glaubens und mangels der Intention, zu tun, was die Kirche tut, unfähig, das Ehesakrament zu empfangen, aber andererseits haben sie das natürliche Recht, eine Ehe einzugehen. Unter diesen Umständen können sie die Absicht haben, sich gegenseitig durch einen unwiderruflichen Konsens als Ehegatten anzunehmen und zu schenken. Dadurch entsteht zwischen ihnen eine psychologische Verbindung, die sich in ihrer inneren Struktur von einer rein vorübergehenden unterscheidet. Aber die Kirche kann diese Verbindung nicht als einen nichtsakramentalen Ehebund anerkennen. Für die Kirche gibt es zwischen Getauften keine Naturehe getrennt vom Sakrament, sondern nur eine Naturehe, die zur Würde eines Sakramentes erhoben ist.«[23]

Die aufgezeigte Problembeschreibung trifft die Situation nicht weniger Ehepartner. Muß es dann aber nicht doch eine Art »Naturehe« unter getauften Nichtglaubenden geben, die sich »zwischen« einer sakramentalen Ehe und einem Konkubinat bewegt?[24]
Die Diskussion der Identitätsthese überschneidet sich mit der *Frage nach dem Spender des Ehesakramentes* und dem sakramentalen Zeichen. Solange die Sakramentalität der Ehe im Rechtsakt des Eheabschlusses besteht, kommen nur die beiden Vertragspartner selbst als Spender des Sakraments in Betracht. Demgegenüber wird - angestoßen durch die Liturgiewissenschaft - für eine Neubesinnung und Neugewichtung in der Frage plädiert, wer Spender des Ehesakraments sei.[25]
Der Katholische Erwachsenenkatechismus der deutschen Bischofskonferenz spricht 1985 von der »meistvertretenen theologischen Meinung«, wonach sich die Brautleute das Sakrament der Ehe gegenseitig durch

---

23 Zitiert nach: R. Puza: Kirchenrecht - Theologie - Liturgie, in: Eheschließung - mehr als ein rechtlich Ding?, 62-83, hier 76.

24 Vgl. K. Lehmann, Glaube - Taufe - Ehesakrament, 89.

25 So z. B. E. Corecco, A. Jilek, M. Kaiser, K. Mörsdorf, K. Richter, M. Schmaus, H. Vorgrimler u.a. Vgl. die Zusammenstellung bei R. Puza, Kirchenrecht - Theologie - Liturgie, 63ff und 79ff.

die Erklärung ihres Ehewillens spenden.[26] Wird jedoch die Liturgie der Eheschließung in ihrer Unverzichtbarkeit hervorgehoben, ergeben sich andere Antworten. Entweder wird dann die Rede von der »Spendung« des Ehesakraments bzw. der Spenderbegriff insgesamt in Frage gestellt[27] oder die Spendung des Sakraments durch einen kirchlichen Amtsträger betont.[28]

Eine ebenfalls heute diskutierte Frage ist die nach dem *sakramentalen Zeichen*. Ist das Sakrament der Ehe der Eheabschluß bzw. die Trauung oder besteht das Ehesakrament im (Ehe-)Leben von Mann und Frau im Ganzen? Auch in dieser Frage gehen die Meinungen auseinander. Die Aspekte greifen derart ineinander, daß im einzelnen sehr unterschiedliche Entwürfe von Ehetheologien entstehen.[29]

Sowohl die innerkirchlichen Fragen als auch die gesellschaftlichen Bedingungen machen ein ausgewogenes Verhältnis zwischen Ideal und Realität der Ehe, zwischen kirchlicher Lehre und gelebter Praxis schwer. W. Kasper stellt fest, »daß es gegenwärtig keinen Bereich gibt, in dem die Diskrepanz zwischen der amtlichen Glaubenslehre der

---

26 Katholischer Erwachsenen-Katechismus, hg. v. d. Deutschen Bischofskonferenz, Kevelaer ^{2}1985, 390. Diese Meinung wird z.B. vertreten von: G. Koch, Sakramentenlehre - Das Heil aus den Sakramenten, in: W. Beinert (Hg.), Glaubenszugänge. Lehrbuch der Katholischen Dogmatik, Bd. 3, Paderborn 1995, 309-523, hier 513-514; K. Rahner, Die Ehe als Sakrament, in: Schriften 8, Einsiedeln-Zürich-Köln, 519-540, hier, 532-535; J. Auer, Die Sakramente der Kirche, 287; F. Böckle, Ehe und Ehescheidung, 123; O.H. Pesch, Ehe, 10; K. Lehmann, Glaube - Taufe - Ehesakrament, 91; Th. Schneider, Zeichen der Nähe Gottes, 291. Vgl. die Hinweise bei M. Kaiser, Spender des Ehesakramentes, 200, Anm. 29, wo jedoch unterschiedliche theologische Positionen zusammengefaßt sind. Der Weltkatechismus der Katholischen Kirche formuliert: »In der lateinischen Kirche ist man allgemein der Auffassung, daß die Brautleute selbst ... einander das Sakrament spenden ... In den östlichen Liturgien wird dieses Sakrament ... durch den Priester oder Bischof gespendet«: Nr. 1623.

27 So z.B. bei A. Jilek, Fragen zur heutigen Feier der Trauung, in: Th. Maas-Ewerd (Hg.), Lebt unser Gottesdienst?, Freiburg i.Br. 1988, 174-212, insbesondere 175-180. Auch S. Demel erachtet »die Redeweise vom 'Spender' eines Sakramentes als ein für dieses Geschehen inadäquater Ausdruck«: Kirchliche Trauung - unerläßliche Pflicht für die Ehe des katholischen Christen?, 262.

28 So z.B. bei E. Corecco, Der Priester als Spender des Ehesakramentes im Lichte der Lehre über die Untrennbarkeit von Ehevertrag und Ehesakrament, in: ders., Ordinatio Fidei, Paderborn 1994, 486-520. Oder M. Kaiser, Spender des Ehesakramentes, 200.

29 Vgl. den systematischen Überblick bei O.H. Pesch, Ehe, 17-24 und 26-27 und ausführlich: U. Baumann, Die Ehe - ein Sakrament?, 289-326 (kath.) und 332-358 (evang.).

Kirche und den praktisch gelebten Überzeugungen so groß ist, wie in den Fragen, die Geschlechtlichkeit und Ehe betreffen.«[30] Sollten sich die lehramtlichen theologischen Ehebilder und -vorstellungen zu weit von der durchschnittlichen Ehepraxis entfernen, lassen sie sich kaum mehr mit dieser vermitteln. Dann hätte eine christliche Theologie der Ehe eine eher abschreckende und entmutigende, als eine faszinierende und bestärkende Wirkung.[31]
Es ist deutlich geworden, daß die Diskussion um eine Theologie der Ehe auf mehreren Frageebenen gleichzeitig geführt wird und nur schwer zu überblicken ist. Dennoch oder gerade deshalb bedarf die Ehe der weiteren theologischen Reflexion.[32]

---

30 W. Kasper, Zur Theologie der christlichen Ehe, 9 - mit Verweis auf die Umfragen für die Gemeinsame Synode der Bistümer in der Bundesrepublik Deutschland. Umstritten sind nach wie vor die Fragen des Sexualverhaltens und der Familienplanung.

31 Die verschiedenen theologischen Ansätze wirken sich unmittelbar sowohl auf den Umgang mit Scheidung und Wiederheirat, als auch auf die Praxis konfessionsgemischter Ehen und Familien aus. Zum bedrängenden Thema der Wiederheirat Geschiedener vgl. etwa das »Gemeinsame Hirtenschreiben der Bischöfe der Oberrheinischen Kirchenprovinz zur Pastoral mit Geschiedenen und Wiederverheirateten Geschiedenen« vom 10. Juli 1993 (veröffentlicht im August 1993 durch die Bischöflichen Ordinariate der Oberrheinischen Kirchenprovinz Freiburg i. Br., Mainz und Rottenburg-Stuttgart) und die breite kontroverse Diskussion, die der Hirtenbrief ausgelöst hat. Siehe dazu: Geschieden, wiederverheiratet, abgewiesen?: Antworten der Theologie, hg.v. Th. Schneider, Freiburg i.Br. 1995.
Zum Stand der ökumenischen Diskussion vgl. die Veröffentlichungen des Ökumenischen Arbeitskreises evangelischer und katholischer Theologen »Dialog der Kirchen«. Zur Ehe siehe Band 4: Lehrverurteilungen - kirchentrennend?, 141-156 und 171. Siehe auch den Schlußbericht der Römisch-Katholischen/Lutherischen/Reformierten Studienkommission »Die Theologie der Ehe und das Problem der Mischehe« von 1976, in: H. Meyer/H.J. Urban/L. Vischer (Hg.), Dokumente wachsender Übereinstimmung, Paderborn-Frankfurt a.M. 1983, 359-386.

32 Von verschiedenen Autoren wird für diese Diskussion der Bundesbegriff als zentral und weiterführend für das Wesensverständnis der Ehe erachtet. Zum Beispiel W. Kasper, Zur Theologie der christlichen Ehe, 51; K. Reinhardt, Sakramentalität und Unauflöslichkeit der Ehe in dogmatischer Sicht, in: ders./H. Jedin, Ehe - Sakrament in der Kirche des Herrn, EEG, 2, Berlin 1971, 7-59; U. Baumann, Die Ehe - ein Sakrament?, 387; N. Lüdecke, Eheschließung als Bund, 822-912. Vgl. auch die Akzente der Ehetheologie des II. Vatikanischen Konzils oder die Ergebnisse ökumenischer Gespräche in: Lehrverurteilungen - kirchentrennend?, 150.
H.G. Gruber spricht sich - der scheiternden Ehen wegen - dagegen aus, die Sakramentalität der Ehe mit dem Begriff »Bund« zu fassen: H.G. Gruber, Christliche Ehe in moderner Gesellschaft, 315.

Unsere Untersuchung möchte das theologische Werk Hans Urs von Balthasars im Hinblick auf seinen Beitrag zur heutigen Ehetheologie durchforschen. Es mag paradox erscheinen, einen Theologen zu befragen, der sich auf den ersten Blick nur wenig zur Theologie der Ehe geäußert, dafür umso mehr das Verständnis der Jungfräulichkeit im Rahmen der Evangelischen Räte behandelt hat. Gerade dieser Umstand ist jedoch reizvoll. V.Balthasar zählt zu den bedeutendsten Theologen des 20. Jahrhunderts und sein Einfluß auf die internationale theologische Diskussion ist groß.[33] Auch wenn er manche Linien im Hinblick auf die Ehe nicht selbst auszieht, stellt sich die Frage, welches Eheverständnis in seinem Gesamtwerk enthalten ist und ob und inwiefern dieses Verständnis Impulse für die Entwicklung der Ehetheologie enthält.

---

[33] Einer Untersuchung wert wäre auch die Frage, inwieweit sich v.Balthasars Ehe- und Familienverständnis im Apostolischen Schreiben »Familiaris Consortio« Papst Johannes Pauls II. widerspiegelt.

Erstes Kapitel

Methodischer Aufriß

Gegenstand unserer Arbeit ist das Eheverständnis v.Balthasars. Wir fragen danach, inwiefern seine Auffassung die Diskussion um eine Theologie der Ehe weiterführen kann. In diesem ersten Kapitel gehen wir zunächst auf die spezielle Methode v.Balthasars ein, welche seine Art, Theologie zu betreiben, durchgehend prägt (I.). Sodann geben wir einen Überblick darüber, in welchen Werken und Zusammenhängen bei v.Balthasar christliche Ehe zur Sprache kommt (II.).
In den darauf folgenden Kapiteln werden wir das Eheverständnis v.Balthasars ausführlich und systematisch von verschiedenen Ausgangspunkten her (Schöpfungstheologie, Christologie, Ekklesiologie und Trinitätstheologie) darlegen. Die spezifische Methode v.Balthasars erfordert ein entsprechendes Vorgehen in der Darstellung seiner Theologie.

I. Zur Methode v.Balthasars

Seit etwa Mitte der 70er Jahre sind wissenschaftliche Arbeiten zu verschiedenen Aspekten der Theologie v.Balthasars veröffentlicht worden, in denen auch das methodische Vorgehen v.Balthasars dargestellt ist.[1] Wir können uns an dieser Stelle deshalb darauf beschränken, einige spezifische Elemente der Denkweise v.Balthasars zu benennen, um die Vorgehensweise unserer Untersuchung zu begründen.

---

[1] Vgl. z.B. ausführlich im Hinblick auf die Auseinandersetzung mit den Kirchenvätern: W. Löser, Im Geiste des Origenes, Frankfurt 1976, 3-57; M. Albus, Die Wahrheit ist Liebe, Freiburg i.Br. 1976, 28-35; M. Lochbrunner, Analogia Caritatis, Freiburg i.Br. 1981, 53-76; M. Scheuer, Die Evangelischen Räte, 23-28; K.-H. Menke, Stellvertretung, Freiburg i.Br. 1991, 267ff; W. Schreer, Der Begriff des Glaubens, Frankfurt a.M. 1992, 435 ff.

1. Abwehr jeden System - Denkens

Synthese anstelle System

Das Studium der neuscholastischen Theologie (und Philosophie) war für v.Balthasar »ein verbissenes Ringen mit der Trostlosigkeit der Theologie«.[2] Er bezeichnet sich im Rückblick auf seine Zeit in München als einen »in der Wüste der Neuscholastik Schmachtenden«.[3]
Die Absetzung vom systematisch allumfassenden neuscholastischen Lehrgebäude ist eine durchgängige Triebfeder für v.Balthasars Art und Weise, selbst Theologie zu betreiben. Immer wieder betont er, daß die Wahrheit mit Systematik nicht zu erfassen ist. Gott und das Geheimnis der Einwohnung Gottes im Geschöpf sind nicht in ein überblickbares System zu zwingen.[4] »Ein Ding, eine Wahrheit er-fassen, ver-stehen - lat. per-stare = ver-harren -, heißt, es geistig beherrschen und in begreifende Kategorie fesseln«.[5] Genau dieses besitzergreifende Erfassen ist dem Menschen gegenüber Gott und seiner Offenbarung nicht möglich. Die Herrlichkeit der Liebe Gottes in Jesus Christus ist »alldimensional« und übersteigt alles Systematisierbare. Alle philosophischen und theologischen Versuche, Teilwahrheiten in ein Ganzes zu harmonisieren, bleiben zwielichtig.[6]
Die Ablehnung jeglichen Systemdenkens spitzt sich in den zentralen Themen der Theologie zu. So zum Beispiel im Zusammenhang mit der Eschatologie: »Nichts ist so sehr das Stigma eines mittelmäßigen Geistes, wie der Drang und die Begeisterung für Systematik in den

---

2 A. v.Speyr, Erde und Himmel II, Die Zeit der großen Diktate, hg. u. eingel. v. H.U. v.Balthasar, Einsiedeln 1975, 195. Vgl. P. Henrici, Erster Blick auf Hans Urs von Balthasar, in: Hans Urs von Balthasar - Gestalt und Werk, hg. v. K. Lehmann/W. Kasper, Köln 1989, 18-61, hier 25.

3 Mein Werk, 70.

4 Vgl. TL 3, 216. Siehe auch TL 2, 330, wo er dem von ihm erwarteten Vorwurf mangelnder Methode entgegenhält, daß die Versuche, »so etwas wie ein System der Wahrheit zu basteln«, menschliche Spekulationen sind, die zerbrechen müssen.

5 Der antirömische Affekt, 12.

6 Vgl. H 3/1,2: 589 und 929 und H 3/2,1: 22. Siehe auch: S 4, 9: »Ein zentrales Licht existiert, aber sichtbar werden davon nur verschiedene Abstahlungen. Vielleicht könnte ein nach Systematik dürstender Geist, der durchaus aus Fragmenten ein Ganzes konstruieren möchte, die Steinchen ordnen und sie dann zu einem Mosaik zusammensetzen. Der Verfasser mißtraut solchen Unternehmungen, die das Mysterium aus seiner Verborgenheit hervorholen und unverhüllt herzeigen wollen. Gott wohnt in seinem unzugänglichen Licht.«

letzten Dingen. Man will fertig werden, und verrät eben damit, daß man nicht fertig wird. Keiner der großen Denker war systematisch.«[7]
V.Balthasar sieht im Willen, sich auf kein System festzulegen, sogar ein Spezifikum des Katholischen. Daher möchte er sich in seinem theologischen Hauptwerk, der Trilogie, nicht an den klassischen Traktaten der Schultheologie orientieren. Im theodramatischen Heilsgeschehen Gottes mit dem Menschen müssen immer alle Aspekte zugleich berücksichtigt werden. Im Bild des Dramas gesagt: Alles ist »gleichzeitig engagiert, hat seine Rolle, gehört auf die Bühne.«[8]
Die entscheidenden christlichen Wahrheiten implizieren sich alle gegenseitig, sind alle Aspekte der einen Wahrheit, die Gott selbst ist. V.Balthasar verknüpft deshalb stets alle wesentlichen Aspekte der Theologie innerlich miteinander. So ist zum Beispiel »die Trinitätslehre als die stets gegenwärtige innere Voraussetzung der Staurologie zu fassen, wie ... die Bundes- oder Kirchenlehre (bis hinein in die Lehre von den Sakramenten) nicht als ein bloßes Ergebnis des Kreuzesereignisses aufgefaßt werden darf, sondern als ein ihm innerliches Moment.«[9]
Es geht v.Balthasar nicht um ein theologisches System, sondern um Synthese. »Nicht Fußfassen ist das Anliegen, sondern Sichtung des Unfaßlichen, das nun einmal das Ereignis Jesu Christi bleiben muß; wehe dem Christen, der davor nicht täglich neu fassungslos stünde. Zu bewältigen ist es durch keine Methode«.[10] Sein Anliegen ist synthetisch: auf »Zukunft und Mündung« kommt es ihm an. Es geht vor allem darum, einen Ausblick auf die Hauptsache zu gewinnen, das

---

[7] Das Weizenkorn, 28, mit Verweis auf Plato, Aristoteles, Augustinus, Thomas, Hegel und Goethe. - Die Eschatologie gehört zu den Themen, mit denen sich v.Balthasar am intensivsten und bis zuletzt auseinandersetzte. »Hans Urs von Balthasars theologisches Denken ist von Anfang an eschatologisch orientiert«: P. Escobar, Das Universale Concretum Jesu Christi und die »Eschatologische Reduktion« bei Hans Urs von Balthasar, in: ZkTh 100 (1978) 560-595, hier 561.

[8] TD 3, 296. Vgl. S 4, 69. Siehe auch TD 1, 16: Das, was »unter der Chiffre 'Herrlichkeit' beschrieben wurde«, läßt sich »in keine neutral 'lehrbare' Wahrheit oder Weisheit umsetzen«. Vgl. K. Rahner, Hans Urs von Balthasar, in: Civitas 20 (1964/65) 601-604, hier 604.

[9] TD 3, 296-297. Vgl. Einfaltungen, 147, Anm. 1. Siehe dazu: K.K.J. Tossou, Streben nach Vollendung, Freiburg i.Br. 1983, 56.

[10] H 3/2,2: 10 - im Kontext neutestamentlicher Theologie formuliert. Das Folgende bezieht sich auf ebd. 9-10. Siehe auch: TD 2/2, 246, wo v.Balthasar die »Synthese« vom »System« im methodischen Sinn abgrenzt.

Gesamtphänomen in den Blick zu bekommen. Dieser Blick auf das Ganze ist jedoch nicht mit einem systematischen Gesamtüberblick zu verwechseln: »Etwas Abgeschlossenes« soll nicht geboten werden.[11]

Denkform der gegenläufigen Perspektiven

»Über Gottes Wort und Tun gibt es keinen 'Über-Blick'.«[12] Nicht beherrschender Überblick, sondern von Gott selbst durch seine Offenbarung ermöglichter Einblick ist angezielt. Die scharfe Abgrenzung v.Balthasars gegen eine scheinbare denkerische Vormachtstellung Gott gegenüber ist deshalb notwendig, weil er sich ihr auf der anderen Seite doch auch immer wieder annähert. V.Balthasar versteht es virtuos, Entwicklungslinien der Geistesgeschichte über Jahrhunderte hinweg zusammenzufassen und zuzuspitzen. In diesem Sinn betrachtet er die Dinge »aus einer Vogelperspektive«, um sie so am besten zu verstehen.[13]

Dem erklärten Ziel der Synthese entspricht dabei eine spezifische Denkbewegung bei v.Balthasar. Die betrachtete Wirklichkeit Gottes wird nicht in systematischer Analyse von einem Punkt aus in den Griff genommen, sondern immer wieder von neuen Seiten aus angegangen, ohne je an ein Ende kommen zu können und zu wollen. Es geht um die »Mitte« alles Seienden und die »wird uns als solche verständlich nur durch Abschreiten der Peripherie.«[14] Nur so läßt sich die Überfülle des theologischen Materials einbergen und auf die Mitte hin konzentrieren. Es geht in der Theologie um »deutendes Umstehen und Umkreisen einer zwar deutbaren, auch stets zu deutenden, aber nie ausgedeuteten Mitte.«[15] Die Grundlage dieses kreisenden Denkens ist die Überzeugung v.Balthasars, daß die Wahrheit eines Lebendigen

---

[11] Vgl. H 3/2,1: 9.

[12] S 3, 320. Vgl. in gewisser Spannung dazu: Das Weizenkorn, 45: »Nur wer viel übersehen kann, hat Übersicht.«

[13] H 3/1,2: 593, im Hinblick auf »das Verhältnis zwischen Metaphysik und Herrlichkeit während der Neuzeit von der Renaissance bis zur Gegenwart« formuliert. Vgl. P. Henrici, Zur Philosophie Hans Urs von Balthasars, 244-245 und 254-255.

[14] H 3/2,2: 245, im Zusammenhang mit der »Chiffre *doxa*«.

[15] Ebd. 93, im Kontext einer »innerbiblischen Theologie« formuliert, die jedoch »keine grundsätzlich andere Gestalt haben kann als die spätere kirchliche« (ebd.).

immer in seiner Gesamtheit liegt.[16] Dieser Grundsatz gilt auch und vor allem für Gott selbst. Die »Gesamtheit« Gottes aber ist für den Menschen nicht überblickbar. Deshalb gilt für alle menschlichen theologischen Bemühungen das Gesetz, »daß das Geheimnis nur durch gegenläufige Aussagen angenähert werden kann.«[17] So entsteht die für v.Balthasars Vorgehensweise typische Denkform. Alle Grundbegriffe, die Gottes in der Heilsgeschichte offenbarte Wahrheit ausdrükken, »liegen nicht neben- sondern ineinander, wie sich überschneidende Kreise um ein gemeinsames Zentrum«.[18]

Im Band »Fächer der Stile« (H 2/1) charakterisiert v.Balthasar die Denkform des Irenäus v.Lyon als »ähnlich der johanneischen ein Kreisen in der umfassenden einigen Kugel, der jedes innergöttliche und heilsgeschichtliche Mysterium zugehört«.[19] Allein eine solche Denkform sieht v.Balthasar als dem unbegreiflichen Mysterium Gottes angemessen an. Er geht zwar einerseits sehr weit, um »im Glauben einen Blick in das Geheimnis des Logos und damit der Logik in Gott zu werfen«[20], betont jedoch zugleich die Grenzen menschlicher Theologie, die letzlich nichts weiter als ein staunendes und stammelndes Umkreisen des Mysteriums sein kann.

Die Betrachtung Gottes bewirkt zwar einerseits, daß der Mensch nur anbetend vor der Herrlichkeit Gottes niedersinken kann, sie ist aber andererseits der größtmögliche Antrieb für das nachvollziehende Denken.[21] In diesem Wechselspiel von Faszination und Erschrecken führt die Verständnisbewegung zur letztlich entscheidenden »perso-

---

16 Vgl. S 1, 81-82.

17 TL 2, 148. Vgl. TD 2/2, 131.

18 H 3/2,1: 133. Vgl. M. Scheuer, Die Evangelischen Räte, 27: »Vom Strukturdenken von Balthasars her, das von der Interferenz der Transzendentalien bzw. von Philosophie, Theologie und Spiritualität lebt, kann es keinen exklusiven eindeutigen theologischen Ansatz- und Ausgangspunkt geben.«

19 H 2/1, 44. Vgl. ebd. 99, wo Augustinus' Vorgehensweise in »De vera religione« als »kreisend, unsystematisch, aber im geheimen magisch zentrierend« beschrieben ist. Zur johanneischen Denkform im Kontext der Pneumatologie vgl. TL 3, 61: »Die Hauptaussagen über den Geist konvergieren so deutlich, daß sie nur als sich ergänzende Perspektiven auf ein Einziges recht eingestuft werden können.«

20 TL 2, 117. Zum folgenden vgl. TD 4, 11.

21 Vgl. H 3/2,2: 13.

nalen Gebetsbegegnung mit der personalen offenbarenden Wahrheit Gottes«.[22]

Die Schwebe des Paradoxen

Eine der Kernfragen der patristischen Theologie ist nach K.-H. Menke, »wie das Absolute im Endlichen bzw. das Endliche im Absoluten so sein kann, daß das Endliche nicht nur nicht aufgehoben oder absorbiert, sondern umgekehrt in dem Maße 'es selbst' wird, in dem es mit dem Absoluten verbunden ist«. Diese Frage bzw. »dieses Paradox will Balthasar auch in den Mittelpunkt der eigenen Theologie stellen.«[23]

Der Begriff des Paradoxen hat für v.Balthasar methodischen Rang. Er bezieht sich dabei auf H. de Lubac, der »im Begriff des Paradoxen ein methodisches Instrument geschaffen [hat], das das Dialogische (sic et non) je schon in sich faßt, ohne es zu einer Dialektik (die immer in Identität umzuschlagen bereit ist) zu verhärten.«[24] Der denkende Mensch stößt immer wieder auf ein Grundparadox, das ihn prägt: Zwar ist er in seiner Natur *frei*, jedoch ist er zugleich ein herkünftiges, nicht aus sich selbst in Existenz gesetztes, relatives Wesen. Er ist - theologisch formuliert - (endliches) Geschöpf und zugleich bzw. als solches Abbild (des unendlichen) Gottes.

V.Balthasar verschränkt dabei die gesamte abendländische Metaphysik mit der christlichen Offenbarung. Das »Geheimnis der letzten Schwebe«,[25] zu dem der metaphysische Denker unweigerlich gelangen muß,

---

22 S 3, 161. Vgl. S 1, 7. In H 3/2,1: 28 beurteilt v.Balthasar seinen Ansatz der theologischen Ästhetik so: »Unser ganzer Versuch, der Theologie die dritte Dimension der Herrlichkeit - neben dem Wahren und dem Guten - zurückzugewinnen, muß auch deshalb selbst Bruchstück bleiben und kann im besten Fall als Anregung dienen, dem unfaßlichen Geheimnis der göttlichen Liebe neu zu huldigen.« Vgl. H.O. Meuffels, Einbergung des Menschen in das Mysterium der dreieinigen Liebe, Würzburg 1991, 79: »Theologie ist für Balthasar zunächst und vor allem Doxologie«. Siehe auch: M. Scheuer, Die Evangelischen Räte, 24-25: »Wie kaum ein anderer Theologe legt von Balthasar Wert auf die Einheit von Spiritualität und Theologie, von Heiligkeit und systematischer Reflexion, von geistlicher Erfahrung und kirchlich-theologischer Vermittlung.«

23 K.-H. Menke, Stellvertretung, 267.

24 TD 1, 116, Anm. 4.

25 Vgl. H 3/1,2: 982: Für den ernsthaft denkenden Christen als »Hüter der Metaphysik« gilt, da es keine »neutrale« Metaphysik gibt: »Entweder man sieht das

entspricht der Situation, in der sich der glaubende Mensch angesichts der Offenbarung des unendlichen Gottes vorfindet. Dieser paradoxen Situation muß sich der Mensch philosophisch wie theologisch stellen.

> »Wollte ein Christ sich unter dem Vorwand, das Paradox Gottes sei ihm zu steil und, weil unauflöslich, auch zu wenig fruchtbar, davon abwenden und sein vermeintliches Heil in der bloßen Zuwendung zu seinen Mitgeschöpfen suchen, denen er ja kraft der Sendung Christi zugewiesen sei, so wäre er, was ihn betrifft, aus dem Raum der Offenbarung herausgetreten.«[26]

Die paradoxe Schwebe ist also ein Kriterium des ernsthaften Denkens für den Philosophen und des Christseins für den Christen. »Als Letztes wird eine kritische Schwebe verbleiben, die immerfort die christliche Wachsamkeit zum Unterscheiden auffordert.«[27]
Die methodische Schwebe v.Balthasars führt jedoch keineswegs in Resignation, sondern strebt Erkenntnis bzw. »Schau« (der Dinge und Gottes) an. »Von den Teilsichten sind echte Ausblicke ins Umgreifende möglich«, weil die Offenbarung sich des Weltlich-Fragmentarischen bedient, um sich darin auszusprechen. »Die Ganzheit liegt in den Fragmenten«.[28]

2. Evidenz und Einbergung: Zwei Aspekte des methodischen Ansatzes

Die umrissene Denkweise v.Balthasars, die nicht in der systematisierenden Reduktion, sondern im kreisenden Sich-Annähern von verschiedenen Richtungen auf die eine Mitte hin besteht, soll im Folgenden an zwei Aspekten verdeutlicht werden: an der »Evidenz« und der

---

Geheimnis der letzten Schwebe, oder man verfehlt es und wird blind.«

26 H 3/2,1: 12. Vgl. H 3/2,2: 75: »Das Paradox bleibt, und zwar unauflöslich: sind die Bilder des Alten Bundes als Bilder gestalthaft, dann ist der Punkt, auf den hin sie konvergieren: der Tod Jesu Christi, das Gestaltlose«.

27 H 3/1,1: 290. Zum folgenden vgl. ebd. 929-930.

28 H 3/2,2: 29. Vgl. die Fortsetzung des Zitats: ... »nicht wie in den Stücken eines Puzzlespiels, das für ein Kind zu schwer ist und ein Erwachsener ihm zusammensetzen hilft; sie ergab sich erst durch eine für Gott allein mögliche, dem Menschen schlechterdings unauffindbare Synthese. Trotzdem lag sie in den Stücken, so daß der Mensch es nachträglich erkennen konnte, sie aber gleichzeitig als Gottes alleiniges Werk in der Geschichte anerkennen mußte.« Siehe dazu: Das Ganze im Fragment.

»Einbergung«. An diesen beiden von v.Balthasar in spezifischer Weise geprägten Begriffen kommt seine Vorgehensweise und sein Grundansatz des theologischen Denkens zum Tragen. Sowohl die Evidenz (der Herrlichkeit Gottes) als auch die Einbergung (alles Seienden im Theodrama) sind unmittelbar mit dem theologischen Ansatz verknüpft.

Evidenz der Herrlichkeit Gottes

Die Intention der theologischen Ästhetik v.Balthasars besteht darin, »der Theologie die dritte Dimension der Herrlichkeit - neben dem Wahren und dem Guten - zurückzugewinnen«.[29] Er betrachtet deshalb (insbesondere in den Bänden der »Herrlichkeit«) das *ganze* Offenbarungsgeschehen im Hinblick auf das Schöne bzw. die Herrlichkeit Gottes. Im Ereignis des Kreuzes und der Auferstehung Christi leuchtet die Herrlichkeit Gottes, die seine ewige Liebe ist, in einzigartiger Evidenz auf. Die Offenbarungsgestalt bzw. die »Figur«, die Gott hinstellt und in der das Höchstmögliche an Liebe sichtbar wird, ist in höchstem Maß aus sich heraus evident.[30]
»Kein Thema der Offenbarung kann aus dem Feld der theologischen Ästhetik herausfallen.«[31] *Jedes* Thema der Offenbarung wird deshalb auf die »Ausstrahlung« der Herrlichkeit Gottes hin befragt und bezogen. Entscheidend ist für v.Balthasar dabei der Sinn für Proportionen, die ästhetische Wahrnehmung der Gestalt, sowohl in sinnlicher, als auch in geistiger Hinsicht.[32] Einzelne Aspekte werden deshalb nie isoliert behandelt, sondern immer auf die eine und einzige Herrlichkeit Gottes hingeordnet.
In der Betrachtung der Heilsgeschichte und insbesondere des Christusereignisses fallen nun die Einzelmomente mit einer solchen objektiv vorgegeben Evidenz von Stimmigkeit ins Auge, daß der sehende Theologe sich dem nicht entziehen kann.[33] Die Kraft des auf den

---

29 H 3/2,1: 28.

30 Vgl. S 1, 63-67.

31 H 3/2,1: 16.

32 Vgl. S 1, 58. Der phänomenologische Blick auf die Gestalt ist stark von Goethe beeinflußt. Siehe dazu P. Henrici, Zur Philosophie Hans Urs von Balthasars, 243 ff. Siehe auch W. Löser, Unangefochtene Kirchlichkeit - universaler Horizont, in: HerKorr 42 (1988) 472-479, hier 475.

33 Vgl. H 3/2,1: 375.

Betrachter wirkenden Eindrucks wird von v.Balthasar als »Wucht der Herrlichkeit« beschrieben. Eine »Wucht«, die, weil sie die Macht der Liebe ist, im Menschen Staunen und letzlich persönliche Antwort auf das Tun Gottes bewirken will.[34]
Die theologische Methode v.Balthasars ist also ein Aufweis der Konvergenzen der Linien auf den einen, »überhellen Brennpunkt«, der die Herrlichkeit Gottes ist.[35] »In der 'Figur' liegt eine innere Stimmigkeit, die sich gegen jede Zerlegung in Teile wie jedes Zusammengesetztwordensein aus Teilen sträubt«.[36] Das, was die Schrift »Herrlichkeit« Gottes nennt, *ist* dessen Selbstevidenz.

Die Einbergung alles Seienden im Theodrama

Neben der Grundstruktur des Ästhetischen muß ebenso der Ereignischarakter alles Seienden Berücksichtigung finden. In der Theodramatik geht es um Gott als das absolute «Alles» und um sein Gegenüber, die Schöpfung, genauer: um geschaffene Freiheit und deren Verhalten.[37] Es geht um das Zueinander von immanenter und ökonomischer Trinität, von Stellvertretung und Sendung.[38] Es geht um das »theodramatische Zentralgeheimnis, daß die gesteigerte Liebe Gottes einen gesteigerten Haß hervortreibt«.[39] Heilsgeschichte wird als je schon spielende Handlung, die alle Pole umgreift, verstanden und die gesamte Theologie dementsprechend (neu) entworfen.[40]

---

34 Vgl. z.B. H 3/2,2: 99 Die Stärke dieses theologischen Ansatzes liegt in der inneren Verknüpfung von Theologie und Spiritualität. Die Gefahr liegt in der Konsequenz für den theologischen »Gegner«, mit dem man sich wissenschaftlich auseinandersetzt und dem dann u.U. die christlich-spirituelle Basis abgesprochen werden muß.

35 H 3/2,2: 16.

36 S 1, 65.

37 Vgl. TD 2/1, 56 und siehe S 1, 114.

38 Vgl. TD 1, 60 und 64. Siehe auch K.-H. Menke, Stellvertretung, 305, der v.Balthasars Denkform mit dem Begriff der »Stellvertretung« (und dem damit Bezeichneten) zusammenfaßt.

39 TD 4, 259. Vgl. dazu ebd. 17, 22, 47, 180, 245.

40 Vgl. TD 2/2, 12 - in Absetzung von der Anordnung des Stoffs in den »Schulbüchern«. Siehe auch H 3/2,2: 9, wo v.Balthasar darlegt, daß durch seine methodische Vorgehensweise »die vielen üblich gewordenen Trennungslinien nicht eingehalten werden«.

Ein solcher Neuentwurf ist nach v.Balthasar deshalb notwendig, weil keiner der neuen methodischen Ansätze der letzten Jahrzehnte für sich allein als Prinzip einer christlichen Theologie genügt. All diese Versuche konvergieren für v.Balthasar auf die Theodramatik hin. Die theodramatische Theologie ist in der Lage, am weitesten auszuholen und alle anderen Ansätze zu integrieren bzw. »einzubergen«. V.Balthasar versucht, den dramatischen Charakter des Daseins im Licht der biblischen Offenbarung als den weitest möglichen Horizont zu erweisen, der sämtliche möglichen Selbstentwürfe des Menschen in sich einordnen kann. Es gilt im theodramatischen Entwurf der Satz, »daß keine andere, mythische oder religiös-philosophische Anthropologie zu einer befriedigenden, alle Elemente integrierenden Idee des Menschen gelangen kann als eben die christliche.«[41]
Die »Einholung« oder »Einbergung« menschlicher Entwürfe und Ideen in das Theodrama Gottes mit dem Menschen führt dazu, daß jedes ernsthafte (philosophische wie theologische) Fragen des Menschen immer im Hinblick auf das eine gott-menschliche Theodrama aufgefaßt werden muß. Es entsteht dadurch »die Methode des Einfaltens zur göttlichen Einfalt hin.«[42] Der dementsprechende Gedankengang ist zyklisch und zunehmend zentrierend.[43]

3. Radikale Orientierung an der innersten Mitte

V.Balthasar ist der Überzeugung, daß alle Tendenzen der modernen Theologie strahlenförmig auf die Mitte einer theologischen Dramatik zulaufen.[44] Die Mitte ist das Entscheidende. Von dieser Ursprungsmitte ausgehend, sucht er das, was das spezifisch »Christliche« insgesamt ist, neu aufzuzeigen.[45] Die von verschiedenen Seiten her anzugehende Mitte bleibt zwar letztlich unbegreiflich, ist jedoch der Antrieb aller theologischen Bemühungen. V.Balthasar sucht deshalb diese Mitte des Theodramas nicht in einem präzisen Begriff zu erfassen, sondern sie eher zu umschreiten.

---

41 TD 2/1, 314. Vgl. ebd. 9.

42 H 3/2,2: 16. Vgl. dazu: Einfaltungen. Vgl. auch: W. Löser, Unangefochtene Kirchlichkeit - universaler Horizont, 474.

43 Vgl. Christlicher Stand, 14.

44 Vgl. S 3, 113; TD 1, 23; TD 2/1, 55. Es gilt sogar: »Keine 'Ästhetik' ohne 'Dramatik'«: TL 3, 336.

45 Vgl. S 3, 76.

Daß das Wort Fleisch geworden ist, ist der Ausgangs- und Mittelpunkt allen christlichen Glaubens. Alle theologischen Entwürfe »sind nichts weiter als ein im Glauben an das *Faktum* erfolgendes versuchsweises Hindenken zu seinem überschwenglichen Geheimnis, von dem her allein sich alle übrigen theologisch relevanten Themen eröffnen«.[46] *Alle* theologischen Fragen und Aspekte werden auf den einen Mittelpunkt hin zentriert. »Ohne den entrückenden Blick zur Mitte hin und von ihr her wird an den Rändern nichts verständlich.«[47]
Eine engere Bezeichnung des innersten Geheimnisses ist die der ganzen Hingabe des Sohnes Gottes im Kreuz »für uns«: »Im Zentrum dieses Zentrums steht das *'pro nobis'* des Kreuzes«.[48] Eine andere von v.Balthasar oft verwendete Umschreibung des Mysteriums ist die Anwendung von bräutlichen und hochzeitlichen Bildern, insbesondere das Vermählungsgleichnis, die »Hochzeitlichkeit«.[49] Da dieses Bildwort für unsere Fragestellung nach dem Eheverständnis von besonderem Interesse ist, gehen wir darauf im dritten Kapitel (»Christologischer Zugang«) ausführlich ein.
Vom »Punkt der Mitte« aus und auf ihn hin, der »biblisch die Herrlichkeit des menschgewordenen Gottes ist,«[50] muß Theologie betrieben werden. Die Grundhaltung des Theologen diesem Zentrum gegenüber kann nicht kühl-rational und berechnend, sie muß eine »immer neue Versenkung in die Herzmitte« sein.[51] Alle theologischen Entwürfe lassen sich (nur) von der einen Geheimnis-Mitte her verstehen.[52]

---

46 TL 2, 256. An theologisch relevanten Themen werden z.B. genannt: Trinität, Christologie, Ekklesiologie, Sakramente, Amt, Eschatologie.

47 H 3/2,2: 16.

48 TL 3, 336.

49 Vgl. M. Kehl, Einführung: Hans Urs von Balthasar. Ein Portrait, in: In der Fülle des Glaubens. Hans Urs von Balthasar - Lesebuch, hg. v. M. Kehl/W. Löser, Freiburg i.Br. [3]1981, 13-60, hier 46.

50 H 3/2,1, 25 und 372.

51 Ebd. 25. Vgl. H 2/1, 32, das Beispiel des Irenäus v. Lyon: »Irenäus strahlt aus allen Poren, seine Aussage stammt nicht aus gelehrtem und frommem Wissen, sondern aus einem schöpferischen Blick in die glühende innerste Mitte.« Vgl. P. Henrici, Zur Philosophie Hans Urs von Balthasars, 255, der v.Balthasars Philosophieren als »intellectus fidei« charakterisiert und ihn in methodischer Hinsicht mit Anselm v. Canterbury vergleicht.

52 So charakterisiert v.Balthasar seine Darstellung der zwölf theologischen »Stile«

4. Zur Methode der vorliegenden Dissertation

Aus der skizzierten theologischen Methode v.Balthasars folgt für die Methode der vorliegenden Dissertation, daß wir uns von verschiedenen Zugangswegen her in mehreren Zusammenhängen dem Eheverständnis v.Balthasars anzunähern haben. Sein Denken ist kreisförmig und betrachtet keinen Aspekt isoliert, sondern immer verbunden mit dem alles umfassenden und durchdringenden letzten Geheimnis. Da aber unser Interesse systematisch ist, werden wir dennoch versuchen, v.Balthasars Darlegungen systematisch aufzugliedern und zuzuordnen. Daß sich dabei Überschneidungen und Wiederholungen ergeben, liegt in der zentralen Voraussetzung v.Balthasars begründet: Alles ist in vielfältig verschlungener Weise auf die einzige Mitte hin ausgerichtet, alles ist mit allem verbunden.[53] Dieser Umstand zwingt uns zu einem »kreisförmigen« Vorgehen: Wir werden uns v.Balthasars Eheverständnis von verschiedenen Seiten her annähern.

Die folgende Durchsicht der Werke auf das Thema Ehe hin soll einen ersten Überblick geben, in welchen Zusammenhängen v.Balthasar auf die Ehe zu sprechen kommt. Es wird sich dabei zeigen, welche Zugangswege zum Eheverständnis gegangen werden müssen.
In den Kapiteln zwei bis fünf tragen wir v.Balthasars Aussagen vor, wobei wir immer ihre Relevanz für die Ehetheologie im Blick haben. Wir gehen dabei auch auf die Grundlagen und Voraussetzungen des

---

in H 2 als einen Aufweis, »daß sich diese sehr verschiedenen Systeme von einer Mitte her deuten und rechtfertigen lassen«: H 3/2,1: 22. Vgl. dazu die Charakterisierung der katholischen Schriftauslegung in S 1, 81: »Die Wahrheit der Bibel ist also nur faßbar im vollen Lebenszusammenhang. Unverhofft stoßen wir auf das alte Gesetz der geistlichen, katholischen Schriftdeutung. In jedem Satz klingt alles mit, jedes Wort verweist auf das Ganze.« Ebenso in TD 2/2, 134 zu den kanonischen Schriften: »Was hier durch den Heiligen Geist als Auswortung vorgelegt wird, genügt, um der theologischen Reflexion aller Jahrhunderte als hinreichende Grundlage zu dienen, vorausgesetzt, daß diese Reflexion immer durch den Einzeltext hindurch auf das im Ganzen der Schrift sich einheitlich Ausdrückende zielt.«

53 Viele Dissertationen jüngeren Datums über v.Balthasar haben mit seinem ausgeprägten Stil der Sprache und des Denkens zu kämpfen. Vgl. z.B. V. Spangenberg, Herrlichkeit des Neuen Bundes, Tübingen 1993, 3; K.J. Wallner, Gott als Eschaton, Heiligenkreuz 1992, 23.25; K.J. Tossou, Streben nach Vollendung, Freiburg i.Br. 1983, 56; Siehe auch P. Henrici, Zur Philosophie Hans Urs von Balthasars, 245. V.Balthasar selbst hält seine Theologie als Stoff für Dissertationen für wenig geeignet. Vgl. Geist und Feuer. Ein Gespräch mit Hans Urs von Balthasar, in: HerKorr 30 (1976) 72-82, hier 73.

Eheverständnisses ein. Abschließend werden wir (im »Ergebnis«) darlegen, was v.Balthasar zur gegenwärtigen Ehetheologie beitragen kann.

II. Zum Thema Ehe im Werk v.Balthasars

An keiner Stelle des umfangreichen Werks findet sich eine ausdrückliche, zusammenhängende und systematische Ehelehre, auch wenn v.Balthasar selbst darauf hinweist, daß die Theologie der Ehe einer weiteren Entfaltung bedarf.[54]
Wo das theologische Verständnis der Ehe zur Sprache kommt, wird es zumeist von verschiedenen Blickrichtungen her gestreift. Im folgenden sind ausgewählte Passagen zum Eheverständnis in chronologischer Reihenfolge kurz dargestellt, um eine Ortsbestimmung des Themas im Denken v.Balthasars deutlich werden zu lassen.

»Christlicher Stand«

Die frühesten Ausführungen zur Ehe stehen im Zusammenhang mit der Gründung des Säkularinstituts der Johannesgemeinschaft. V.Balthasar setzt sich Mitte der 40er Jahre intensiv mit den Fragen des Laienstandes und der Evangelischen Räte auseinander. In diese Zeit fällt die Entstehung der Erstfassung von »Christlicher Stand«[55], weshalb wir in der chronologischen Abfolge damit beginnen.
Im Kapitel »Der Ehestand«[56] wird dargelegt, inwiefern die Ehe ein christlicher Stand ist und wie sie sich zu den anderen christlichen Ständen verhält. Die Grundlage der Darlegungen bildet dabei der Urstand des Menschen. Das protologische Zueinander von Mann und Frau und deren Fruchtbarkeit stellt die Folie dar, von der die geschichtlich sich vollziehende Ehe abgehoben wird. Schöpfung und Erlösung, Natur und Gnade sind die Koordinaten, welche den Ort der Ehe umreißen.
V.Balthasar entfaltet die paradiesische Einheit von Fruchtbarkeit und Jungfräulichkeit, die Beziehung der geschöpflich-geschlechtlichen Fruchtbarkeit

---

[54] Vgl. S 2, 438.

[55] Vgl. Unser Auftrag, 83-84: »Nur einzelne Kapitel in der Mitte wurden [für die Veröffentlichung 1977] verändert.«

[56] Christlicher Stand, 180-202, worauf sich das Folgende bezieht.

des Menschen zur trinitarisch-ewigen Fruchtbarkeit Gottes und die Liebeshingabe Christi am Kreuz und die daraus entspringende Kreuzesgnade. Das wesentlich Christliche der Ehe liegt letztlich in Gottes trinitarischer Liebe begründet. All diese Überlegungen werden im Rahmen einer Standeslehre entfaltet.
Eine knappe Zusammenfassung der Perspektiven von Schöpfung und Erlösung, Paradies und Kreuz findet sich in:

»Vom Ordensstand«,

der Einleitung zum 1947 veröffentlichten Sammelband »Die großen Ordensregeln«.[57] Auch darin kommt die Ehe unter dem Vorzeichen des christlichen Standes zur Sprache. Was unterscheidet die Stände in der Kirche? Was ist das Spezifische des Rätestandes? Im Rahmen solcher Leitfragen wird auch die Ehe als christliche Lebensform vor allem im Gegenüber zur Form der Evangelischen Räte bedacht.
Die Ehe als Sakrament ist - wie jedes Sakrament - »Quelle und Möglichkeit der Eingestaltung in Christus.« Genauerhin fängt sie »die aus den Fugen geratene Ordnung der Geschlechter durch das 'große Mysterium' der Liebe zwischen Christus und der Kirche (Eph 5, 32) in die christliche Ordnung« ein.[58] Diese christologische Fundierung begreift v.Balthasar als trinitarisches »Hochzeitsgeheimnis«.[59]

»Der Laie und der Ordensstand«,

1948 erstmals veröffentlicht und 1993 in den Sammelband »Gottbereites Leben« aufgenommen[60], bezieht sich ausdrücklich auf die Gründung einer neuen Lebensform in der Kirche, welche den Laien ein Leben nach den Evangelischen Räten »in der Welt« eröffnet: das Säkularinstitut. V.Balthasar selbst spricht später nicht mehr vom Ordens-, sondern vom Rätestand. Damit ist die große Bedeutung der Räte (Armut, Gehorsam und Jungfräulichkeit) schon benannt. Mit dem Rat der Jungfräulichkeit bzw. der Ehelosigkeit, ist die Ehe (im »Kontrast«) jeweils mitangesprochen. In der frühen Darlegung der Idee des Säkularinstitutes kommt die Ehe im Kontext der Welt und ihrer Geschäfte wie zum Beispiel dem Berufsleben oder der Politik zur Sprache. Sie wird zusammen mit Besitz und Selbstbestimmung den Evangelischen Räten gegenübergestellt.

---

57 Einsiedeln [6]1988, 7-31, hier 11-14.

58 A.a.O. 22.

59 Ebd. 15.

60 A.a.O. 31-107.

In den darauffolgenden Jahren tritt für v.Balthasar das Interesse an einer Standestheologie zugunsten der Ekklesiologie zurück. Das Schwergewicht im Zusammenhang mit dem Eheverständnis verlagert sich dahingehend, daß die Ehe im Rahmen des Kirchenverständnisses zur Sprache kommt.

»Wer ist die Kirche?«

Der Aufsatz »Wer ist die Kirche?« erschien erstmals 1960 im Sammelband »Skizzen zur Theologie 2«, in dem v.Balthasar Fragen der Ekklesiologie behandelt.[61] Der Ausgangspunkt der Abhandlung ist die Frage, in welchem Sinn Kirche als Person (»als ein geistiges Bewußtseinszentrum freier und vernünftiger Akte«)[62] verstanden werden kann. Die Personalität der Kirche faßt v.Balthasar vor allem im Bild der Kirche als Leib und als Braut Christi, wobei er das bräutlich verstandene Verhältnis von Christus und Kirche in verschiedene Richtungen entwickelt, die für eine Theologie der Ehe relevant sind. Unter der Überschrift »Trinität, Menschwerdung, Kirche« kommt v.Balthasar ausdrücklich auf die Ehe zu sprechen.[63] Betrachtet wird die Ehe - im Kontext der ekklesiologischen Fragestellung - im Hinblick auf die natürliche Schöpfungsordnung, das übernatürliche Mysterium und die Hervorbringung des Kindes.

Im Rahmen der *natürlichen Schöpfungsordnung* skizziert v.Balthasar die wesentlichen Voraussetzungen der natürlichen Ehe (das Vorhandensein zweier Subjekte, deren leibliche Vereinigung und die Opposition der Geschlechter). Leibliche Einigung einerseits und Begegnung im Geist andererseits zeigen eine Spannung an, die durch die Zugehörigkeit der Ehe zu Natur *und* Gnade entsteht. Die Ehe gehört dem »Gattungshaften« an, weist aber zugleich über ihre eigenen Grenzen hinaus.

Im Hinblick auf das *übernatürliche Mysterium* legt v.Balthasar keinen Wert auf die Trennung von natürlicher und christlich-sakramentaler Ehe. Er betont das jeder Ehe Gemeinsame, das im Sakrament vertieft bzw. emporgehoben zum Ausdruck kommt. Die Ehe rückt als ein Zeichen, das auf das Mysterium der Verbindung von Gott und Mensch bzw. Christus und Kirche hinweist in den Blick. Die Sakramentalität christlicher Ehe wird am Liebesbund zwischen Christus und Braut-Kirche festgemacht. Das Bild der Brautschaft und Hochzeit der Kirche (mit Christus) ist für v.Balthasar sowohl ekklesiologisch als auch christologisch unverzichtbar.

Abschließend wird der eheliche Akt im Hinblick auf die *Hervorbringung des Kindes* betrachtet. Die Entstehung des Kindes aus der ehelichen Vereinigung wird auf die Mysterien innertrinitarischer Zeugung und Hauchung hin gele-

---

[61] S 2, 148-202.

[62] A.a.O. 148.

[63] Ebd. 194-202.

sen. Die Analyse des Natürlichen ergibt Einblicke ins Übernatürliche. In einer ekklesiologischen Blickrichtung kommt v.Balthasar somit letztlich zur Behandlung des Zueinanders von menschlicher und innertrinitarisch-göttlicher Hingabe und Lebendigkeit. Die Verwiesenheit der Ehetheologie auf das Trinitätsmysterium wird schon an dieser Stelle deutlich.

»Herrlichkeit«

Zu Beginn der großen Trilogie Herrlichkeit (Ästhetik-pulchrum), Theodramatik (Ethik-bonum) und Theologik (Logik-verum) legt v.Balthasar im ersten Band »Schau der Gestalt«, der 1961 in erster Auflage erschien, im Kapitel »Hinführung« das Anliegen einer theologischen Ästhetik dar.[64] Zunächst steht der Begriff der Gestalt im Mittelpunkt.
In diesem Rahmen verweist v.Balthasar auf das Beispiel Ehe, um anschaulich zu machen, daß Form und Gestalt für den Menschen konstitutiv sind. Die Ehe tritt dabei im Hinblick auf ihre die Lebensgestalt prägende Kraft in den Blick. Das Eheversprechen der Gatten wird vor allem als ein umfassendes sich einer (Ehe-)Form Anvertrauen verstanden. Sowohl die Beziehung zum geliebten Du, als auch das biologische Gesetz von Fruchtbarkeit und Familie ist dieser Form unter- bzw. in sie eingeordnet. Die eheliche Lebensgestalt erstreckt sich von ihren biologischen Wurzeln bis in die Höhen der Gnade und des Heiligen Geistes. Die subjektive Personalität der Gatten und die objektive Form fallen im Tiefsten in eins. Das gesamte Erleben ist letztlich nur vom Inneren der Form her zu deuten. V.Balthasar greift die Bedeutung der Gestalt bzw. Form im Hinblick auf die Ehe später unter dem Stichwort Institution wieder auf. Im Hintergrund steht das Verständnis der Inkarnation und der Positivität des Endlichen, welches für eine Theologie der Ehe ein entscheidendes Fundament bildet.
Ein zweites Mal kommt im ersten Band der Herrlichkeit die Ehe ausdrücklich zur Sprache. Es geht im Kapitel »Die objektive Evidenz« um die Darstellung und Weitervermittlung der evidenten, objektiven Offenbarungsgestalt Gottes bzw. Christi.[65] Neben der Heiligen Schrift wird die Kirche als Medium der Vermittlung benannt. In diesem Zusammenhang steht der Abschnitt über »Die sakramentale Gestalt«[66]. V.Balthasar betrachtet hier die Sakramente als ein Kernstück kirchlicher Ästhetik. Urgestalt aller Offenbarung und in diesem Sinne auch Ursakrament ist Jesus Christus. Das Sakrament wird als kirchliche Gebärde Jesu Christi zum Menschen hin verstanden. Die Kirche ist als Verwalterin der Sakramente Medium dieser Vermittlung. Im einzelnen werden folgende Sakramente angesprochen: Taufe, Buße (bzw. »Beichte«),

---

64 H 1, 13-120.

65 H 1, 413-657.

66 H 1, 553-561.

Firmung, Salbung und an erster Stelle die Ehe. Der Leitgedanke, unter dem die Ehe als Beispiel genannt wird, ist die Ausprägung Christi in allem Sakramental-Gestalthaften in der Kirche. Der Grundsatz für die sakramentale Form der Ehe lautet: »In die menschliche Gestalt senkt sich die christologische ein, und diese entscheidet für die Form des Sakramentes«.[67]
Wiederum werden die engen Zuordnungen bzw. die Überschneidungen von Sakramentenverständnis und hochzeitlichem Verhältnis Christi und der Kirche, von Ekklesiologie und Christologie deutlich. Und auch hier ist der letzte Horizont die Trinität Gottes.

»Bild« im Alten Bund

Der Schlußband der Herrlichkeit (3/2: Theologie) wurde ursprünglich in drei Teilen geplant, von denen die Teilbände Alter und Neuer Bund erschienen. 1967 entwirft v.Balthasar im Teilband 3/2,1 »Alter Bund« zunächst drei Leitideen biblischer Ästhetik. Eine der drei Leitideen wird im Kapitel »Bild« beschrieben.[68] In diesem Kapitel geht es um die Schöpfung bzw. den Menschen als Bild und Gleichnis Gottes. Auf dem Hintergrund der biblischen Schöpfungsgeschichte (Gen 1 und 2) tritt der Mensch als Mann und Frau und deren Begegnung ins Blickfeld. Das Ein-Fleisch-Sein von Mann und Frau wird dabei nicht nur als biologisches Geheimnis betrachtet, sondern der Ebene der spezifisch menschlichen Schönheit als Gottebenbildlichkeit zugeordnet. V.Balthasar betont gegen die Tendenz griechisch-christlicher Theologie, welche die Gottebenbildlichkeit des Menschen auf sein Geistsein beschränkt, daß das Bild neben dem Geistvermögen des Menschen genauso dessen leibliche Sinne umfaßt.
Der Zielpunkt des gesamten Geschlechterverhältnisses ist jedoch übersexuell. Es ist das inkarnierte Verhältnis von Christus-Bräutigam und Kirche-Braut. Das alttestamentliche Verhältnis Mann-Frau, welches als Bild für das Verhältnis Gott-Menschheit ein Rätsel bleibt, klärt sich nur im Blick nach vorne auf den neuen Bund hin. Die Ehe ist nicht protologisch, sondern nur eschatologisch ein Abbild Gottes: Im Überstieg in das jungfräulich-eucharistische Zueinander von Christus-Mann und Kirche-Frau. Das eschatologische Zueinander von Mann und Frau, welches sich in der Beziehung Christus-Kirche vollendet, ist die Quelle des christlichen Standes der Ehelosigkeit. Darin zeigt sich, daß eine Theologie der Ehe im Verständnis v.Balthasars der Ergänzung durch eine Theologie der Evangelischen Räte bedarf. Die Schöpfungstheologie darf die Eschatologie nicht aus dem Blick verlieren, das gilt auch für das Eheverständnis.

---

[67] Ebd. 554.

[68] A.a.O. 81-131.

»Hochzeitlichkeit« im Neuen Bund

Der Teilband 3/2,2 »Neuer Bund« erschien 1969. V.Balthasar will mit diesem Band keine Theologie des Neuen Testaments vorgelegen, sondern sucht einen neutestamentlichen Zugang zur Erscheinung der Herrlichkeit Gottes in der einzigartigen Offenbarungsgestalt Jesu Christi. Im Rahmen dieser der spezifischen Methode v.Balthasars entsprechenden Vorgehensweise erhält das in Christus sich ereignende Zueinander von göttlicher und menschlicher Liebe seinen zentralen Stellenwert. Im Kapitel »Hochzeitlichkeit«[69] wird die Offenbarung als Bund von Christus und Kirche dargelegt. In diesem Kontext kommt auch die Ehe zur Sprache.

Im Neuen Bund vollendet sich die hochzeitliche Beziehung zwischen Gott und Menschheit. Quellen dieser Verbindung von Gott und Mensch in Jesus Christus-Kirche sind einerseits die Schöpfung (Auslegung von Gen 2), andererseits die alttestamentliche Bundes-Ehe-Theologie (von den Propheten her). Gott und Mensch treten durch Jesus Christus in eine hochzeitliche Beziehung zueinander.

In der trinitarisch verwurzelten Verbindung von Christus und Kirche wird die Ehe sakramental. Das (eheliche) Verhältnis von Mann und Frau, welches vorchristlich den Gesetzen der Gattung zuzuordnen ist, wird zu einer personalen Größe. Voraussetzung für die neutestamentliche Hochzeitlichkeit ist - im Unterschied zum außerbiblischen Hochzeitsverständnis - die Bejahung des Zwischenmenschlichen und Geschlechtlichen.

Mit dem letzten Band des Werkes »Herrlichkeit« spitzt v.Balthasar die Aspekte, die für eine Ehetheologie bedeutsam sind, auf die Mitte des Hochzeitlichkeits-Mysteriums zu. Dabei sind die Geschlechtlichkeit des Menschen, die Sakramentalität christlicher Ehe, die Verwiesenheit der Ehe auf christliche Jungfräulichkeit und die (trinitarische und menschliche) Liebe jeweils aufeinander bezogen. Der Gedanke der Hochzeitlichkeit prägt das theologische Verständnis der Ehe.

»Pneuma und Institution«

Der für das Eheverständnis wichtige Aufsatz »Pneuma und Institution« gab dem 1974 veröffentlichten vierten Band der »Skizzen zur Theologie« seinen Namen.[70] Es geht in diesem Aufsatz um den Versuch, sich der Trinität Gottes von den zwischenmenschlichen Beziehungen her anzunähern. V.Balthasar will dabei (mit Verweis auf Richard v.St.Victors »De Trinitate«) die Schwierigkeiten sowohl des augustinisch-psychologischen Ansatzes als auch der thomanischen Systematisierung überwinden. Dabei wird deutlich, welch

---

[69] A.a.O. 440-454.

[70] A.a.O. 201-235. Vgl. die Textauswahl zum Stichwort »Ehe - Ereignis und Institution«, in: In der Fülle des Glaubens, 84-85.

hohen Stellenwert die Beziehungen zwischen (menschlichen) Personen für die Frage nach dem Wesen Gottes einnehmen.
Der Ausgangspunkt des Gedankengangs ist die Begegnung von Mensch und Mensch, die Beziehung zwischen Personen im Sinne von Begegnung zweier Freiheiten. Damit eine solche Begegnung stattfinden kann, bedarf es einer Bereitschaft, welche v.Balthasar mit »erotischen Kategorien«[71] beschreibt. Faszination und Sehnsucht, weiblich-männliches Zueinanderverhalten und Fruchtbarkeit sind Elemente der ehelichen Begegnung der Geschlechter.
Unter der Überschrift »Eheliche Begegnung«[72] wird das, was über personale Begegnung ausgeführt wurde, konkretisiert. Ehe ist demnach eine Radikalisierung der Begegnung. In ihr findet die Begegnung der Personen in der personalen Hingabe von Mann und Frau eine sich verbindlich verwirklichende Form. Dabei legen sich Mann und Frau in Freiheit auf eine objektive Größe fest. Dieses Objektive benennt v.Balthasar als das Gelöbnis, den Bund oder die Institution. Die (objektive) Institution kommt in dieser Hinsicht mit dem die gemeinsame Liebe inspirierenden Geist überein.
In »Pneuma und Institution« tritt der Aspekt der personalen Begegnung in der Ehe ins Blickfeld, der in den späteren Schriften noch stärker mit dessen trinitarischem Urgrund verknüpft wird. An dieser Stelle steht die Verbindung von institutionellem Ehebund und dem Geist der Liebeshingabe im Mittelpunkt. V.Balthasar macht am Beispiel der Ehe die »Grundgesetze« christlicher Offenbarung (deren Geschichtlichkeit, Inkarnation und Trinität) deutlich. Die Sakramentalität der Ehe besteht im Zu- und Ineinander von Pneuma und Institution.

»Einsamkeit in der Kirche«

Die ebenfalls in den »Skizzen zur Theologie 4« enthaltene Abhandlung »Einsamkeit in der Kirche«[73] ergänzt den eben dargelegten Gedankengang der ehelichen Begegnung und Gemeinschaft um den Aspekt der Einsamkeit des Menschen - auch in der Ehe. Es geht um die Frage, inwiefern Einsamkeit ein Konstitutivum für Kirche bzw. der Entstehung von Kirche und somit des christlichen Lebens überhaupt ist.
Die Situation eines jeden Christen und der gesamten Kirche ist paradox. Einerseits ist der Christ (mit Christus) einbezogen in die innigste, umgreifendste und durchdringendste Gemeinschaft, andererseits ist er einsam in der

---

71 Die genannten »erotischen Kategorien« sind: Die Sehnsucht nach Freiheit überhaupt, die weibliche und männliche Erfahrung des »Durchbrochen- und Bestimmtwerdens« bzw. des aktiv Zeugens und die »apriorische Ahnung dessen, was Fruchtbarkeit ist«: Ebd. 207.

72 Ebd. 208-216.

73 S 4, 252-287.

Welt. V.Balthasar verdeutlicht diese Situation an der Lebensform der Heiligen und dem Programm der Weltgemeinschaften («Säkularinstitute»): Durch die Befolgung der evangelischen Räte konkretisieren einzelne Christen exemplarisch die Situation der gesamten Kirche.
An diesem Punkt kommt er auf die christliche Ehe zu sprechen. Durch das Exemplarische der Säkularinstitute soll die Gestalt christlicher Ehe nicht verdunkelt werden, die auch ein Ort ist, an dem die christliche Einsamkeit sich erproben muß. Die in der (unauflöslichen) Ehe geforderte Treue kann nur in der Einsamkeit des einzelnen Gatten vor Gott reifen und sich festigen. Das Eheversprechen beinhaltet auch den Aspekt des einsamen Entschlusses des Einzelnen vor Gott.[74] Begründet ist die erforderte personale Treue christlicher Gatten im zentralen Heilsmysterium selbst. Die unbedingte Treue entspringt letztlich aus der Verbundenheit der beiden Mysterien von Trinität und Inkarnation. Die christliche Ehe ist somit in eine schwer zugängliche trinitarische Wahrheit hineingenommen: in die Identität von göttlicher Gemeinschaft und gottmenschlicher Trennung.

»Die himmlische Kirche und ihre Erscheinung«

Der fünfte und letzte Band der »Skizzen zur Theologie« enthält - in bearbeiteter Form - den schon 1982 veröffentlichten Aufsatz »Die himmlische Kirche und ihre Erscheinung«.[75] Es geht darin um die irdische Kirche und deren himmlische Verankerung. Die Kirche, die auf Erden beauftragt ist, Christus zu vergegenwärtigen, hat als himmlische Kirche »ihr Wirkzentrum im Himmel bei Christus«[76]. Dieser Gedanke relativiert den Bundesbegriff und dessen Betonung der Gegenseitigkeit zwischen Gott und Mensch: Es wird vor allem Gottes Initiative ins Blickfeld gerückt.
In diesem Zusammenhang werden die Sakramente als deutlichstes Beispiel für die »Zentrierung der kirchlichen Heilswirklichkeiten im Himmel«[77] genannt. Neben Eucharistie, Buße und Priesterweihe wird auch die Ehe in ihrer Sakra-

---

74 Vgl. ebd. 245 und 269. Die Betonung des Alleingestelltseins des Menschen vor Gott findet sich wieder im Aufsatz »Umkehr im Neuen Testament« (S 4: 236-251), wo die »Isolierung des Einzelnen in seiner Konfrontation mit Jesus« (a.a.O. 246) ebenfalls auf den sakramentalen Vorgang der Taufe bezogen wird: »Jene Gottgeburt, die in der Taufe geschenkt wird, reißt den Einzelnen aus der natürlichen horizontalen Verbundenheit mit anderen Menschen heraus« (ebd. 247).

75 S 5, 148-164. Der Aufsatz ist die erweiterte Form von: Kirche als Heilswirklichkeit, in: W.Seidel (Hg.), »Glaubt ihr nicht, so bleibt ihr nicht«, Würzburg 1982, 127-144, und wird deshalb an dieser Stelle in der chronologischen Aufzählung eingereiht.

76 A.a.O. 149.

77 Ebd. 150.

mentalität skizziert. Diese Kurzbeschreibung kommt einer Definition nahe: »Jede sakramentale Ehe ist ein vom Himmel her dieser Frau und diesem Mann aufgeprägtes Zeichen, daß ihr Bund Anteil hat am unauflöslichen Bund Gottes in Christus mit der Menschheit, an dieser himmlischen Hochzeitlichkeit, die das erhabene Urbild für alles Vergänglich-Geschlechtliche und für dessen wahres Zentrum, die echte mitmenschliche Liebe und Treue ist«.[78]

»Im dreieinigen Leben«

Im vierten Band der Theodramatik »Das Endspiel« (1983 erschienen) entfaltet v.Balthasar eine trinitarisch-christologische Eschatologie. Unter der Überschrift »Im dreieinigen Leben« kommt er auf die eschatologischen Bilder von Mahl und Hochzeit zu sprechen.[79] Beide nehmen unter den vielen Bildern für das Geheimnis des ewigen Lebens eine Sonderstellung ein. Im Bild von Mahl (Eucharistie) und Hochzeit (Hochzeitlichkeit) kommt die Mitte des Mysteriums zum Ausdruck: »Das zwischen Himmel und Erde eucharistisch gefeierte hochzeitliche Geheimnis«.[80]
In der im Jahrzehnt von 1973 bis 1983 entstandenen »Theodramatik« geht es um das geschichtlich-dramatische Aufeinandertreffen von menschlicher und göttlicher Freiheit. Dementsprechend tritt im Hinblick auf die Ehe der Aspekt des analogen Verhältnisses von menschlicher und göttlicher Wirklichkeit stärker in den Vordergrund. Das eschatologische Hochzeits-Bild setzt eine Analogie voraus, die bei aller (je größeren) Unterschiedenheit eine Entsprechung und Gemeinsamkeit enthält: Der Mensch hat (auch) als Mann und Frau in der Ehe Anteil an der Imago Trinitatis. In den späten Schriften der »Theologik« kommt dieses Moment noch stärker zum Tragen:

»Fruchtbarkeit«

Das Kapitel »Fruchtbarkeit«[81] des zweiten, 1985 veröffentlichten Bandes der die Trilogie abschließenden »Theologik« steht im Zusammenhang mit einem (erneuten) Blick auf die »Imagines Trinitatis« im endlichen Sein.[82] In Aus-

---

[78] Ebd. Ähnlich knapp und gedrängt gefaßte »Kurzabrisse« der Ehetheologie finden sich zum Beispiel in: Cordula oder der Ernstfall, 37 oder: Neue Klarstellungen, 107-108. Auch sie bündeln verschiedene Aspekte des Eheverständnisses und lassen deutlich werden, daß alle von uns systematisch unterschiedenen Zugänge bei v.Balthasar als engstens miteinander verbunden zu betrachten sind.

[79] A.a.O. 389-446.

[80] Ebd. 434.

[81] TL 2, 54-57.

[82] Ebd. 35ff.

einandersetzung mit Augustinus, Richard v.St.Viktor und Hegel wird auf die Fruchtbarkeit menschlicher Begegnung abgehoben, die vor allem im Verhältnis der Eltern zum Kind als die sprechendste, dem Geschöpf eingestiftete Imago Trinitatis zum Ausdruck kommt. Die Fruchtbarkeit, die ein Geistsubjekt hervorbringt, ist evidentermaßen mehr als ein Naturprozeß. Über die als Dialogiker bezeichneten Philosophen und Theologen F.Rosenzweig, M.Buber und F.Ebner hinaus, die das Zwischenmenschliche der Sprache in unterschiedlicher Weise auf die gnadenvolle Stiftung des göttlichen Logos zurückführten, fordert v.Balthasar (mit Verweis auf M.J. Scheeben) die Berücksichtigung des Wirkens der Gnade auch für den Lebensbereich zwischengeschlechtlicher Fruchtbarkeit bzw. für die natürliche noch nicht christlich-sakramentale Ehe. Im umfassendsten und tiefgreifendsten Sinn ist Fruchtbarkeit schließlich christlich-jungfräulich. Das Korrelativ zur natürlichen Ehe ist im christlich-sakramentalen Bereich die Jungfräulichkeit.

»Person, Geschlecht und Tod«

Der in den »Skizzen zur Theologie 5« erstmals 1986 erschienene Aufsatz »Person, Geschlecht und Tod«[83] ist - neben »Pneuma und Institution« - für unsere Frage nach dem Eheverständnis entscheidend. Im Bedenken eines zentralen Punktes im Zusammenhang mit christlicher Geschlechter- und Ehetheologie, der ins Zentrum der Thematik führt, schreitet v.Balthasar wesentliche Aspekte einer christlichen Ehetheologie ab.
Rein weltlich gesehen ist die Ehe eine paradoxe Lebensform zwischen ewiger Treue und zeitlichen Grenzen. Christlich gesehen ist die Ehe (mit Verweis auf Paulus und dessen Auslegung durch M.J. Scheeben) ein Einbezogenwerden ins Mysterium des Ehebundes zwischen Christus und seiner Kirche. So verbleibt christliche Ehe in einer paradoxen Spannung, da Zeugung und Geburt, Leben und Sterben auf biologisch unveränderte Weise erfolgen, die geschenkte Gnade und deren personale Ergreifung jedoch diesen äußeren Anschein verwandeln.
Da das Geschlechtliche die »rein« biologische Sphäre übersteigt, ist nicht *alles* Geschlechtliche vergänglich. Das Zueinander von Christus-Mann und Maria-Kirche-Frau und ihre gegenseitige Fruchtbarkeit bleiben bestehen, weil die Beziehung Anteil hat an der trinitarischen Liebe. Von daher leitet sich auch der Grundsatz einer christlichen Ehe ab, der dem Ehelosen offener zugänglich wird: Die christliche Ehe ist verborgen trinitarisch. In der selbstlosen gegenseitigen Hingabe von Mann und Frau überragt der geheimnisvolle objektive Geist der Liebe jeden Egoismus. Für Ehe wie Ehelosigkeit gelten die in der Taufe grundgelegten christlichen Lebensprinzipien gleichermaßen.

---

83 S 5, 121-133.

»Sakramente«

Im dritten, 1987 veröffentlichten Band der Theologik geht es um den Heiligen Geist als den »Einführer in alle Wahrheit«. Unter der Überschrift »Der Geist und die Kirche«[84] gibt v.Balthasar einen synthetischen Überblick über den ekklesiologischen Teil der Pneumatologie. Das Kapitel wird durch die Unterscheidung von objektiv-institutionellem und subjektiv-existentiellem Moment gegliedert. Die Aspekte der objektiven und subjektiven Heiligkeit in der Kirche bilden im Heiligen Geist eine Zweieinheit, den Doppelaspekt seiner Personhaftigkeit. Dieser Gedanke bildet den Untergrund für das Sakramentenverständnis.
Im Abschnitt »Sakramente«[85] werden die klassischen sieben Sakramente der Reihe nach kurz charakterisiert. Dabei ist die Ehe »als Sakrament das aus der Natur des Menschen emporgehobene Gleichnis der eucharistischen Einigung von Christus als Bräutigam und Kirche als Braut«.[86] Die Erhebungsbewegung ist entscheidend: Die subjektive Liebe wird über sich emporgehoben in die objektive Liebe des Heiligen Geistes.
Auch an dieser Stelle, an der es um christliche Ehe als Sakrament geht, kommt der Sinn und Wert der christlichen Ehelosigkeit als leibhaftig pneumatisch fruchtbare Teilnahme am Liebesgeschehen zwischen Christus und Kirche ausführlich zur Sprache.

Es hat sich in diesem chronologischen Durchblick gezeigt, daß v.Balthasars theologisches Eheverständnis keine klaren Brüche kennt. Er entfaltet im Lauf der Jahrzehnte kontinuierlich, was sich schon früh andeutet. Es finden in dieser Entwicklung jedoch Akzentverschiebungen statt, die die Ehe in jeweils unterschiedliche Perspektiven rücken. Dabei schließt v.Balthasar - durch das kreisförmige, von unterschiedlichen Ausgangspunkten her betrachtende Sich-Annähern an einen »Gegenstand« einerseits und die konsequente und radikale Hinordnung jedes untersuchten Phänomens auf die letztbegründende Mitte hin andererseits - eine Systematik des Eheverständnisses methodisch aus. Wir wählen deshalb in den folgenden Kapiteln vier sich gegenseitig ergänzende Zugangswege, wie sie sich im Überblick als unverzichtbar erwiesen haben: Wir betrachten v.Balthasars Eheverständnis im Kontext der Schöpfungstheologie bzw. theologischen Anthropologie, der Christologie, der Ekklesiologie und der Trinitätstheologie.

---

84 A.a.O. 233-380.

85 Ebd. 309-325.

86 Ebd. 317.

Zweites Kapitel

Zugang von einer theologischen Anthropologie her

Unser erster Zugang zum Eheverständnis setzt bei der theologischen Anthropologie an. Wir beschäftigen uns dabei sowohl mit schöpfungs- wie auch gnadentheologischen Aspekten der Anthropologie v.Balthasars, die für die Auffassung der Ehe von grundlegender Bedeutung sind.

Die Verhältnisbestimmung von Natur und Gnade hat für jedes Eheverständnis große Bedeutung, da die Ehe sowohl zur Schöpfungsordnung (als »natürliche« Ehe des Menschen), wie auch (christlich-sakramental) zur Erlösungsordnung gezählt werden muß. In der christlichen Ehe sind Schöpfung und Bund Gottes mit dem Menschen zwar zu unterscheiden, aber nicht zu trennen. Deshalb befragen wir die Eheauffassung in der Perspektive der theologischen Anthropologie v.Balthasars (I.), und gehen dann näherhin auf seine Verhältnisbestimmung von Natur und Gnade ein (II.).

I. Aspekte des Menschseins im Hinblick auf die Ehe

Es geht im Folgenden nicht um eine umfassende Darlegung der Anthropologie v.Balthasars[1], manche Aspekte des Menschseins kommen nur am Rande oder gar nicht zur Sprache. Das »erkenntnisleitende Interesse« ist für uns das Eheverständnis. Es geht um die Frage, welche Aspekte in v.Balthasars theologischer Anthropologie für sein Eheverständnis relevant sind.

---

1 Siehe dazu: H.O. Meuffels, Einbergung des Menschen in das Mysterium der dreieinigen Liebe. Eine trinitarische Anthropologie nach Hans Urs von Balthasar, Würzburg 1991.

1. Naturkonstanten des Menschseins

Der Mensch ist ein Bestandteil der Schöpfung und zugleich der Inbegriff der Geschöpflichkeit im Gegenüber zu Gott.[2] Diese allgemeinste Beschreibung des Verhältnisses des Menschen zu Gott wird für v.Balthasar durch die biblische Offenbarung (insbesondere von Gen 1,27 her) genauer gefaßt: Der Mensch ist »Bild und Gleichnis Gottes«[3], das ist seine tiefste Wesensbeschreibung im Rahmen der Schöpfungswirklichkeit. Der Mensch ist also radikal Geschöpf, gehört als solches der nicht-göttlichen Wirklichkeit an und steht in unüberbrückbarer Distanz zu Gott - zugleich aber steht er in engster Beziehung zu Gott, über die gesagt wird, daß der Mensch Gott ähnlich ist: Bild und Gleichnis Gottes. Schon diese erste Wesensbeschreibung verweist darauf, daß die Existenz des Menschen nicht frei von Spannungen gedacht werden kann.
V.Balthasar entwickelt drei Strukturmomente des Menschseins, welche Spannungsfelder der menschlichen Existenz darstellen, in denen das »Nach-dem-Bild-und-Gleichnis-Gottes-Geschaffensein« des Menschen zum Tragen kommen muß: Mann und Frau, Geist und Leib, Individuum und Gemeinschaft.[4]

Grundlagen einer Theologie der Geschlechter

Der Mensch existiert als Mann oder Frau, und zwar so, daß die beiden Geschlechter aufeinander verwiesen sind. Weder Mann noch Frau bilden für sich, ohne das geschlechtliche Gegenüber, das ganze Wesen des Menschen. Für v.Balthasar ist diese Verwiesenheit radikalster Ausdruck der Kontingenz des Menschen. Jedes Geschlecht ist auf das andere angewiesen: »keines kann für sich der ganze Mensch sein, es gibt ihm 'gegenüber' immer noch die andere, ihm unzugängliche Weise, es zu sein.«[5] Eine theologische Anthropologie kommt deshalb

---

2 Vgl. TD 2/2, 312: »Der Mensch (als Inbegriff der Schöpfung genommen) ist zunächst eindeutig Nichtgott«.

3 Ebd. u.ö.

4 Zum Folgenden vgl. TD 2/1,325ff, wo v.Balthasar ausdrücklich auf die theologische Anthropologie E. Przywaras verweist, der insbesondere diese drei Naturkonstanten bedacht hat.

5 TD 2/1, 338. Vgl. aber mit ganz anderer Stoßrichtung ebd. 335: »Jeder Mensch

nicht umhin, die Bedeutung des Geschlechlichen zu bedenken. Die Geschlechterdifferenz des Menschen ist keine Folge der Sünde, kein Abfallen vom ursprünglichen Schöpfungsplan Gottes.[6] Kein (geschlechtsloser oder androgyner) Urmenschmythos geht der Differenzierung des Menschen als Mann und Frau voraus.[7]

> »Die leibliche Verbindung von Mann und Frau ist für den Menschen nichts Akzidentelles; sie ist so wesentlich und zentral, daß fast die ganze Erzählung vom idealen Menschen, wie Gott ihn im Paradies erschuf, im Zeichen der Unterscheidung von Mann und Frau steht. Und obwohl der Mensch die geschlechtliche Differenz mit den Tieren gemeinsam hat, sollte doch nicht bezweifelt werden, daß die primäre Scheidung von Mann und Frau, wie sie bei seiner über die gesamte Schöpfung herrschenden Geistigkeit grundgelegt wurde, zum 'Gleichnis Gottes' gehört, das ihm allein unter allen Geschöpfen geschenkt ist, nicht minder als sein Herrschen über die Schöpfung.«[8]

V.Balthasar legt seiner Phänomenologie des Geschlechtlichen im Rahmen der Geschöpflichkeit die beiden Schöpfungsberichte der Genesis zugrunde.[9] Dabei sind die Schöpfungserzählungen von besonderer Bedeutung, denn der Urstand hat für alle im Lauf der Geschichte entstehenden Stände des Menschen paradigmatischen Charakter. »Vom Urstand her als dem Stand des Menschen, wie Gott ihn ursprünglich erdacht, gewollt, erschaffen hat, muß letztlich jeder spätere Stand, der

---

ist ein vollkommenes Glied der Gattung Mensch, und zwar unbeschadet um Männlich oder Weiblich, er verwirklicht den ganzen Begriff des Menschseins«.

6 Vgl. z.B. Christlicher Stand, 81: »Man wird aber, wenn man den bleibenden Kern ihrer Ausführungen [sc. die Lehre der Väter und Scholastiker] festhalten will, doch nachdrücklich betonen, daß die Unterscheidung der Geschlechter durchaus zur ursprünglichen Schöpfungsintention Gottes gehört, also nicht einfach als durch den (nachfolgenden) Sündenfall bedingt betrachtet werden darf. Die Unterscheidung nimmt vielmehr teil an der imago Dei selbst«. Es folgt das Zitat von Gen 1,26-27.

7 Ebd., 339-340. V.Balthasar distanziert sich klar von der Überbetonung des Sexuellen in den alttestamentlichen Apokryphen: H 3/2,1: 312-313.

8 Christlicher Stand, 182. Wiederum folgt das Zitat Gen 1,26-28.

9 Vgl. TD 2/1, 337. Biblische Quellen für die Geschlechtstheologie sind neben den Schöpfungserzählungen die Offenbarung des Johannes (vgl. TD 4, 434), 1 Kor 6 und 7 (vgl. S 4, 194-195, 210-212), Eph 5 (vgl. S 2 153 und S 5, 146-147), das Hohelied (vgl. H 3/2,1: 120-125 u.ö.) und nicht zuletzt die Prophetengestalten. Zu Hosea vgl. H 3/2,1: 24 und 222; TD 3,161; S 3, 56. Zu Jesaja vgl. H 3/2,1: 231. Zu Jeremia vgl. ebd., 237 und S 3, 56. Ein zusammenfassender Kurzabriß findet sich in S 5, 126 Anm. 6.

doch auch von Gott kommt, abgeleitet und erhellt werden können.«[10] Allerdings liegt die supralapsarische, paradiesische Ursprünglichkeit des Geschlechterverhältnisses nicht offen zu Tage. Die Unanschaulichkeit des Urstandes kann nur dialektisch angenähert werden.[11] Die Lebensbedingungen des ursprünglichen Menschen sind uns nicht mehr zugänglich.[12] Wie die Fruchtbarkeit menschlicher Liebe im paradiesischen Zustand ausgesehen haben mag, ist nicht rekonstruierbar. Und doch bildet für v.Balthasar der paradiesische Urstand von Mann und Frau den unabdingbaren Ausgangspunkt einer Theologie der Geschlechter.

In »Christlicher Stand« entwirft und entfaltet v.Balthasar einen grundlegenden Gedankengang, auf den er später immer wieder zurückgreift[13] und der eine Art Weichenstellung für das Verständnis der Geschlechtlichkeit des Menschen darstellt. Als Deutungshilfe dient ihm dabei die allgemeine Kontrastierung des Urstands als »Integrität«, die dann in der Sünde auseinanderfällt. Auf die Geschlechtlichkeit übertragen postuliert v.Balthasar darum: Im nicht rekonstruierbaren paradiesischen Urstand war die menschliche Fruchtbarkeit umgreifend eins und ungeteilt. Durch die Schuld des Menschen zerbrach diese Einheit. »Mit dem Sündenfall war die transzendente Einheit von Natur und Gnade und die immanente Einheit von Leib und Seele zerfallen und für das Menschengeschlecht nicht wiederherzustellen.«[14] Deshalb kann die Fruchtbarkeit postlapsarisch nur in ihrer bruchstückhaften, isolierten (und insofern defizienten) Existenzweise vollzogen werden. Die natürliche Fruchtbarkeit gerät dadurch in eine unaufhebbare Spannung zur fruchtbaren Liebe und Gnade Gottes. Für den Lebensstand der Ehe hat dieser Ansatz v.Balthasars weitreichende Konsequenzen. Die in der Ehe zum Tragen kommende Fruchtbarkeit, welche im Schöpfungsplan Gottes ein hohes und unverzichtbares Gut darstellt,

---

10 Christlicher Stand, 66.

11 Vgl. H 3/2,1: 93.

12 Vgl. Christlicher Stand, 75: Vgl. TD 2/1, 350: »Was soll in der Paradiesgeschichte ein 'erotisches' Zueinander von Mann und Frau, das kein sexuelles wäre? ... Wir müssen die Frage offenlassen, auch wenn sie wie eine Wunde klafft.«

13 Z.B. in: S 4, 380.

14 Die großen Ordensregeln, 13. Sowohl »Christlicher Stand« als auch »Die großen Ordensregeln« entstanden Mitte der Vierziger-Jahre.

droht damit (postlapsarisch) unter die Vorzeichen des Zerfalls und der Trennung gestellt zu werden.
Während v.Balthasar nirgendwo eine Theologie der Ehe expliziert, entfaltet er eine Theologie der Geschlechter explizit und ausführlich vor allem in TD 2/1, 334-350 und TD 2/2, 269-330[15]. V.Balthasar ist dabei von Adrienne von Speyr beeinflußt und folgt im Gesamtaufriß ihrem Entwurf. So schreibt er rückblickend über v.Speyr:

> »Sie ... wirft vom Geheimnis Christus-Kirche (als Bräutigam-Braut: Eph 5) und vom Verhältnis Maria - Johannes (Mutter - Sohn) einen deutenden Blick auf das Verhältnis der Geschlechter in der christlichen Ehe ... Die überragende Fruchtbarkeit der Jungfräulichkeit ist es, von der her auch die leibliche Fruchtbarkeit von Mann und Frau gerechtfertigt und sakramental geheiligt wird. Die Schöpfungsordnung wird der abschließenden christologischen und kirchlichen Erlösungsordnung eingeordnet.«[16]

Die Polarität von Mann und Frau spielt demnach im Heilsdrama Gottes mit der Menschheit eine durchgängige Rolle.[17] Von hier aus entwirft v.Balthasar eine Theologie der Geschlechter, die sich im Zueinander von Christus (Mann) und Kirche-Maria (Frau), im Gegenüber von Gott-Vater (männlich) und Mensch-Kreatur (weiblich) und auf der Ebene der Kirche in Amt (männlich) und Laien (weiblich) konkretisiert. Diese und weitere Aspekte der Geschlechtertheologie werden hier nicht weiter ausgeführt[18], da sie v.Balthasar in keinen Zusammenhang mit der Ehe stellt. Von manchem wird im Kontext der Christologie und Ekklesiologie (drittes und viertes Kapitel) nochmals die

---

15 V.Balthasar verweist in TD 4, 425 ausdrücklich auf die angegebenen Stellen. W. Löser zählt »zu den durchgehenden Themen in von Balthasars Denken ... die *Phänomenologie und die Theologie der Geschlechter*«: W. Löser, Unangefochtene Kirchlichkeit - universaler Horizont, 477.

16 Unser Auftrag, 56-57. Vgl. ebd. 25-26, wo v.Balthasar über A. v.Speyr ausführt, »daß die eheliche Erfahrung, die sie nicht vermeiden konnte, ihr nicht nur für ihren Beruf [v.Speyr war Ärztin], sondern auch für ihre tiefen Erkenntnisse über die (im Verhältnis Christus-Kirche gründende) 'Theologie der Geschlechter', überhaupt für die Einsicht in die Positivität der Leiblichkeit innerhalb einer Inkarnationsreligion, nützlich wurde«.

17 So wird z.B. die endgültige Vollendung in der Offenbarung des Johannes im Bild der Hochzeit des Lammes mit »der Frau« vorgestellt. Vgl. TD 2/2, 266 oder S 5, 146.

18 Vgl. z.B. den Zusammenhang von christlich-geschlechtlicher Fruchtbarkeit und Eucharistie, das Rollenverständnis von Mann/männlich und Frau/weiblich etc.

Rede sein. Es ging an dieser Stelle nicht darum, die Theologie der Geschlechter ausführlich darzulegen. Das ist in anderen Arbeiten über v.Balthasar durchgeführt worden.[19] Es sollte hier lediglich auf den Argumentationsstrang hingewiesen werden, den v.Balthasar im Hinblick auf die Ehe immer wieder betont.

Die postlapsarische Situation des Menschen

Das supralapsarische Geschlechterverhältnis kann - wie schon gesagt - nicht rekonstruiert werden. Eine Phänomenologie der Geschlechter betrachtet immer deren postlapsarischen Zustand. Wenn eine große Tradition christlicher Theologie das Geschlechtliche radikal problematisiert, so sind dies nach Ansicht v.Balthasars nicht nur manichäische Reste, welche zu überwinden sind.[20] Die Geschlechtlichkeit kann postlapsarisch nicht einfach ungebrochen zum ursprünglichen Bild-Gottes-Sein des Menschen gezählt werden.[21] Das Animalisch-Gattungshafte ist rätselhaft mit Schuld verstrickt und führt zu Widersprüchen.[22]

Im vorchristlich-natürlichen Raum müssen nach v.Balthasar diese Aporien bestehen bleiben. »*Vorchristlich*-'Natürlich' bleibt ein letztes unauflösbares Zwischen: Einbettung menschlicher Geschlechtlichkeit ins Kosmisch-*Göttliche*, das (als Hieros Gamos, als dionysischer Rausch usf.) bis zuoberst deren Projektion und Bestätigung darstellt - oder Herauslösung des Geisthaften als des eigentlichen *theion* aus dem innerkosmisch-Geschlechtlichen, wobei dieses um des Geistigen willen aszetisch unterdrückt oder als minderwertig oder dämonisch abgewer-

---

19 Siehe dazu: R. Zwank, Geschlechteranthropologie in theologischer Perspektive?: Zur Phänomenologie des Geschlechtlichen in Hans Urs von Balthasars »Theodramatik«, Frankfurt a.M. 1996; H.O. Meuffels, Einbergung des Menschen in das Mysterium der dreieinigen Liebe, Würzburg 1991, insbesondere 183-200. 264-266. 417-418; S. Pemsel-Maier, Rechtfertigung durch Kirche?, Würzburg 1991, 150-155; S. Greiner, Die Würde der Frau, in: Hans Urs von Balthasar - Gestalt und Werk, 285-297; M. Scheuer, Die Evangelischen Räte, 73-76.

20 Vgl. TD 2/1, 342.

21 Vgl. H 3/2,1: 91 Anm. 22. Siehe auch S 4, 380: Sexuelle Fruchtbarkeit ist »ein zwar guter, aber in seiner Isolierung defizienter Aspekt der eigentlich gemeinten Fruchtbarkeit des begnadeten Menschen.«

22 Vgl. TD 2/1, 378-379

tet zu werden droht.«[23] Die verhängnisvolle Alternative zwischen Vergötzung des Sexus oder dessen dualistischer Mißachtung bleibt ohne deren christliche Auflösung ausweglos.
Im strikten Beachten der Grenzen und Abgründe menschlicher Sexualität gerät auch v.Balthasar allerdings hin und wieder selbst in die Nähe einer prinzipiellen Abwertung alles Geschlechtlich-Sexuellen.[24] Dieser Tendenz steht die Betonung der positiven, Gottes Willen entsprechenden Bedeutung des Geschlechtlichen im Heilsdrama gegenüber. Jede Form der Leibfeindlichkeit wird hier ausdrücklich abgelehnt.[25] Es ensteht somit eine nicht harmonisierbare Gegenläufigkeit der Anliegen v.Balthasars. Einerseits betont er immer wieder die Begrenztheit und Vergänglichkeit des Sexuellen, eines Lebensbereichs, der in besonderer Weise als in die Abwendung von Gottes Schöpferwillen verstrickt betrachtet wird und der leicht der Gefahr der Vergötzung erliegt. Andererseits lehnt er jegliche Verteufelung der Geschlechtlichkeit des Menschen ab und bejaht den Ursprung der sexuellen Fruchtbarkeit in Gottes Schöpfung.

Zusammenhang von Geschlechtlichkeit und Tod

Obwohl die Sexualität des Menschen an sich nichts Schlechtes oder Böses darstellt[26], klafft »zwischen Geschlecht und Geist .. etwas wie eine geologische Verwerfung von erschreckender Sprunghöhe«.[27] Die

---

[23] TD 2/1, 350.

[24] Etwa mit der extremen Formulierung in S 4, 376: »Er [Jesus Christus] gibt sein Fleisch und Blut für das Leben der Welt dahin, natürlich ein unangetastetes, durch keinen ehelichen Verkehr schon angebrauchtes, durch kein privates Treueverhältnis in Beschlag genommenes Fleisch und Blut.«

[25] Vgl. z.B. Klarstellungen, 134: »Es gibt keine Ethik der Welt, die in den Dingen der Keuschheit weniger prüde und hochherzig fordernder ist als die Ethik Jesu und seiner Jünger. Nirgends ein leibfeindlicher, gar manichäischer Zug; wie sollte es anders sein in einer Religion der Fleischwerdung Gottes.« Siehe dazu auch: M. Scheuer, Die Evangelischen Räte, 141.

[26] »Weder die Vernunft noch die Sexualität waren an sich selbst böse; sie gehörten vielmehr zu jenen erschaffenen Dingen, von denen Gott sah, daß sie sehr gut waren.« Die großen Ordensregeln, 12-13.

[27] S 3, 17. Vgl. zum Folgenden ebd. Die Kluft zwischen Geist und Geschlecht im Menschsein »tritt endgültig angesichts des Todes hervor. Das geschlechtlich erzeugte Wesen ist von vornherein todgeweiht«. In TD 2/1, 343 spricht v.Balthasar von der »*Reziprozität von Zeugung und Tod*«. Siehe aber die gegenläufige Aussage in S 2, 195: »Wie aber der Mensch beides vereinen könne, dies dürfte

Zeugung bzw. Begattung steht immer im Kontext der Endlichkeit des einzelnen, sich fortpflanzenden Wesens und vollzieht sich deshalb letztlich in Verflochtenheit mit Verwesung und Tod, welcher am Ende einer langen Reihe von Lebensprozessen, die mit der Zeugung beginnen, steht. V.Balthasar betont den direkten und engen Zusammenhang von Geschlechtlichkeit, Zeugung und Tod auch im Hinblick auf die Verstrickung des Menschen in Schuld und Sünde. Gemeint ist hierbei der Tod, insofern er mit Verfallenheit und Vergeblichkeit einhergeht. Davon ist auch die Geschlechtlichkeit zutiefst betroffen. Deshalb entsteht die »furchtbare Frage« bzw. der scheinbar unüberbrückbare Gegensatz, wie fruchtbare personale Hingabe in geschlechtlicher Einigung vollzogen werden kann.[28] Beides kann nicht einfach miteinander verbunden werden. V.Balthasar spricht von einer unfaßlichen Trennungslinie, »die mitten durch das Geschlechtliche hindurchgeht und die Synthese verbietet: hier fruchtbare Begegnung von Mann und Frau in personaler Hingabe - dort ihre geschlechtliche Einigung.«[29] Personale Fruchtbarkeit und geschlechtliche Zeugung stehen somit aporetisch zueinander.

Nach Gen 1,27 ist der Mensch einerseits als Bild und Gleichnis Gottes, andererseits als Mann und Frau erschaffen. Die darin enthaltene Spannung wurde schon angesprochen: Die Existenz des Menschen als Bild und Gleichnis Gottes weist auf den Bezug des Menschen zu Gott und seine Abhängigkeit von ihm hin. Die Existenz des Menschen als Mann und Frau bedeutet im Kontext der Schöpfung, daß der Mensch ein Wesen ist, welches sich immer und nur durch Fortzeugung erhalten kann. Somit ist der Mensch - im Gegensatz zu Gott - ein vergängliches Wesen.[30] Natürliche geschlechtliche Zeugung impliziert die

---

das tiefste Geheimnis der natürlichen Ordnung sein: Zueinander von Geist und Geist unter dem Zeichen leiblicher Verschmelzung, leibliche Einigung andererseits, deren Rausch und Fruchtbarkeit wie ein natürlich-sakramentales Zeichen und Erweis der Geist-Einigung ist: denn die Frucht ist, über jede Erwartung hinaus, nicht nur eine neue Individuation des All-lebens, sondern unfaßlicherweise eine neue Person.«

28 Vgl. S 5, 124. Diese Frage werden wir im vierten Kapitel im Zusammenhang mit dem »Christlichen Stand« wiederaufgreifen.

29 TD 2/1, 349.

30 Vgl. TL 2, 202. In TD 2/1, 338-341 deutet v.Balthasar den ersten Schöpfungsbericht (Gen 1): »Das Wort vom Gottesbild legt sich trennend zwischen die untermenschliche und die menschliche Fruchtbarkeit. Die Aussage 'als Mann und Frau schuf er sie' steht auf jeden Fall im Schatten der 'Gottebenbildlichkeit',

Vergänglichkeit der Wesen und somit deren Tod - auf diesen Grundsatz baut v.Balthasar immer wieder auf. Die Evolution der Erde wäre ohne den biologischen Tod unvorstellbar.[31] Dieser biologische Tod ist zwar vom »geistigen Tod« (nach Weish 23 und Röm 5,12) zu unterscheiden, postlapsarisch sind sie jedoch nicht völlig voneinander zu trennen. In diesem Verstrickungsgeflecht ist die geschlechtliche Vermehrung angesiedelt, die Fortpflanzung gehört dem Bereich des Biologischen und Gattungshaften an.[32] Die Sexualität des Menschen ist eine Naturkraft, eine Weltmacht.[33] »Geschlechtlichkeit gehört als solche, selbst wenn sie durch das christliche Sakrament geheiligt wird, zur Sphäre des ersten Adam«.[34] Und der erste Adam steht für die Vergänglichkeit und Erdverbundenheit des Menschen. Es scheint ein Zufall blinder Biologie zu sein, welcher im Vorgang der geschlechtlichen Zeugung den Menschen entstehen läßt.[35]

---

obschon sie den zweigeschlechtlichen Menschen - ausdrücklich als Geschöpf - in den Rahmen des Kosmisch-Geschlechtlichen zurückstellt. Man kann also nicht (mit Karl Barth) den Inhalt 'Bild und Gleichnis' mit dem 'Gegenüber von Mann und Frau' identifizieren, zumal für ein solches Gegenüber der 'Mitmenschlichkeit' keine geschlechtliche Differenzierung nötig gewesen wäre, sondern wird mit E. Przywara ein 'In-Über' des Gottesbildes hinsichtlich der Geschlechtlichkeit feststellen«. Vgl. auch TL 2, 159: »Man kann (auch) nicht bei der Leib-Geist-Struktur des Menschen und seiner Polarität von Mann und Frau ansetzen (worin Karl Barth nach Gen 1,27 die 'imago trinitatis' im Menschen sah): solche Partikularität würde Entscheidendes am menschlichen Dasein außer acht lassen.« Siehe dazu auch H 3/2,1: 91-92.

31 Vgl. S 5, 123-124, worauf auch das Folgende beruht.

32 V.Balthasar wendet den Begriff der Gattung im traditionell-scholastischen Sinn an und ordnet ihn der Vermehrung zu: »Im Bereich der Tiere... bleibt [alles] getragen von den umgrenzten Kräften der Gattung und Begattung«: S 3, 15. Vgl. z.B. TD 2/1, 378-379, wo vom »geschlossenen anthropologischen Kreislauf der Geschlechter, der im Animalisch-Gattungshaften liegt und - rätselhaft - mit der menschlichen Schuld verquickt ist«, gesprochen wird. Dem entsprechen z.B. TD 2/2, 266 und ebd. 298-301 und TD 3, 207. Dem widerspricht v.Balthasars Relativierung in TL 2, 54-57.

33 Vgl. TL 2, 281 Anm. 3 und Das Weizenkorn, 32.

34 TD 3, 173. Vgl. die Formulierung in S 2, 195: »Zeugung und Geburt im untermenschlichen Bereich setzt nämlich unvollkommene Individuation voraus«.

35 Vgl. z.B. TD 1, 457-458 oder TD 2/1, 370 Anm. 1. Siehe aber demgegenüber: S 5, 164, wo das Kind als »Frucht der Liebe von Mann und Frau« bezeichnet wird. Und ebd. 290: »Jedes Kind ist wesentlich Frucht von Liebe«.

Geist und Leib

Das Zusammenleben des Menschen als Mann und Frau vollzieht sich auf geist-leibliche Weise. Der Mensch ist Geist in Leib und Leib in Geist. Auch diese zweite Naturkonstante bezeichnet ein Spannungsfeld. In der Polarität von Geist und Leib, die sich verschärfen kann, tritt ein Paradox zu Tage, welches den Menschen sich selbst zum Rätsel macht. Das Ausgespanntsein des Menschen durch alle Schichten des Kosmos hindurch, hatte v.Balthasar schon 1941 bei Maximus Confessor konstatiert: »Von der Wurzel der Materie und der Leiblichkeit empor bis zur höchsten Einheit des Geistes verwirklicht sich ein Zusammenhang«.[36] 1985 greift er den Gedanken nochmals auf: »Der Mensch ist ein Kontinuum zwischen dem reinen Stoff, der in vielfältig geordneten Lebenssphären bis zum Geist emporreicht, wobei doch schon die 'untersten' Sphären vom Geist mit durchformt sind und der Geist, um denken und sprechen zu können, der ganzen mit ihm verbundenen Apparatur bedarf.«[37] Als Leib gehört der Mensch der biologischen Sphäre des Gattungshaften an.[38] Als Geist greift er über alle Begrenzungen hinaus und ist zur »Totalität des Sein« hin geöffnet.[39] Die Polarität von Geist und Leib des Menschen kann in keine Richtung aufgehoben werden: Weder »reine Vergeistigung (wie sie im Zug des Neuplatonismus lag)«, noch »reine Versinnlichung (wie sie zum Teil im Epikuräismus lag und bei Feuerbach wiederkehrt)«[40], werden dem Menschsein gerecht. Auf beide Dimensionen ist die Gottebenbildlichkeit bezogen. »Nicht etwa nur der Leib [trägt] eine Spur, die Seele aber das Bild Gottes, wie die platonisierenden Väter sagen werden, sondern der ganze, aus Leib und Seele geformte Mensch ist zu Bild und Gleichnis Gottes geschaffen.«[41] Ausdrücklich abgelehnt wird jede dualistische Trennung von Materie und Geist bzw. - im Hin-

---

36 Kosmische Liturgie, 303, hier zitiert nach der veränderten zweiten bzw. dritten Auflage.

37 TL, 225. Vgl. auch: S 5, 83.

38 Vgl. z.B. S 3, 125.

39 S 3, 248. Vgl. S 1, 87: »Wie der Mensch als Geist dem Sein im ganzen einwohnt, so wohnt er durch seinen Leib der Natur im ganzen ein, er kann sich aus ihr nicht lösen.« Vgl. auch das Aristoteles-Zitat »die Seele ist gleichsam alles« in TD 2/1, 323 u.ö.

40 TD 2/1, 332.

41 H 2/1, 65. An dieser Stelle im Kontext der Theologie des Irenäus v.Lyon.

blick auf den Menschen - von Leib und Seele. Wenn v.Balthasar im Gegenteil den positiven Charakter des Endlichen und sinnlich Erfahrbaren betont, so steht im Hintergrund die Fleischwerdung des Logos.[42]

Diesem klaren und eindeutigen Bekenntnis zur Leibhaftigkeit der christlich gedeuteten Wirklichkeit stehen die schon benannten tendenziell gegenläufigen Aussagen v.Balthasars im Wege. Insbesondere der von ihm oft betonte Zusammenhang von Gattung, Geschlecht und Tod läßt sich damit nicht vereinen.

Individuum und Gemeinschaft

> »Jeder Mensch ist ein vollkommenes Glied der Gattung Mensch ..., er verwirklicht den ganzen Begriff des Menschseins, und zu diesem Begriff gehört, daß jeder, der daran teilhat, ihn als Individuum in der Ausschließung aller andern verwirklicht. Es gehört ferner zum Begriff des Menschen, daß jeder Mensch selbstbewußt und frei sei, das aber heißt, daß jeder für sich etwas sei, was jegliche Gemeinsamkeit ausschließt. Der Begriff faßt also Gemeinsames zusammen, das *zugleich* sich gegenseitig Ausschließendes ist.«[43]

Auch mit dieser dritten Naturkonstante des Menschseins ist ein Paradox beschrieben. Der Mensch ist zugleich Individuum und Gemeinschaft. V.Balthasar geht in verschiedenen Zusammenhängen beiden Aspekten nach: der wesentlich zum Menschen gehörenden Gemeinschaft, ohne die der Mensch gar nicht vorstellbar wäre[44], und der Einsamkeit des einzelnen Menschen, die von keiner Gemeinschaft

---

[42] Näheres dazu siehe im dritten Kapitel (»Christologischer Zugang«), I.

[43] TD 2/1, 355. Vgl. auch TD 3,74.

[44] Vgl. z.B. S 4, 147: »Ein einzelner Mensch ohne Gemeinschaft ist ein Selbstwiderspruch.« Oder TD 2/1, 184: »Endliche Freiheit [der Mensch] erscheint - aufgrund ihrer Endlichkeit wie ihrer Leibgebundenheit - wesentlich als Gemeinschaft; eine einzelne menschliche Freiheit ist undenkbar. Das Moment der Sozialität ist bereits in diesem Einsatz, wo das Miteinander von unendlicher und endlicher Freiheit festgelegt wird, nicht auszuklammern.« Oder ebd. 381: »In der Reziprozität von Einmaligkeit der Person und Einmaligkeit ihrer Hingabe an die Gemeinschaft wird der christliche Rhythmus zwischen Individuum und Gemeinschaft zu einem realen Gleichnis des innergöttlichen trinitarischen Lebens, eingezeichnet in die Strukturen der geschöpflichen Individuum-Gattung-Spannung.« Die Ausprägung bzw. »Intensivierung beider Pole« von Individuum und Gemeinschaft ist »christologisch begründet«: ebd.

erreicht werden kann.[45] Es finden sich dabei Aussagen, die in großer Spannung zueinander stehen. Für ein Verständnis der Ehe spielen beide Blickrichtungen eine wichtige Rolle, auch wenn v.Balthasar selbst dies nicht weiter entfaltet.
Die Ehe ist einerseits ein Ort intensivster menschlicher Gemeinschaft. Es kann nur da von einer ehelichen Beziehung zwischen Mann und Frau gesprochen werden, wo von beiden Seiten Gemeinschaft gelebt wird. Ehe ohne jegliche Gemeinschaft ist nicht möglich (oder pervertiert zum Zerrbild ihrer selbst). Andererseits darf der Aspekt der Individualität des Einzelnen in der Ehe nicht vernachlässigt werden. In einer tragfähigen menschlichen Liebesbeziehung ist es unabdingbar, daß jeder die Einzigartigkeit und Unantastbarkeit des anderen achtet und fördert (was im Einzelfall auch Unverständnis und Einsamkeit bedeuten kann). Beide Aspekte sind Wesensbestandteile einer Ehe.

2. Der Mensch als paradoxes Phänomen

In den erwähnten drei Naturkonstanten des Menschseins kamen verschiedene Widersprüche und Spannungsfelder zur Sprache. Eine anthropologische Phänomenologie kann deshalb keine statische Wesensbeschreibung des Menschen geben. Dieser muß vielmehr in seiner Spannungshaftigkeit betrachtet werden, die sich in der Geschichte auf unterschiedliche Weise ausprägt.[46]

---

45 Vgl. z.B. TD 1, 455: »Er [der Mensch] ist mit seinem Schicksal allein. Und in dieser Einsamkeit muß er, für sich selbst, nicht für alle, die Frage 'wer bin ich?' stellen. Alle müssen es tun, aber jeder kann es nur in der Vereinzelung, für sich allein tun.« Oder TD 2/2, 411: »Die Rede vom 'Einzelnen' im christlichen Kontext« erhält »ein ganz bestimmtes, nirgendwo anders bekanntes Pathos (Kierkegaard hat es ins Licht gesetzt), da Gemeinschaft christlich ja nur eine solche von Nachfolgenden sein kann, und diese unweigerlich in der Einzelnheit zu beginnen und sogar sich fortzusetzen hat, in der der Weg Christi anfing, sich fortsetzte - und endete.« Und ebd. 412: »Christus ist unter den Menschen der Einzelne, sogar der Einsame schlechthin.« Oder ebd.: Die Kirche »wird auch eine so christologisch gestaltete Gemeinschaft sein müssen, daß sie, obschon Liebesgemeinschaft Christi, doch aus lauter Einzelnen besteht, die in der Nachfolge des einzelnen Christus leben.« Vgl. dazu M. Scheuer, Die Evangelischen Räte, 146. Die Einsamkeit des Menschen begründet v.Balthasar letztlich ebenfalls christologisch. Vgl. S 4, 252-287. Z.B. die Deutung der Verkündigungsszene: »Nochmals erhöhte Einsamkeit, gerade dort, wo höchste menschliche Gemeinsamkeit stattzuhaben pflegt.« (256). V.Balthasar versteht diese »totale Vereinsamung« als »die Geburtsstunde der Kirche«: ebd.

46 Vgl. TD 2/1, 12.

Der natürliche (vor-christliche) Mensch ist ein paradoxes Phänomen.[47] Die Spannungen zwischen Mann und Frau, Leib und Geist, Individuum und Gemeinschaft können, wie v.Balthasar überdeutlich zeigt, in sich selbst zu keiner Lösung gelangen. Endgültige Erfüllung verbietet außerdem die alle Spannungen scharf durchschneidende Immanenz des Todes.[48] Der Mensch wird sich selbst »in seiner nackten Geschöpflichkeit zu einer quälenden Sphinx.«[49] Oder im Zusammenhang mit alttestamentlicher Theologie formuliert: »Der abbildhafte Glanz vom Ursprung her zeichnet es [das geschaffene Du] aus, gewährt ihm freien Raum, aber beläßt es auch in einem allbeherrschenden Zwielicht; denn es kann sich nicht in sich selbst vollenden und vereindeutigen, sondern nur im Rückbezug auf den sich ihm offenbarenden Ursprung.«[50] V.Balthasar grenzt diese Dialektik des Menschseins (nach wie vor im schöpfungstheologischen Kontext) scharf gegen vorschnelle Harmonisierungsversuche ab. Der Mensch als endliche Existenz befindet sich letztlich in einer ausweglosen Situation. Die christliche Lösung dieses heillosen Dilemmas darf dabei »nicht in gleichsam diffuser Weise (durch eine 'transzendentale' Verallgemeinerung und ein 'übernatürliches Existential') allgegenwärtig gemacht werden.«[51] Die in der Menschwerdung geoffenbarte Dreieinigkeit

47 Vgl. TD 3, 68.

48 Vgl. TD 2/2, 18.

49 Ebd. Vgl. TD 3, 69: »Wir versuchen ... auf die Gestalt des lebendigen Menschen (zu) blicken, der bei aller Fähigkeit, wie Ödipus das Rätsel der Sphinx zu lösen, in der Lösung nur sich selbst als eine potenzierte Sphinx wiederfindet.«

50 H 3/2,1: 133.

51 TD 3, 70, mit einem verletzend scharfen »Unterton«, der nicht zuletzt gegen K. Rahner gerichtet ist. Vgl. ebd. 74, wo v.Balthasar sich in ähnlicher Weise gegen jene »Verfehlungen« wendet, die »die Problematik der Existenz« (73) und deren Unerträglichkeit durch eine Synthese aufzuheben suchen: »Das wird uns nochmals davor bewahren, aufgrund einer diffusen transzendental-allgemeinen Präsenz der Lösung die vom Menschen erfundenen und ins Ganze projizierten Lösungen von vornherein als gültige Chiffren der Er-Lösung zu lesen. Eine solche Sicht erweist sich letztlich als ungenügend und falsch angesichts der Gestalt der von Gott geschenkten Er-Lösung in Leben und Sterben Jesu Christi: der Tiefe seines Abstiegs in das ganze Chaos und Labyrinth weltlicher Existenz hinein, welcher Abstieg in der wahrhaft stellvertretenden Gottverlassenheit endet und keineswegs in einer stoisch-resignierten, exemplarischen Selbstübergabe in das bloße 'Geheimnis' Gottes.«
Zur Gegenüberstellung von Rahner und v.Balthasar vgl.: E. Conway, The anonymous Christian - a relativised Christianity?, Frankfurt a.M. 1993; J. Römelt, Personales Gottesverständnis in heutiger Moraltheologie: auf dem Hinter-

Gottes, worauf sich die Transzendenz des Menschen letztlich richtet, kann von ihm her nicht erdacht oder gar erreicht werden, sondern ist nur von der Liebe Gottes her offenbar. Der Mensch als endliche Freiheit, als Geist in Tat, als ein Absolutes im Relativen bleibt sich auf der »natürlichen« Ebene (unter Absehung von der christlichen Offenbarung) ein unlösbares Rätsel. Die Anthropologie lichtet sich erst von der Christologie her. Die Lehre vom Menschsein bedarf also der sie umgreifenden Christologie, um zu Ende geführt werden zu können.[52] Dieser anthropologische Grundsatz v.Balthasars muß auch auf die Ehe angewendet werden: Die Ehe als eine Beziehungsgeschichte zweier Menschen wird von den Begrenzungen und Aporien des Menschseins in besonderer Weise geprägt. Alle Fragen, die sich in den Bereichen der Naturkonstanten aufgetan haben und sich als Rätsel des Menschseins darstellen, können in der Ehe nicht ausgeklammert werden. Sie sind im Gegenteil wesensnotwendig präsent: Die Ehe eines Mannes und einer Frau vollzieht sich immer in Geist und Leib und bildet eine Gemeinschaft zweier Individuen - mit aller Spannungshaftigkeit, die darin liegt.

3. Das interpersonale Gegenüber und die Sprache

Neben den von v.Balthasar benannten Naturkonstanten, welche die Endlichkeit und Begrenztheit des Menschen zum Ausdruck bringen und zum inneren Widerspruch im Menschen führen, müssen im Zusammenhang der anthropologischen Fragestellung noch zwei weitere Aspekte des sich geschichtlich vollziehenden Menschseins erwähnt werden, die v.Balthasar zwar nicht selbst auf die Ehe bezieht, die aber für ein Verständnis der Ehe sehr wichtig werden können: Die Bedeutung der Mutter-Kind Beziehung und die menschliche Sprache.

Mutter-Kind Beziehung im »Lächeln der Mutter«

Der Mensch erwacht zum Menschsein im interpersonalen Gegenüber von Ich und Du. Dieses Moment des Menschseins ist in der Anthropo-

---

grund der Theologien von K. Rahner und H.U. v.Balthasar, Innsbruck - Wien 1988.

[52] Vgl. TD 2/2, 12.

logie v.Balthasars zwar nicht durchgängig zentral, taucht aber als ein besonders wichtiger Zugangsweg zum Phänomen Mensch immer wieder auf. Vor allem im Bild der Mutter-Kind-Beziehung wird das Angewiesensein des Menschen auf ein personales Gegenüber entfaltet. Die Erfahrung des Du, die das Ich des Kindes erweckt, wird vor allem im »Lächeln der Mutter« beschrieben, worin die bergende und nährende Bejahung des Kindes zum Ausdruck kommt. Das Kind findet sich in der Beziehung zur Mutter als geliebt und geborgen vor. Die Begegnung mit dem ersten Lächeln der Mutter steht paradigmatisch für den ganzen Beziehungsprozeß von Mutter und Kind.[53] »Das kleine Kind erwacht zum Selbstbewußtsein im Angerufensein durch die Liebe der Mutter.«[54] Mit diesem »Urakt des geistigen Lebens«[55] beginnt das Menschsein.

V.Balthasar versteht diesen menschlichen Urakt (in dem das Bewußtsein von Sich-verdanken, von Sich-ergreifen im Sich-freigeben und von Aufgabe und Sendung enthalten ist) als den »Kern einer Ontologie der endlichen Freiheit«[56]. In Band 2 und 3 der »Theologik« kommt v.Balthasar im Zusammenhang mit den »Imagines Trinitatis im endlichen Sein« und einer erneuerten Pneumatologie nochmals auf das Interpersonale zu sprechen.[57] Die Mutter-Kind-Beziehung (die an E. Eriksons »Urvertrauen« erinnert)[58] wird mit der Kategorie des kindlichen Spiels erfaßt. Das Kind spielt und bringt damit seine Grundbefindlichkeit zum Ausdruck, einfach da zu sein, geliebt zu sein, dabei zu sein. Im Spiel ist das Kind selbstverständlich »da«.[59] Nahe bei

---

53 Vgl. H 3/1,2: 945 und 964; S 3, 34; TD 2/1, 356; TD 2/2, 160; TL 2, 162 (mit Verweis auf G. Siewerth, Metaphysik der Kindheit, Einsiedeln 1957 und F. Ulrich, Der Mensch als Anfang, Einsiedeln 1970); Ebd. 231 und 232.

54 S 3, 13.

55 TD 2/2, 421. Vgl. ebd. »Alles beginnt mit dem Angesprochenwerden des Kindes durch ein Du, Ansprache, die wesentlich in Liebe erfolgt und als solche erfahren wird, und die das schlummernde Subjekt gleichzeitig zum Selbst- und zum Weltbewußtsein erweckt.«

56 Ebd.

57 Vgl. z.B. TL 2, 61 und TL 3, 127.

58 Vgl. E. H. Erikson, Kindheit und Gesellschaft (Sonderausgabe) Stuttgart 1987, 241-245.

59 Vgl. H 3/1,2: 946. »Es gibt keinen 'Lebensernst', der diesen Anfang grundsätzlich überholte. Es gibt kein 'In-Verwaltung-Nehmen' der Existenz, die es weiterbrächte als die erste Erfahrung von Wunder und Spiel«: Ebd.

dieser Beschreibung des Daseins als Spiel liegen die (bei v.Balthasar selten vorkommenden) Bezeichnungen des Daseins als Lust.[60]
Auch diese von v.Balthasar entwickelten Momente des Menschseins haben Bedeutung für das Eheverständnis: Das sich gegenseitig Verdanken und Angewiesensein des Menschen auf ein liebendes Gegenüber kommt in der Ehe konstitutiv zum Tragen. Es ist ein institutioneller Wesenszug der Ehe: Kein Mensch kann nur aus sich selbst heraus eine christliche Ehe beschließen und konstituieren. Es bedarf auf jeden Fall des zweiten Menschen und dessen unersetzbares, freies Bejahen. Die Liebesbeziehung von Mann und Frau kann darüber hinaus nicht nur funktional begründet sein. Christliche Ehe als Liebesgeschichte enthält das Moment des Zweckfreien, ein Ruhen im Jetzt, ein Es-gut-sein-Lassen, so wie es ist. Das zweckfreie Spiel in der Lust am Dasein drückt diesen Aspekt treffend aus.

Menschliche Sprache und deren göttlicher Urgrund

Was im Realsymbol der Mutter-Kind-Beziehung beschrieben wurde, kann durch eine Analyse der Sprache ergänzt werden.[61] Der erste geistige Akt des Kindes, die Erwiderung des Lächelns der Mutter durch ein erkennendes Lächeln[62], steht in engem Zusammenhang mit der menschlichen Sprache: Das Lächeln der Mutter kann als das erste Wort verstanden werden, das dem (kindlichen) Menschen zugesprochen und von ihm verstanden wird. In diesem Sinn ist es die »Sprache der Liebe«, die dem Menschen den Zugang zur Sprache überhaupt eröffnet.[63] Entscheidend ist dabei, daß der Mensch nicht zunächst als (sprachloses) Selbst gedacht wird, dem die Sprache erst sekundär als Verständigungsmittel mit der Umwelt »beigebracht« wird. Die Sprache ist vielmehr »primär im Wir-Bewußtsein des Geistes an- und grundge-

---

[60] Vgl. z.B. Das Weizenkorn, 12: »Man wird am tiefsten in den Grund des Daseins tauchen, wenn man sein Wesen als Lust begreift ... Das absolute Sein ist absolute Lust, darum trinitarisch.« Oder TD 1, 246: »Die Lust des Zuschauers an diesem Spiel [sc. das Theater] bleibt ein Hinweis auf die allen Lebensernst unterfassende Lust, am Dasein Anteil haben zu dürfen.«

[61] Vgl. TD 2/1, 359 Anm. 13.

[62] Vgl. S 3, 27.

[63] Vgl. ebd. 34 und TL 2, 232.

legt.«[64] Die Sprache der Liebe bzw. die Mitmenschlichkeit stellt eine Kontinuität zwischen den Ebenen von »Geschöpf-Natur« und »Gnade« dar, insofern der Mensch als Geschöpf immer schon ein von Gott angesprochenes und ihm antwortendes Wesen ist.[65] Das Sein kommt ihm als »ursprüngliches Wort« entgegen.[66]
Das personale Angerufensein des Menschen durch Gott darf aber - dies betont v.Balthasar immer wieder - nicht dazu verführen, die Selbstoffenbarung Gottes als eine direkte, einfache Fortsetzung und Vervollkommnung der Daseinsstruktur des Geschöpfes zu verstehen.[67] Der Mensch ist nicht von sich aus in der Lage, Gottes Anruf mit den Kräften der Natur adäquat zu beantworten. Dazu bedarf er der Gnade, die über seine Natur hinausgeht.
Und doch besteht eine Finalität zwischen Natur und Gnade, die im Phänomen der Sprache besonders deutlich zum Ausdruck kommt. In der Analyse der Sprache zeigt sich, wie stark v.Balthasar Natur und Gnade ineinander verschränkt und daß für ihn Natur ohne Gnade überhaupt nicht begriffen werden kann.

> »Das Kind wird durch die Mutter im geisterweckenden Urakt in seinem innersten Kern angerufen und getroffen. Nur wenn dort der Geistfunke springt, erfolgt jene Antwort, die das Kind sowohl in seinem Ich wie mit seiner Welt (einstweilen repräsentiert durch das Du der liebenden Mutter) begabt. Es geht nicht um eine bestimmte akzidentelle Verhaltensweise (diese setzt das Subjekt schon voraus), sondern um die Konstitution der Subjekt-'Substanz' selbst. Dieses in seiner Radikalität scheinbar unüberbietbare Geschehen wird aber im Gnadenereignis nochmals überboten. Denn das Du, das hier auf den Menschen trifft, ist nicht ein Jemand, dem die Eigenschaft zukommt, zu lieben, sondern *der* Jemand, der als solcher konstituiert wird durch die Liebe selbst. Der trinitarisch-personale Prozeß ist 'die Liebe'.«[68]

---

64 TD 2/1, 359, Anm. 13.

65 Vgl. S 3, 35.

66 TD 2/1, 359, Anm. 13. Vgl. S 1, 86: Sprache ist »kein Epiphänomen des Menschen, sondern integrierender Teil seines Seinsbestands.« Es geht um »das Seinsgeheimnis selbst in der Gegenseitigkeit der Bewußtheit in der Liebe«: Ebd. 87.

67 Vgl. S 3, 34-35.

68 Ebd. 40.

Die Sprache des Menschen kann nicht ohne Hinweis auf deren göttlichen Urgrund betrachtet werden. V.Balthasar legt in zwei Aufsätzen, in denen er sich ausführlich mit der Sprache des Menschen befaßt, diese bezeichnenderweise im Hinblick auf die Sprache Gottes aus.
In seinem Vortrag »Gott redet als Mensch«[69] geht v.Balthasar von der Liturgie und deren sakramentalen Zeichen aus und legt dar, daß das spezifisch Menschliche der Sprache ihre Transzendenz ist. »So redet also der Mensch: als freie Geist-Person, die die Wahrheit kennt, drückt er zugleich die Natur und sich selbst in seinem Dasein aus. Und diese Sprache hat Gott für seine Offenbarung gewählt«.[70]
Etwa 25 Jahre später greift v.Balthasar mit dem Aufsatz »Die Sprache Gottes«[71] die Frage nach der Sprache des Menschen nochmals auf. Ausgangspunkte sind diesmal zwei philosophische Traditionsstränge in der Betrachtung der Sprache[72]: die des abstrakten Rationalismus und Positivismus einerseits, und die der abstrahierenden Mystik andererseits. Beide Denkrichtungen werden als Sackgassen bezeichnet. Es wird demgegenüber versucht, einen anderen Weg zu gehen. Die menschliche Sprache muß dafür zunächst von der Kommunikation der Tiere abgehoben werden. »Die Sprache des Menschen erhebt sich über die Wahrnehmungs- und Ausdruckskraft der Tiere, aber nicht, indem er diese Kräfte hinter sich zurückläßt, sondern sie adelnd vertieft« (249-250). Diese Unterscheidung in Verbundenheit erinnert an die Grundstruktur der Natur-Gnade-Beziehung, die im Axiom »gratia supponit naturam« zum Ausdruck kommt.

---

69 S 1, 73-99.

70 A.a.O. 89-90. In einem Kurzabriß werden an dieser Stelle Taufe, Mahl, Beichte, Salbung mit Öl und Handauflegung erwähnt, die Ehe kommt jedoch nicht zur Sprache. Der naheliegende Verweis darauf, daß die Ehe im Unterschied zu den übrigen Sakramenten gerade kein sakramentales Zeichen zur Grundlage habe, trifft auf das Bußsakrament in entsprechender Weise auch zu. Es bestünde gerade von der Darlegung der menschlichen Sprache her ein wichtiger Zugangsweg zum Verständnis einer christlich sakramentalen Ehe. Demgegenüber wird in den Aufzählungen (Seite 88 und 93), in denen v.Balthasar die ganze Bandbreite alles Menschlichen umreißt, die »Liebe zwischen Mann und Frau« (88) bzw. »die Begegnung ... von Mann und Weib«(93) nicht ausgelassen.

71 S 5, 248-276.

72 V.Balthasar verweist auf G. Siewerth, Philosophie der Sprache, Einsiedeln 1962. Vgl. schon H 3/2,2: 268, wo v.Balthasar (außer M. Scheler) ebenfalls auf Siewerths Werke hinweist.

Bis hierher ist jedoch erst eine vage Beschreibung gegeben. Um die Besonderheit menschlichen Sprechens deutlich zu machen, bedarf es einer doppelten Kennzeichnung: »Des Menschen Sprache ist wesenhaft die eines untrennbar körperlichen und geistseelischen Wesens, und sie ist ebenso wesenhaft die eines endlichen Wesens, das sich nicht selber geschaffen hat« (251). Von dieser Kennzeichnung des spezifisch Menschlichen der Sprache ausgehend, betont v.Balthasar im Folgenden vor allem die Leiblichkeit, Sinnlichkeit und Einbildungskraft der Sprache. »Der Mensch spricht mit seinem ganzen leibseelisch einheitlichen Wesen« (252). Das ganze Ausdruckssystem des leibseelischen Menschen umfaßt auch das, was mit »Körpersprache« des Menschen bezeichnet wird. »Der Mensch kann mit einem Blick mehr sagen, als mit einer ganzen Abhandlung, mit einer Handgebärde seine innerste Meinung kategorisch anzeigen« (252-253).[73] Die körperlichen Sinne und die Einbildungskraft als eine Dimension menschlicher Sprache[74] sind für das Verständnis der Ehe und die wesentliche Bedeutung der Sprache in einer ehelichen Beziehung entscheidend.

Der letzte Ermöglichungsgrund der Sprache ist deren trinitarischer Urgrund. Die göttliche Voraussetzung der Sprache ist die innergöttliche Differenz. Mit den Worten A. v.Speyrs ausgedrückt: »Im Geschenk der Sprache an den Menschen legt Gott 'einen Abglanz vom Wortsein seines Sohnes' in ihn, ihm so die Zielrichtung seines Daseins weisend.«[75] Was also von der Schöpfung her angelegt war[76], wird letztlich von der Trinität Gottes her sinnvoll und vollendet: »In Gott ist das Urbild von Sprache.«[77]

---

[73] Vgl. zur Frage der Leiblichkeit des Menschen überhaupt: TD 4, 437-442.

[74] V.Balthasar benennt daneben »eine zweite Dimension, die, der ersten entgegengesetzt, nach oben weist, dadurch daß der endliche Mensch seine Kontingenz erfährt:« Daß sich der Mensch letztlich den Sinn seiner Existenz nicht selbst geben kann; das Überschreiten menschlicher Rede und Vernunft. (253-255). Diese zweite Dimension wird an dieser Stelle nicht ausgeführt, sondern nur am Rande erwähnt.

[75] TD 4, 70 mit Verweis auf: A. v.Speyr, Das Licht und die Bilder, Einsiedeln 1955, 80.

[76] Vgl. H 3/2,1: 13: »Zwischenmenschliche Verhältnisse sind als solche von vornherein auf das 'Dialogische' hin angelegt, da Mensch und Mensch in der gleichen Natur kommunizieren.«

[77] TL 3, 333. Vgl. ebd.: »Einzig in Jesus Christus erscheint die Möglichkeit, daß der innerweltliche Dualismus von Sprache zwischen einem freien Ich und Du und einem gemeinsamen vor- oder übersprachlichen Horizont beider zusammen-

An dieser Stelle schlägt v.Balthasar bereits eine Brücke zum christologischen Urgrund der Sprache. Herkunft, Ziel und Wesen der menschlichen Sprache sind allein im Rahmen der Natur nicht zu beschreiben. Gott spricht im Logos, in Jesus Christus, die Sprache des Menschen: »Man wird auch zurückdenken an die Offenbarungstatsache, daß das Wort Gottes Fleisch geworden ist, also mit allem redet, was Menschsein ist: zunächst mit seiner ganzen Tat, seinem Leben, Leiden, Sterben, und wo vom Wort im engeren Sinne die Rede ist, mit allen Dimensionen menschlichen Redens: von der Gebärde über Bild, Symbol, Gleichnis bis zum ausdrücklichen Wort: diese unbegrenzte Sprache wird nochmals ins Unendliche ausgelegt durch den Geist.«[78]
Der Zusammenhang, den v.Balthasar zwischen Sprache, Menschsein, Sich-Verdanken, Antworten und In-Beziehung-Stehen in Natur und Gnade sieht, wurde an dieser Stelle so ausführlich dargelegt, weil er einen wichtigen Anknüpfungspunkt für das Verständnis einer christlichen Ehe darstellt. Die Sprache im umfassenden Sinn ist wesentlicher Bestandteil einer ehelichen Beziehung. Sprache als Ausdruck des leibseelisch einheitlichen Wesens umfaßt den ganzen Menschen als geschichtlich sich verwirklichende Person. Die Ehe ist in diesem Sinn ein sprachlicher Prozeß: Sie ist der konkrete Ausdruck, die Form, in der sich die Liebe von Mann und Frau geschichtlich verwirklicht und somit zur Sprache bringt. Eine verbindende und einende Liebe, die vom Menschen nicht selbst machbar ist. Die Ehe als Sprache enthält sowohl den Aspekt der Endlichkeit und Begrenztheit der beiden Menschen, als auch den Aspekt der grenzenlosen unbegreiflichen Liebe Gottes, die der Mensch nur als Gnade bezeichnen kann.

4. Der theologische Begriff der menschlichen »Person«

Den zweiten Band seiner »Theodramatik« überschreibt v.Balthasar mit »Die Personen des Spiels«. Im ersten Teil wird der Personbegriff vom Bild des Welttheaters her verstanden. Obwohl die Personen im Theodrama von der je schon spielenden Handlung her definiert werden[79],

---

fallen kann: in einem Gott, der zugleich er selbst und sein 'Wort' ist; 'Wort' (diesmal) als zum Wesen gehörig.«

[78] Ebd. 343.

[79] Vgl. TD 2/2, 12.

sind sie die »subjektiven Zentren der Handlung«:[80] Der Mensch muß seine ihm zugedachte Rolle im Drama Gottes mit der Welt erfüllen. V.Balthasar bezeichnet es als eine Frage der Terminologie, ob man *jeden* Menschen (insofern er Geistsubjekt ist) eo ipso als Person bezeichnet - dann »müßte man zwischen zwei Formen oder Graden des Personseins unterscheiden«[81] -, oder ob der Personbegriff nur auf den gnadenhaft berufenen Menschen Anwendung finden soll. Er selbst tendiert dazu, den Personbegriff für die übernatürliche, gottunmittelbare Einmaligkeit des berufenen Menschen zu reservieren. Grundlegend ist die Unterscheidung zwischen dem Menschen als Geistsubjekt und als »Person« im theologischen Sinn: Zur Person wird ein Mensch durch Gottes Berufung und Sendung. Der Mensch, der zunächst ein natürliches Individuum in der Gattung war, steht jetzt in einem »übernatürlichen« unmittelbaren Bezug zu Gott. Als Individuum ist der Mensch eine sterbliche Spezies und der Gattung zugeordnet, als Person steht er im Vorausgriff auf eine unausdenkbare Vollendung.[82] Er erhält eine persönliche Berufung und die dafür erforderliche Begabung von Gott. Dem Individuum wird dadurch eine neue Qualität zuteil: »die der *einmaligen Person*«.[83] Die Unterscheidung von »Individuum« und »Person« stellt somit einen Leitfaden (»die rote Ariadneschnur im Labyrinth«) im Irrgarten der Wortbedeutung des Personbegriffs dar.[84] An dieser Stelle wird das theologische Axiom »gratia non destruit naturam ... sed elevat et perficit eam« zitiert.[85] Die trinitarische Voll-

---

80 TD 2/1, 13.

81 TD 2/1, 369. Das Folgende beruht auf ebd.

82 Vgl. S 3, 125. Siehe auch die Verwendung des Personbegriffs in S 2, 195. Im Rahmen der Pneumatologie diskutiert v.Balthasar in TL 3, 97-150 den Personbegriff im Hinblick auf den Heiligen Geist.

83 TD 2/1, 368.

84 S 5, 92. Vgl. ebd.: »Wenn man 'Individuum' und 'Person' unterscheidet (und man tut gut daran, es zur Klärung zu tun), dann wird der Person eine besondere Würde zugeschrieben, die das Individuum als solches nicht hat. Man sieht es daran, daß es im Tierreich eine Fülle von Individuen gibt, aber keine Personen. Überträgt man die Unterscheidung auf das Reich der Menschen, so wird man im gleichen Sinne dann von 'Individuen' reden, wenn es vor allem um die Identität der Menschennatur geht, der gewiß ihre bestimmte Würde nicht abgesprochen werden kann, sofern alle Menschen Geistsubjekte sind; von Personen aber dann, wenn die Einmaligkeit, Unvergleichlichkeit und damit auch Unersetzbarkeit des Einzelnen in den Blick kommt.«

85 Ebd. 102. Das Folgende bezieht sich auf ebd. 100-102.

endung menschlichen Personseins besteht in der Vollendung der von der Schöpfung her angelegten Imago Trinitatis.[86] Ihr letzter und erfüllender Bezugspunkt ist die Person Jesu Christi: Das eigentliche Zentrum der Wirklichkeit von Person ist die Teilnahme an der Sendung Jesu Christi. »Die in der Sendung von Gott absteigende und je schon am Werk Christi in die Welt integrierte Liebe sollte das unterscheidende Faktum sein, das gestattet, das der absoluten Liebe gnadenhaft teilhaft gewordene, mitgestorbene und mitauferstehende, in dieser Liebe wahrhaft selbstlos gewordene Subjekt in einem spezifisch christlichen Sinn als Person zu bezeichnen.«[87] Das Individuum bzw. Geistsubjekt Mensch wird Person in der Anteilnahme an der Person bzw. Sendung Jesu Christi. Sendung Jesu und Personsein Jesu verschmelzen ineinander.[88] Wenn Gott einem Geistsubjekt seine Sendung verleiht und ihm somit zusagt, wer es vor Gott ist und wozu es letztlich existiert, dann kann dieses Geistsubjekt Person genannt werden. Dieses Personverständnis trifft primär und in vollem Sinn auf Jesus Christus zu. Nur aufgrund einer Beziehung zu Jesus kann irgendjemand anderes noch als Person bezeichnet werden. Person im theologischen Sinn des Wortes ist also, wer in qualifizierter Berufung teilhat an der (trinitarischen) Sendung Jesu Christi.[89]
Zugleich wird das durch die Sendung konstituierte Personsein in seiner Individualität aufgesprengt. Ein menschliches Geistsubjekt wird zum einen durch Berufung und Sendung zur Person im theologischen

---

86 Auch in diesem Zusammenhang sprengt v.Balthasars Verständnis die Beschränkung auf »rein«-anthropologische Aspekte. Der Personbegriff kann ohne den Hinweis auf seine trinitätstheologische Beziehung nicht hinreichend deutlich gemacht werden.

87 Ebd. 108.

88 Vgl. TD 2/2, 184: »In der Identität der Person Jesu mit seiner Sendung [liegt] die überschwengliche Erfüllung dessen, was eine dramatische 'Person' ist«. Und ebd.: »Durch die Identität von Person und Sendung [wird] das Weltdrama erst wirklich zum Theodrama.« Das Folgende beruht auf ebd. 190.

89 »Wir haben Personen theologisch von Jesus Christus her definiert; für andere Geistsubjekte als ihn liegt die Sphäre des Personalen in der positiven Beziehung des Subjekts zu seiner gnadenhaften Bestimmung und Sendung«: TD 2/2, 455. Vgl. ebd.: »Nur im Blick auf dieses [bei Gott hinterlegte] Bild herrscht zwischen Menschen wahrhaft personale Kommunikation.« Vgl. ebd. 381: »Personalität, abgehoben von bloßer Geistsubjektivität, tritt thematisch erst mit der Christologie und von ihr her auf: dort, wo ein ausdrückliches Sendungswort dem Menschen seine qualitative Einmaligkeit verbürgt, weil zuspricht.«

Sinn.[90] Zum anderen wird der Mensch in dieser seiner Personalität »entprivatisiert«. Person zu sein, meint auch soziale Bezogenheit. Der Mensch als individuelles Geistsubjekt ist von den anderen Geistsubjekten klar abgegrenzt. Der berufene und gesendete Mensch dagegen wird als Person gerade in seine Sendung »sozialisiert«. Mit der sozialen Dimension des Personseins ist theologisch der Bereich der »Gemeinschaft der Heiligen« angesprochen, in dem der Seinsbereich der Person mit ihrem Wirkbereich in der Gemeinschaft identisch wird.[91] Die Kirche ist in diesem Zusammenhang die wahre interpersonale Gemeinschaft[92]: der trinitarisch eröffnete Raum menschlicher Teilhabe an Sendung und communio Jesu Christi. Personalität und Sozialität sind somit untrennbar verbunden.[93]

Der theologische Personbegriff, den v.Balthasar entfaltet, stellt in zweifacher Hinsicht einen Zugangsweg zu einem Verständnis christlicher (sakramentaler) Ehe dar. Es zeichnet sich durch die in der Personalität des Menschen mitgegebene Öffnung des Individuums zur Gemeinschaft eine erste Lösung der oben dargelegten Spannungen ab. Die Ehe ist in dieses Spannungsgefüge verwoben: Sie ist wesentlich Gemeinschaft zweier Individuen, die zum Personsein gerufen sind und so in ihre Ehe hinein sozialisiert werden. Deshalb ist die Perspektive der Personalität des Menschen für ein Eheverständnis weichenstellend. Ferner ist die Frage der Berufung für jeden christlichen Stand unumgänglich. Es bleibt zu bedenken, inwiefern von einer gnadenhaften Berufung zur christlichen Ehe gesprochen werden kann.

---

90 Vgl. zum folgenden: TD 2/2, 249. Zur Relationalität des Personbegriffs vgl. auch: G. Greshake, Die theologische Herkunft des Personbegriffs, in: Personale Freiheit und pluralistische Gesellschaft, hg. v. G. Pöltner, Wien-Freiburg-Basel 1981, 75-86, und die dort angegebene Literatur.

91 Vgl. TD 3, 379.

92 Vgl. TD 2/2, 393.

93 Vgl. S 4, 105: »Der christliche Gott, in seiner Dreieinigkeit, läßt, indem er seine eigene Dreipersonalität offenbart, des Menschen eigene abbildliche Personalität und Sozialität erst wahrhaft ans Licht treten.« Und wiederum - entsprechend dem »gratia supponit naturam«-Axiom - »muß diese soziale Dimension der Person ein Fundament in der Struktur der geschöpflichen Geistsubjekte besitzen«: TD 2/2, 249.

II. Zur Verhältnisbestimmung von Natur und Gnade

Es hat sich gezeigt, wie eng v.Balthasar seine theologische Anthropologie mit der Gnadentheologie verknüpft. Wir müssen deshalb an dieser Stelle auf seine Verhältnisbestimmung von Natur und Gnade eingehen, um so entscheidende Grundlagen und Voraussetzungen des Eheverständnisses freizulegen.

Neben H. de Lubac und K. Rahner ist es v.Balthasar, der in diesem Jahrhundert zu einer Erneuerung der Gnadentheologie wesentlich beigetragen hat.[94] Seine gesamte Theologie hat durchgängig den Charakter einer erneuerten Gnadentheologie.[95] Es geht immer um das Bedenken der geschichtlichen Selbstmitteilung des dreieinigen Gottes, der sein Heils- und Erlösungswerk zur Vollendung führen will. Dabei wird der Mensch durch die Menschwerdung Gottes zum Dreh- und Angelpunkt des Theodramas. Dem entspricht eine theologische Anthropologie, die durch das neu durchdachte Verhältnis von Natur und Gnade geprägt ist.

Vor allem in der Auseinandersetzung mit Karl Barth hat v.Balthasar die Grundzüge seiner Gnadentheologie entwickelt.[96] Drei entscheidende Aspekte der Verhältnisbestimmung von Natur und Gnade, die für das Verständnis christlicher Ehe und deren Lebensprozesse Anwendung finden können und müssen, sind im Folgenden zu besprechen: Das Axiom »gratia supponit naturam«, die Analogia Entis und der trinitarische Urgrund von Natur und Gnade.

---

94 Vgl. G. Greshake, Geschenkte Freiheit, Neuausgabe, Freiburg i.Br. 1992, 91. H. Mühlen stellt in seinem Überblick über die Gnadenlehre im 20. Jahrhundert die Grundpositionen in der katholischen Gnadentheologie zum Thema »Natur und Gnade« anhand der Entwürfe de Lubacs, Rahners und v.Balthasars dar, wobei Mühlen in v.Balthasars »formalen Naturbegriff« eine »gewisse Klärung der Fragestellung als solcher« für erreicht ansieht: H. Mühlen, Gnadenlehre, in: Bilanz der Theologie im 20. Jahrhundert, Bd. 3, 148-192, hier 173.

95 Vgl. W. Löser, Unangefochtene Kirchlichkeit - universaler Horizont, 475.

96 Vgl. Karl Barth, Einsiedeln ^{4}1976, insbesondere 263ff, und die Hinweise auf eigene Vorarbeiten im »Vorwort zur ersten Auflage«, ebd. 10. In TD 1, 116, Anm. 5, verweist v.Balthasar selbst auf sein Buch »Karl Barth«.

1. Die Verwendung des Axioms »gratia supponit naturam«

V.Balthasars theodramatischer Ansatz setzt eine Dialektik zwischen Natur und Gnade voraus, wobei er diese Dialektik als »katholisch« bezeichnet: »Eine natürliche Dramatik ist der übernatürlichen vorausgesetzt und wird von der letzteren aufgegriffen, in einer verwandelnden Klärung aber, die sie erst ihrer wahren Bestimmung entgegenführt.«[97] Diese verwandelnde Klärung fordert den Menschen heraus. V.Balthasar greift, um die Rolle der Natur angesichts des Gnadenhandelns Gottes zu charakterisieren, oft auf das Axiom »gratia supponit naturam« zurück.[98] Die Natur (des Menschen) wird durch die Gnade Gottes nicht zerstört, ihr Wesen wird nicht aufgelöst. Sie wird vielmehr durch die Gnade überschwenglich erhoben und kommt so zu ihrer eigentlichen Vollendung: gratia non destruit, sed elevat et perficit naturam.

Das scholastische Axiom erhielt durch Thomas v. Aquin[99] eine große Wirkung in der Theologiegeschichte, auch wenn es schon vor Thomas verwendet wurde.[100] Thomas formulierte das Axiom, um die Situation der menschlichen Natur angesichts der Gnade Gottes zu bestimmen. Der Mensch ist für Thomas wesenhaft auf den unendlichen Gott bezogen; seine Natur ist hingeordnet auf ihre Vollendung in Gott. Der Mensch hat nur dieses eine »übernatürliche« Ziel: Die Vollendung seines Menschseins in der Gemeinschaft mit Gott. Diese Vollendung kann der Mensch nun nicht kraft seiner Natur erreichen, sie ist reine Gnade. Gott allein kann den Menschen zu seiner Vollendung führen, indem er ihm in Freiheit die Gottesgemeinschaft schenkt. Die menschliche Natur wiederum kann nur im Ergriffensein durch Gott ihre eige-

---

97 TD 1, 116.

98 Vgl. S 3, 284-285; Klarstellungen, 84-85; S 4, 46; TD 4, 367; TL 2, 74; TL 3, 214; u.ö.

99 Vgl. z.B. STh I, 1, 8, ad 2: »Cum enim gratia non tollat naturam, sed perficit«; STh I, 2, 2, ad 1: »Sic enim fides praesupponit cognitionem naturalem, sicut gratia naturam, et perfectio perfectibile«; STh I-II, 99, 2 ad 1: »Sicut enim gratia praesupponit naturam, ita oportet quod lex divina praesupponit legem naturalem«; u.ö.

100 Nachweise und ein theologiegeschichtlicher Überblick bei: B. Stoeckle, »Gratia supponit naturam«, Rom 1962, 32-162. Vgl. A. Raffelt, Art. »gratia (prae-) supponit naturam«, in: LThK^3, Bd. 4, 986-988.

ne Erfüllung finden.[101] Für die Frage nach der Hinordnung der Natur auf die Gnade ist der Ausgangspunkt für Thomas nicht eine in sich stehende Natur, die ihre Vollendung einfordern könnte. Thomas geht vielmehr vom Gnadenwillen Gottes aus. Und dieser Gnadenwille Gottes setzt im Hinblick auf den Menschen dessen Natur voraus.
Das thomanische Axiom wurde im Lauf der Jahrhunderte sehr unterschiedlich, bisweilen gegensätzlich interpretiert. Für die theologische Entwicklung erhielt dabei der abstrakte Naturbegriff der Neuzeit größte Bedeutung. Die menschliche Natur wurde ungeschichtlich und rein essentiell verstanden und die Aussagen über die konkrete Natur auf diesen essentiellen Naturbegriff übertragen. Dies führte in den nachtridentinischen Auseinandersetzungen in der Gnadentheologie zu einem Neben- und Übereinander von Natur und Gnade.[102] Um die Gnade vor einer »Naturalisierung« zu schützen - derzufolge die Gnade für den Wesensvollzug der Natur notwendig und insofern zu einem Bestandteil der Natur geworden wäre - wird die menschliche Natur als eine vollständige, in sich abgeschlossene Ordnung, die auf ein natürliches Ziel hin ausgerichtet ist, begriffen. Gnade kommt dementsprechend als »Übernatur« additiv zur Natur hinzu - zwar gänzlich ungeschuldet, aber auch entbehrlich.
Die Neuansätze im 20. Jahrhundert setzen sich von den extrinsezistischen und supranaturalistischen Verengungen des Gnadenverständnisses ab und reflektieren die Bezogenheit von Natur und Gnade neu. V.Balthasar steht dabei mit seiner Auffassung in der Tradition der »Nouvelle Théologie« und ist stark von Henri de Lubac beeinflußt.[103] De Lubac setzt mit seinem Verständnis von Natur und Gnade beim geschichtlich-konkreten Wesen des Menschen an. Es geht ihm insbesondere darum, die Ungeschuldetheit der Gnade Gottes nicht nur einer hypothetisch und abstrakt gedachten Menschennatur gegenüber, sondern angesichts des gegenwärtigen, konkreten Menschen zu wahren. »Zu beweisen bleibt, daß das Übernatürliche auch *für mich*, in

---

101 Vgl. G. Greshake, Geschenkte Freiheit, 62-65.

102 Vgl. zum Folgenden: G. Greshake/E.-M. Faber, Art. Gnade, V. Theologie- und dogmengeschichtlich, LThK^3, Bd. 4, 772-779.

103 Zur Auseinandersetzung v.Balthasars mit de Lubac vgl. Karl Barth, 306-308 und die Monographie: Henri de Lubac.

meiner gegenwärtigen Situation, gänzlich ungeschuldet ist.«[104] Die Gnade bleibt für de Lubac immer freie Gabe, die ohne jede Notwendigkeit dem Menschen gegeben ist.

> Nach wie vor »kann und muß es ohne Beschränkung weiterhin heißen, daß wenn Gott nicht gewollt hätte, Er uns das Sein nicht hätte geben müssen; und überdies, daß *Er dieses Sein, das Er uns gab, nicht zu seiner Schau hätte berufen müssen.* Nichts hat Gott verpflichtet und nichts kann ihn jemals verpflichten, uns diese *vera et perfecta beatitudo*, die einzig in seiner Schau besteht, zu gewähren. Keine innere oder äußere Nezessität - auch kein 'juristischer' oder 'ontologischer' Zwang, um die Ausdrücke eines modernen Theologen aufzunehmen - kann dem göttlichen Willen eine der beiden Initiativen auferlegen.«[105]

Ohne die vollkommene Unabhängigkeit Gottes anzutasten, betont nun de Lubac, daß der Mensch nur ein einziges Ziel seiner letzten Bestimmung hat, nämlich die Vollendung in der Gemeinschaft mit Gott, d.h. mit anderen Worten: Das Ziel der menschlichen Natur ist übernatürlich. Die Vorstellung einer rein-natürlichen Finalität des Menschen lehnt de Lubac ab, ohne damit die souveräne Ungeschuldetheit der Gnade einschränken zu wollen. Er beruft sich in dieser Überzeugung unter anderem auf Thomas v.Aquin. V.Balthasar merkt dazu an: Die Tatsache, daß Thomas dem geschaffenen Geist kein anderes Ziel als ein übernatürliches zugesteht, »wurde von Henri de Lubac in seinen 'Etudes Historiques', die er 'Surnaturel' benannte (1946), so überlegen dargestellt (...), daß der Kern seiner Argumentation nicht mehr zu verrücken sein wird.«[106] In der Verwendung des Axioms »gratia perficit naturam« durch Thomas, mit dem er die faktische Zuordnung von Natur und Gnade zum Ausdruck bringt, wird die Transzendenz und Ungeschuldetheit des Gnadengeschenks nicht ausgeschlossen.[107]

---

[104] H. de Lubac, Die Freiheit der Gnade, 2: Das Paradox des Menschen, übertr. u. eingel. v. H.U. v.Balthasar, Einsiedeln 1971, 88.

[105] Ebd. 119. Vgl. 180 u.ö.

[106] Karl Barth, 404, Anm. 1. Vgl. ebd. 279.

[107] Vgl. H. de Lubac, Die Freiheit der Gnade, 45. Siehe auch ebd. 63: »Als Thomas von Aquin sagte: *Gratia perficit naturam*, sah er nicht voraus, daß seine Aussagen über die Vollendung und Vollkommenheit der Natur beibehalten, aber die Gnade, die diese Vollendung bewirkt, fallengelassen werden sollte.«

V.Balthasar sieht als Ergebnis der gnadentheologischen Auseinandersetzungen in der Zeit vom Tridentinum zum I. Vatikanum in der endgültigen »Sicherstellung« der Gnadenordnung im Ganzen.[108] Er übernimmt die Grundaussage de Lubacs, daß der Mensch kein anderes Ziel als die übernatürliche Anschauung Gottes hat. Die Natur ist als Natur aufgrund ihrer natürlichen Möglichkeiten unvollendbar.[109] Als Gegenbegriff zur Gnade schlägt v.Balthasar über de Lubac hinausgehend einen »formalen Naturbegriff« vor, der nur von der Gnade her zu bestimmen ist.

> »Die 'Natur', die die Gnade sich voraussetzt, ist das Geschöpfsein als solches. Wir nennen diesen Begriff der Natur den *formalen Naturbegriff*. Dieses Minimum ist darum die Voraussetzung aller Gnade, weil seine *Necessität* der *Faktizität* aller Offenbarung vorausliegen muß. *Indem* die Offenbarung ergeht, hebt sich Natur von ihr als der Vorraum ab, der als solcher nicht selbst die Gnade der Teilnahme ist.«[110]

Das »Voraus« der Natur im Zusammenspiel mit der Gnade ist im logischen, nicht notwendig im zeitlichen Sinn zu verstehen. Die konkrete Existenz des Menschen ist immer schon von der Gnade angerufen. Der Mensch findet sich im »Raum« der Gnadenordnung vor.
Wird Natur und Gnade in ihrer Zuordnung im Gesamt der Heilsgeschichte betrachtet, so muß sowohl von Kontinuität als auch Diskontinuität zwischen Natur und Gnade gesprochen werden. Für v.Balthasar ist mit der Aussage, daß die Natur faktisch nur ein einziges, übernatürliches Endziel besitzt, die Intention des »gratia supponit naturam«-Axioms mitenthalten.

> »Ist es vom formalen Naturbegriff her wahr, daß alles Gnadenhafte bis in seine höchste Spitze hinauf immer eine naturhafte Seite besitzt, immer für eine Natur und an einer Natur sich vollzieht, ..., so ist doch umgekehrt Gnade eine so radikale Verwandlung, Erhebung, Durchglühung der Natur mit der göttlichen Wirklichkeit, daß keine Seite, keine Tiefe der Natur sich ihr entziehen kann.«[111]

---

[108] Vgl. Karl Barth, 284.

[109] Vgl. ebd. 280.

[110] Ebd. 295. Vgl. ebd. 291-292.

[111] Ebd. 298.

Der Schwerpunkt der »geheimnisvollen 'Bewegung'«[112], die sich im Axiom ausdrückt, liegt für v.Balthasar zum einen in der Erhebungsbewegung der Natur. Der Mensch wird in der Gemeinschaft mit Gott über-erhöht, überschwenglich zur nicht erahnten Vollendung erhoben (»elevat et perficit«).[113] Zum anderen stellt v.Balthasar im Blick auf das Axiom heraus, daß die *ganze* Natur des Menschen durch die Gnade ergriffen ist. Es gibt keinen Bereich des Menschseins, welcher der Gnade Gottes entzogen wäre oder gar zerstört würde (»non destruit«). So bringt die Formulierung des Axioms »gratia non destruit, sed elevat et perficit naturam« sehr deutlich auch v.Balthasars eigene Intention zur Sprache.

Der letzte Grund für die Bezogenheit von Natur und Gnade ist die innertrinitarische Bezogenheit der göttlichen Personen. Denn die Gnade, die die menschliche Natur voraussetzt und erhöht, ist ein personaler Anruf Gottes an den Menschen.

> Dabei wird die »Distanz zwischen Subjekt und Subjekt ... zwar von der Gnade nicht geschaffen - es ist die Distanz der Natur - aber sie hat ihr tiefstes Fundament in der innergöttlichen Distanz der Personen, die erst in der Gnade sichtbar wird und durch deren Mitteilung erst die gottgeschöpfliche Distanz für ein wirkliches Gespräch zwischen Wort und Glaube fähig und fruchtbar wird«.[114]

Die Unterscheidung von Natur und Gnade wird in der Vollendung der Schöpfung in der trinitarischen communio Gottes fortdauern, ja sie ist sogar in ihr begründet. Was deshalb mit dem scholastischen Axiom beschrieben ist, bleibt letztlich ein Geheimnis.[115] Gnade bleibt immer

---

[112] Ebd. 292.

[113] Die Gnade vollendet das in der Natur Angelegte, »ohne daß die Natur diese Vollendung aus sich selbst anstreben, auch nur erahnen kann«: TL 3, 408.

[114] Karl Barth, 302. Vgl. Mein Werk, 96: »Da der Sohn die ewige Ikone des Vaters ist, wird er ohne Widerspruch das Bild, das die Schöpfung ist, in sich aufnehmen können, es läutern, es, ohne es (in einer falschen Mystik) aufzulösen, in die *communio* des göttlichen Lebens einführen. Hier wird man 'Natur' und 'Gnade' unterscheiden müssen«.

[115] Kein menschlicher Begriff kann »diesen seinshaften Vorgang eindeutig, überblickbar, neutral, univok, so wie er sich im Blick Gottes darstellt, nachzeichnen. Das Geheimnis bleibt offen, der Glaubensstandpunkt läßt sich mit dem des Wissens nie zur letzten Deckung bringen«: Ebd. 292. Dies wird auch von H. de Lubac hervorgehoben: »Auch die geoffenbarte Wahrheit bleibt ... für uns Mysterium, das heißt, sie behält den Charakter einer uns übersteigenden Synthese,

ein der menschlichen Natur entzogenes Mysterium. Auch an dieser Stelle kommt v.Balthasars theologische Methode zum Tragen. Es ist dem Menschen - trotz aller Differenzierung von Natur und Gnade - letztlich nicht möglich, Natur und Gnade inhaltlich scharf zu trennen und ihr Zusammenspiel zu erfassen. »Gott und Welt, Gnade (Übernatur) und Natur lassen sich vom Menschen nie und nimmer in ein von ihm überblickbares Verhältnis bringen«.[116]

Das Verhältnis von Natur und Gnade läßt sich nicht in klare und eindeutige Begrifflichkeiten fassen, es bleibt dialektisch.[117] Mit der im Axiom bezeichneten Kontinuität ist kein harmonisch verlaufender Wachstumsprozeß gemeint, vielmehr bleibt eine paradoxe Spannung zwischen Natur und Gnade bestehen.[118]

Da jegliche Natur auf Gnade hingeordnet ist, so hat das zur Folge, daß (natürliche) Ehe auf ihre gnadenhafte sakramentale Gestalt verwiesen bleibt. Die theologische Verhältnisbestimmung von Natur und Gnade hat unmittelbare Konsequenzen für die Ehetheologie.

2. Der Aspekt der Analogia Entis

Eine andere theologische Strukturformel, die sich auf das Verhältnis von Schöpfung/Natur und Schöpfer/Gnade bezieht, ist die der Analogia Entis. V.Balthasar greift in seinem Verständnis der Analogia Entis vor allem auf die Theologie E. Przywaras zurück.[119] Er versucht da-

---

deren letzter Zusammenhang uns unweigerlich dunkel bleibt«: Die Freiheit der Gnade, 230. Gott offenbart sich als Liebe. Deshalb kann das Verhältnis vom Menschen zu Gott »nie wesenhaft verstanden werden als ein durch ein Naturgesetz oder sonst irgendeine innere oder äußere Notwendigkeit geregeltes. Die Gabe, zu der Gott sich machen will, wird ausschließlich - falls von Erklärung überhaupt die Rede sein kann - durch die Liebe erklärt«: Ebd. 303-304.

116 Gottbereites Leben, 152-153. Vgl. die Fortsetzung des Zitats: »... der Mensch stünde sonst als dritte, synthetisierende Instanz über Gott und Welt.«

117 Vgl. z.B. im Zusammenhang mit natürlicher Fruchtbarkeit: Karl Barth, 395: »Eine direkte, ungebrochene, undialektische Fruchtbarkeit der Natur, die im Reich der Gnade von Belang wäre, gibt es nicht.«

118 Vgl. Karl Barth, 313: Es ist ein Paradox, »daß Natur aus sich selbst keinen Zugang zur Welt der Gnade hat, obwohl sie zuletzt nur von der Gnade her und auf die Gnade hin geschaffen wurde und verständlich ist.«

119 Vgl. E. Przywara, Analogia Entis, Schriften 3, Einsiedeln, 1962. Siehe dazu: M. Kehl, Einführung: Hans Urs von Balthasar, 26-28, P. Henrici, Erster Blick auf Hans Urs von Balthasar, 25-26 und 31, E. Guerriero, Hans Urs von Balthasar, Einsiedeln 1993, 108-110.

bei, die abgebrochene Kontroverse zwischen E. Przywara und K. Barth wiederaufzugreifen, deren unversöhnte Gegenpositionen zu integrieren und in der Sache weiterzuführen.
Der Sache nach liegt das mit der Analogia Entis Gemeinte der Sinnspitze des »gratia supponit naturam« - Axioms nahe. Es geht um die Verhältnisbestimmung von endlichem, geschaffenem Seienden und unendlichem Schöpfer, eine Bestimmung, in der paradoxerweise sowohl die Nähe als auch der Abstand Gottes zum Geschöpf zugleich zur Sprache kommt. Das Analogieaxiom, wie es klassisch im IV. Laterankonzil formuliert wurde (»inter creatorem et creaturam non potest similitudo notari, quin inter eos maior sit dissimilitudo notanda«: DS 806), bringt zum Ausdruck, daß bei jeder (bestehenden) Ähnlichkeit zwischen Schöpfer und Geschaffenem die je größere Ungleichheit mitbedacht werden muß.
V.Balthasar verfolgt im Zusammenhang mit der Analogia Entis vor allem den Aspekt der Abbildhaftigkeit. In der Fülle und Armut des gottgeschenkten Seins »erscheint durch die größere Unähnlichkeit des endlichen und menschlichen Seienden hindurch, das positive Gesicht der Analogia Entis, das das Endliche zu Schatten, Spur, Gleichnis, Bild des Unendlichen macht.«[120] Der geschaffene Mensch wird dabei nicht als zunächst in sich selbst bestehendes Wesen gedacht, dem die Gott-Ähnlichkeit extrinsezistisch hinzuzugefügt wäre; das endliche Subjekt ist als Seiendes (»durch Enteignung und Armut«) in die Lage gesetzt, Gottes Überfülle »analog« abzubilden. Im Hintergrund steht dabei für v.Balthasar die alle theologische Reflexion prägende Christologie und die alles durchdringende Bedeutung der (in Armut sich entäußernden) Inkarnation Gottes.

3. Der trinitarische Urgrund von Natur und Gnade

Daß das geschaffene Seiende und insbesondere der Mensch, wenn auch in noch so unvollkommener Weise, Ausdruck Gottes sein kann,

---

Zum Verständnis der Analogia Entis bei Przywara vgl.: S. Nieborak, 'Homo analogia'. Zur philosophisch-theologischen Bedeutung der 'analogia entis' im Rahmen der existentiellen Frage bei Erich Przywara, Frankfurt a.M. 1994; E. Naab, Zur Begründung der analogia entis bei Erich Przywara, Regensburg 1987; R. Stertenbrink, Ein Weg zum Denken. Die Analogia entis bei Erich Przywara, Salzburg 1971; B. Gertz, Glaubenswelt als Analogie, Düsselsorf 1969.

120 H 3/1,2: 956. Das Folgende beruht auf ebd. 957.

hat seinen Grund in Jesus Christus: »Christus ist das alleinige konkrete Maß zwischen Gott und Mensch, zwischen Gnade und Natur«.[121] Dieser einzige Maßstab eröffnet die Verhältnisbestimmung von Natur und Gnade, die die Natur nicht aufhebt oder zerstört, sondern sie einbeziehend vollendet. Diese Vollendung geschieht »nicht durch eine vage, verschwommene 'Synthese' von Natur und Übernatur, wie es ja keine 'Synthese' zwischen Gott und Welt gibt, aus der irgendetwas Drittes, Gemeinsames hervorgehen könnte. Es gibt zuletzt und abschließend nur eine einzige 'Synthese', in der Gott sein Verhältnis zur Welt festlegt: Christus, das Wort des Vaters im Fleische. Er ist das Maß von Nähe und Abstand; er ist die konkret gewordene Analogia Entis«.[122]

Diese christologische Grundlegung der Verhältnisbestimmung von Natur/Mensch und Gnade/Gott ist trinitarisch verankert. Gott ist in seiner personalen Differenz von Vater und Sohn vollkommene Selbstaussage und Selbsthingabe innerhalb der Identität des Wesens Gottes. Gott ist (als Heiliger Geist) Liebe und Fruchtbarkeit.[123] V.Balthasar stellt heraus, daß diese Differenzen in der Einheit des göttlichen Wesens die Bedingung der Möglichkeit von Schöpfung sind. Gäbe es die im trinitarischen Mysterium enthaltene Differenziertheit in Gott nicht, so könnte er keinen mit Selbstsein und Freiheit begabten Menschen ins Dasein setzen.[124] Wäre Gott ein monolithisches, einsames Wesen, so könnte er nicht zum Ursprung eines freien, personalen Subjekts werden. Die Möglichkeit der freien Hingabe des Menschen setzt die Wirklichkeit der göttlichen Hingabe voraus. Daß der Mensch in Gott eingeborgen werden kann, entspringt dem trinitarischen Urmodell.[125] Die Frage, »wie sich das Urbild dem Nachbild einbilden oder wie der Ungeschaffene das Geschaffene so in sich einbeziehen kann, daß dieses als solches erhöht, aber dabei nicht zerstört, sondern über sich hinaus vollendet wird (gratia non destruit, sed elevat et perficit na-

---

121 S 1, 174. Vgl. ebd. 190: »Alles in der Kreatur, mit Ausnahme der Sünde, ist von Christus aus geeignet, Ausdruck Gottes zu werden«.

122 Ebd. 191.

123 Vgl. Epilog, 66.

124 Vgl. TL 3, 213.

125 Vgl. TD 4, 366.

turam)«[126], weist also auf den letzten Urgrund aller Theologie hin, den dreieinigen Gott.[127] Die Schöpfung wird so betrachtet zum Abbild des trinitarischen Gottes (Imago Trinitatis).

V.Balthasars Verhältnisbestimmung von Natur und Gnade bildet eine Grundlage seines Eheverständnisses, auch wenn er selbst die beschriebene Zuordnung nicht im Zusammenhang mit der Ehe entfaltet und weiterführt. Dennoch hat, was für die Natur des Menschen insgesamt ausgesagt ist, für die durch zwei Menschen konstitutierte Ehe uneingeschränkte Bedeutung. Auch für eine im Glauben geschlossene Ehe bleibt die Frage des Zueinanders von Natur und Gnade grundlegend. Mit v.Balthasars Verhältnisbestimmung können zwei (Miß-)Verständnisse der Ehe von vorn herein ausgeschlossen werden. Einerseits kann das, was in christlich gelebter Ehe Gnade ist, nicht aus der Natur heraus »wachsen«, es kann nicht mit den natürlichen Fähigkeiten von Mann und Frau erstrebt und erreicht werden. Die Ehepartner können sich die Vollendung ihrer Ehe nicht selbst bzw. gegenseitig, aus eigener Kraft »geben«. Wenn jede geschöpfliche Wirklichkeit im Verhältnis von Natur und Gnade ihren Maßstab in Jesus Christus findet, so muß dies auch für die Ehe gelten. Nur in Jesus Christus haben dann Mann und Frau in der Ehe Anteil am Liebesmysterium Gottes. Ausgeschlossen ist also einerseits ein Verständnis der Ehe, welches die Begrenztheit und Unvollkommenheit des Menschen zu wenig berücksichtigt. Andererseits ist die Gnade mit der Naturwirklichkeit »verwachsen« - gerade in der Ehe. Die christliche Ehe kann nicht so gedacht werden, daß sie zunächst an sich (natürlich) besteht, und ihr die sakramentale Gnade sekundär und »additiv« hinzukommt. »Natürliche« Ehe und gnadenhaft erhobene und verwandelte Ehe existieren untrennbar ineinander. Die Ehe selbst ist Anteilnahme am Liebesmysterium Gottes. Ausgeschlossen ist somit, daß die Ehe als eine in sich abgeschlossene, ohne jeden Bezug zu Gott existierende Wirklichkeit verstanden werden kann.

---

[126] TL 3, 213f.

[127] Im dritten Kapitel werden wir im Zusammenhang mit der Positivität des Anderen, des Gegenübers (»Positivität des Endlichen«) nochmals auf diesen Punkt eingehen, den v.Balthasar vor allem in TD 4, 53ff und TL 2, 76f darlegt.

Drittes Kapitel

Christologischer Zugang

Der zweite Zugangsweg zum Eheverständnis v.Balthasars, den wir gehen, ist der der Christologie. Die Offenbarung Gottes hat in Jesus Christus ihre Mitte. Die Menschwerdung Gottes ist die Grundlage christlicher Theologie. Ein Aspekt der Inkarnation, den v.Balthasar durchgängig betont und der für ein Verständnis der Ehe (vor-) entscheidend ist, ist der Gedanke der Positivität des Endlichen.
Zunächst legen wir kurz diese Voraussetzung dar (I.). Dann kommen wir (II.) ausführlich auf den Begriff der »Hochzeitlichkeit« zu sprechen. V.Balthasar entwickelt ihn im theodramatischen Kontext seiner Christologie und bringt damit einen Hauptgedankenstrang seiner Theologie zum Ausdruck: Es geht um das Zueinander von Gott und Mensch, näherhin um Jesus Christus und Kirche. Der Begriff ist direkt dem Lebenszusammenhang der Ehe entnommen und hat eine zentrale Stellung im Denken v.Balthasars inne. (III.) Von daher fällt Licht auf sein Eheverständnis.

I. Inkarnation und Positivität des Endlichen

Daß Gott Mensch, daß Gottes Wort Fleisch wurde, ist unbegreiflich, ja skandalös. »Die christliche Religion ist die einzige, die, am evidentesten Faktum, der Sterblichkeit des Fleisches vorbei - was alle übrigen Religionen zu Vergeistigung als dem einzig möglichen Heilsweg gedrängt hat - das unüberholbare Ende der Wege Gottes im Fleisch, im sterblichen, eucharistischen, mystischen, auferstehenden Fleisch gefunden hat.«[1] Die daraus sich ergebende Hochschätzung des Geschichtlichen, Endlichen, Vergänglichen unterscheidet die christliche

---

[1] TL 2, 201.

von allen anderen Religionen.[2] Inkarnation und Positivität des Endlichen sind ein spezifisches Charakteristikum des Christlichen.[3]
Der Weg Gottes in Jesus Christus ist der vom Menschen her nicht ausdenkbare Weg der Fleischwerdung des Wortes in der Geschichte. Nicht-christliche Religion und Philosophie neigen zur Geringschätzung der menschlichen Endlichkeit[4] und richten ihre Aufmerksamkeit auf den die Begrenztheit des Menschen übersteigenden Geist. So war auch das griechische Denken von Platon bis Plotin strukturiert und wurde in dieser Struktur von der christlichen Theologie der ersten Jahrhunderte aufgegriffen.[5] Damit begann die griechisch-christliche Theologie, den »Abbildcharakter des Menschen ganz auf die Geistseite zu verlegen (bis hin zur augustinischen psychologischen Trinität in der Seele«).[6] Für v.Balthasar war die Übernahme einer griechischen Metaphysik ins christliche Denken unausweichlich. Eine heilsgeschichtlich-theodramatische Sicht hat jedoch wesentlich über dieses Schema hinauszugehen.

> »Die philosophische Epoche von Sokrates-Platon über die Stoa bis hin zum Spätplatonismus konnte keine Theodramatik im ernsthaften Sinn hervorbringen, weil Gott sich hier als die 'Sonne des Guten' die allumgreifende 'Allnatur', das unnahbar 'Eine' über die innerweltlichen Gegensätze erhob und nicht mehr als ein Bestimmter, gar Besonderer auf einer Weltbühne anderen Bestimmten und Besonderten entgegentreten konnte.«[7]

Mit der konkreten Geschichtlichkeit Jesu von Nazareths und der mit ihm zum Höhe- und Tiefpunkt sich verdichtenden Dramatik der Heilsgeschichte bricht sich die christliche Sicht der Welt Bahn. Die Geschichtlichkeit, Begrenztheit und Leibhaftigkeit des Menschen sind

---

2 Vgl. Epilog, 77.

3 Vgl. K.-H. Menke, Stellvertretung, 269-270, M. Scheuer, Die Evangelischen Räte, 28 und 32, W. Löser, Im Geiste des Origenes, 13ff.

4 Vgl. H 3/1,2: 483. Siehe auch ebd. 316, wo die gnostisch-weltflüchtige Mystik als Verzerrung der alt- wie neutestamentlichen Bundesidee bezeichnet wird, an der das Christentum schwer zu tragen hatte und noch hat.

5 Vgl. H 2/2, 157.

6 H 3/2,1: 88. Im Kontext der biblischen Schöpfungserzählungen umfaßt demgegenüber die Abbildhaftigkeit des Menschen »sowohl die leiblichen Sinne wie die Geistvermögen des Menschen«: Ebd. 89.

7 TD 2/1, 170.

keine an sich Gott widersprechende Größen, sondern positiv und »gut« zu werten. Dies ist eine in der Offenbarung durch Menschwerdung anstößig konkret zum Vorschein kommende Grundlage der Theologie v.Balthasars.
Damit ist insbesondere eine Haltung abgewehrt, die die Materialität (insbesondere die Leiblichkeit) des Menschen zugunsten einer einseitigen Vergeistigung abwertet. Eine Tendenz, die die Geschichte der christlichen Theologie im allgemeinen und das Verständnis der Ehe im besonderen begleitet hat. Die »Positivität des Endlichen« liegt im Licht der Christologie demgegenüber einen entscheidenden Grundstein für das christlich-sakramentale Eheverständnis.

1. Gott in der geschichtlich konkreten Gestalt Jesu

Gott hat seinen unendlichen göttlichen Willen in der einmaligen menschlichen Gestalt Jesu Christi konkretisiert. »In der Endlichkeit Jesu und all dessen, was mit seiner Gestalt gegeben ist und zusammenhängt, halten wir das Unendliche«.[8] Diese Konkretion Gottes im Menschen, die im Zentrum christlicher Offenbarung steht, impliziert die unmittelbare Anwesenheit des Transzendenten im Immanenten.[9] Die Offenbarung des unendlich-endlichen Logos in der Welt wirft damit ein neues Licht auf nichtchristliche religiöse Philosophie und Mystik, die immer hinter dem in kritischer Vernunft erkennbaren Kategorialen ein undurchschaubares, dem Menschen entzogenes Transzendentes postulieren muß. Die Botschaft des christlichen Glaubens dagegen spricht von der Anwesenheit des absoluten Logos *in* der Geschichte selbst.
Offenbarung ist somit nie rein geistig, sowenig wie der Mensch als rein geistiges Wesen existieren und gedacht werden kann. Gott hebt die geschaffene, endliche Welt nicht wieder auf. Er nimmt als Schöpfer der materiellen Welt diese in ihrem Eigenstand ernst und geht mit ihr eine neue Beziehung ein, indem er sich selbst darin offenbart, ohne dadurch deren Weltlichkeit zu sprengen.[10] Diese Selbstoffenbarung

---

8 H 1, 147.

9 Vgl. TD 2/2, 16. Zum Folgenden vgl. TD 3, 404.

10 Vgl. H 3/2,1: 34. Wobei immer auch der je größere Unterschied zwischen Gott und Welt mitbedacht werden muß. Siehe dazu ebd. im Kontext alttestamentlicher Theologie: »Andererseits ist die Erscheinungsform als solche nie die Mächtigkeit

Gottes ist keine unvermittelte Offenbarung von überweltlichen Geheimnissen, die dem Menschen von außen und oben kundgetan werden, sondern »Gott spricht zum Menschen mitten aus der Welt«.[11] Dabei ist die besondere Gestalthaftigkeit Gottes der Grund, weshalb nicht das Endliche vom Unendlichen aufgesogen wird.[12]
Der Weg der Offenbarung Gottes in der Geschichte verbietet eine Sicht von Christsein, in der alles, was mit der Endlichkeit des Menschen zu tun hat, als Ballast angesehen wird, den es eigentlich zu beseitigen gilt. Der Mensch verwirklicht Geist im Leib und Leib im Geist. Weder eine reine Vergeistigung (wie im Neuplatonismus) noch eine reine Versinnlichung (wie im Epikuräismus oder bei Feuerbach) werden dem geist-leiblichen Menschsein gerecht.[13] Der Mensch bedarf deshalb eines Urbildes, welches weder der Hybris der reinen Vergeistigung noch dem Abfall der reinen Versinnlichung folgt, sondern im theologisch abschließenden Sinn dem ganzen Menschen Lebensraum eröffnet. »Dieses Urbild müßte beide Bewegungen ohne Hybris und ohne Abfall ganz vollziehen: als der eine Odem Gottes 'von oben' ins Fleisch absteigen und die Dimensionen von 'Welt' und 'Fleisch' bis ins Unterste durchmessen, ohne daß dieser Abstieg einen (buddhistisch-platonisch-gnostischen) 'Abfall' von Gott besagte, sondern viel eher ein Ein- und Überholen jeden Abfalls - und es müßte von unten her, aus dem vollendeten Fleischsein, den Bereich 'Welt' so übersteigen, daß es Welt und Fleisch in seiner Transzendenz mit zu Gott emporhöbe: in 'Verklärung', nicht in leibloser 'Vergeistigung'.«[14]
Es ist nun genau das Urbild und die Gestalt Jesu Christi, die dem Menschen als geist-leiblichem Wesen diesen Lebensraum eröffnet. Die Beziehung des Menschen zu Gott, die dadurch entsteht, kann mit der Beziehung von Braut und Bräutigam verglichen werden.

»Der lebendige Gott ist das Leben, aber auch die Freiheit der Kreatur: indem er sie zu sich erwählt, und sie sich statt sich selbst Ihn wählt, findet sie in dieser Enteignung sowohl ihre Freiheit wie ihre Heimat.

(kabod) Gottes selbst, sondern ihre Anzeige«.

11 S 1, 85. Auf die Sprache und ihren Urgrund in Gott gehen wir im trinitätstheologischen Kontext (Kapitel fünf) ein.

12 Vgl. H 1, 461.

13 Vgl. TD 2/1, 332.

14 Ebd. 333.

> Und dies nicht ohne Kreuz und Auferstehung des Sohnes, der als zweiter Adam den ersten in seine Eigentlichkeit bringt: nicht ins platonisch-individualistisch-Leiblose, sondern in die eschatologische Leibhaftigkeit einer Brautschaft in Gott.«[15]

Die bräutliche Beziehung des Menschen zu Gott ist für v.Balthasar ein wesentlicher Anknüpfungspunkt für die Ekklesiologie.[16]

2. Das sinnlich Erfahrbare als Ausdruck des Unendlichen

Die göttliche Wahrheit senkt sich in menschliche Erfahrung ein. »Dieses zarte Netz zeitlicher Relationen ist stark genug, die absolute Wahrheit zu fassen«.[17] Deshalb vollzieht sich für den Menschen alles, was im tiefsten Sinn als Sprache bezeichnet werden kann, »nie im 'rein Geistigen', oberhalb der sinnlichen 'Phänomene', sondern wesenhaft im Lesenkönnen einer sinnlichen Gestalt.«[18] Auch im Hinblick auf die Bedeutung des sinnlich Erfahrbaren gilt der Grundsatz der Inkarnation, der Fleischwerdung des Wortes.

Für den Ansatz der theologischen Ästhetik ist die Frage nach der Bedeutung der Sinne und der sinnlichen Erfahrung im Glauben (der »geistlichen Sinne«) zentral. V.Balthasar sieht mit Hinweis auf Origenes und Irenäus[19] die leiblichen Sinne aufgrund der Fleischwerdung Gottes als an der christlichen religiösen Erkenntnis beteiligt an.[20]

Der menschgewordene Sohn war in allen Phasen seines Fleischseins Offenbarer der Gottheit.[21] Deshalb bleibt das Historisch-Faktische der

---

15 H 3/2,2: 469.

16 Die Kirche ist die geschichtliche Gestalt der Braut-Beziehung. Als Leib Christi hat sie Anteil an der positiven Endlichkeit der Menschwerdungsstruktur Christi. Vgl. TL 3, 310. Vgl. auch den Aspekt der Werkzeuglichkeit der Kirche als Leib Christi im Kontext der Menschheit: S 2, 192.

17 S 1, 85. Die absolute Wahrheit ist »ja selbst eine Wahrheit ewiger Relationen ... in einem ewigen Leben«: Ebd.

18 TD 2/1, 23: »Schon daß das Sein in seinen Transzendentalien als das Schöne und Wahr-Gute sich lichtet, ist wurzelhaft Sprache, und daß der endliche Geist in seinem elementaren *cogito/sum* eben diese Lichtung erfährt und mitvollzieht, ist die gleiche Geburt von Sprache.«

19 Vgl. H 2/1, 79. Siehe ebd.: »Man wird Claudel abwarten müssen, bis eine ähnliche Sprache christlich wieder auftaucht.«

20 Vgl. H 1, 296.

21 Vgl. TL 3, 14. Zum Folgenden vgl. TD 2/1, 103.

Ausgangs- und Bezugspunkt für alle theologische Reflexion. Daß in diesem konkret geschichtlich Ergangenen der unbegrenzte, alles umgreifende Logos anwesend ist, ist ein unübersteigbares Paradox. In ihrer anstößigen Konkretheit baut die Offenbarungssprache auf die Sprache der Schöpfung auf.[22] Wir stoßen an diesem Punkt wieder an das »gratia supponit naturam« - Prinzip und die Analogia Entis. Es geht im Zueinander von geschaffener Welt und Schöpfer nicht um die Auflösung des Endlichen, sondern um die »Einbergung« der endlichen Bilder in die umfassende Idee, in deren kreativer Kraft sie als einzelne geschaffen wurden.[23] Fleisch und Buchstabe der Endlichkeit der Offenbarung werden zur Sprache und zum Ausdruck des Unendlichen. Das innerweltliche Werden wird zum Abbild des ewigen Werdens in Gott.[24]

3. Konsequenzen für Menschenbild und Gottesverständnis

V.Balthasars Verständnis der Positivität des Anderen, des Gegenübers, in Gott im Hinblick auf die mit Potentialität durchsetzte geschöpfliche Welt hat zur Folge, daß in der Richtung vom Menschen zu Gott von einer Vergöttlichung des Menschen gesprochen werden kann. »Was im Werden der Welt in all ihren Entwicklungsstadien ein positives Moment enthält, wird wert sein, am ewig-neuen Ereignis Gottes teilzuerhalten.«[25] Der Grund für diese in sich widersprüchliche, paradoxe Erhebung des Endlichen ins Unendliche liegt im Prinzip der Auferstehung des Fleisches. Auferstehung des Fleisches bezeichnet dabei die innere Verklärung aller derjenigen Momente, die die geschichtlichen Ausdrucksformen des Gottesverhältnisses Jesu sind.[26] Im Blick auf

---

22 Vgl. S 1, 90. Siehe auch ebd. 89-90: »So redet also der Mensch: als freie Geist-Person, die die Wahrheit kennt, drückt er zugleich die Natur und sich selbst in seinem Dasein aus. Und diese Sprache hat Gott für seine Offenbarung gewählt. Das heißt: Die Offenbarung setzt in der Schöpfungsordnung eine grundlegende Seinsanalogie voraus«.

23 Vgl. TD 2/1, 302.

24 Vgl. S 1, 160 und TD 4, 59. Siehe dazu den Abschnitt »Der Mensch als Imago Trinitatis« im fünften Kapitel.

25 TD 4, 383. Vgl. ebd. 101 mit Verweis auf A. v.Speyr: »Alle sinnenhaften Dinge können durchsichtig verheißend auf diese Freude [sc. Gottes] hin zeigen«. Siehe auch J.R. Sachs, Spirit and Life, Tübingen 1984, 477.

26 Vgl. S 2, 66-67.

diese Verwandlung des Menschen in Gott hinein ist daran zu erinnern, daß die Natur durch die Gnade in ihrem Natursein nicht zerstört oder aufgehoben wird. Im Gegenteil: Durch die Einbergung der Geschöpfe in Gott finden sie ihre Vollendung, ohne ihre Geschöpflichkeit zu verlieren.[27] Die leibliche Auferstehung und Himmelfahrt Jesu bedeutet nicht Desinkarnation, sondern Verwandlung von Geist und Leib in die pneumatische Existenzform.

»Wie inneranthropologisch die Einwurzelung des Geistigen ins Fleisch zugleich dessen Durchdringung mit Geist und Erhebung in die Sphäre des Geistes besagte, so wird im neuen übernatürlichen Rhythmus der Verleiblichung Gottes bis ins unterste Unten und in die breiteste Breite auch die 'Vergöttlichung' des Leibhaftigen, seine Durchdringung mit dem Pneuma Gottes, seine Verklärung und 'Hinüberversetzung' (Kol 1,13) in das Reich des Sohnes und damit Gottes vollendet.«[28]

Der tiefste Grund für die Positivität des Endlichen liegt in der trinitarischen Verfaßtheit Gottes. Die trinitarische Differenz des Einen und Andern in Gott stellt ein nicht hinterfragbares Positivum dar. Die Andersheit innerhalb Gottes ist das Fundament für die geschöpflichen Differenzen.[29] Die verschiedenen Formen geschöpflicher Potentialität setzen die Je-Andersheit der göttlichen Hypostasen voraus. Es ist absolut gut, daß es den Andern gibt. Die innergöttliche Lebendigkeit ist der Urgrund allen Lebens.[30] Aus der Trinität entspringen alle Ausfaltungen in der Schöpfung. Diesem ursprünglichen Hervorgang aus Gott entspricht die eschatologische Einigungsbewegung alles Geschaffenen auf Gott hin. Das weltliche Sein, weltliche Zeit und weltlicher Raum, sind dazu bestimmt, in göttliches Sein eingeborgen zu werden. Selbst das weltliche Werden wird nicht in ein regloses göttliches Sein hinein absorbiert, sondern findet im ewig Ereignishaften des göttlichen Lebens Erfüllung. Im innertrinitarischen Geschehen vollzieht sich das

---

27 Vgl. TD 4, 361.

28 TD 2/1, 378. Schon im alttestamentlichen Bundesschluß betrifft die Bewegung des Menschen zu Gott (und Gottes zum Menschen) Geist und Leib: »Der Mensch steigt auf an den Ort Gottes ('Entrückung'), Gott steigt ab an den Ort des Menschen; in beiden Bewegungen, die nicht 'rein geistig' sind, sondern die sinnliche Sphäre einholen, vollzieht sich das Ereignis der Bundesschließung«: H 3/2,1: 45.

29 Gott ist »die Bedingung der Möglichkeit alles kreatürlichen Werdens«: TL 2, 78. Zum Folgenden vgl. TD 4, 77.

30 Vgl. TD 4, 361. Zum Folgenden vgl. TL 2, 77.

ewige Urbild der geschöpflichen Geschichtlichkeit.[31] Die innertrinitarische Begründung der Positivität des Endlichen führt schließlich zum Gedanken der Hochzeitlichkeit.[32]

4. Differenzierungen

V.Balthasar differenziert den Gedanken der Positivität des Endlichen in mehrfacher Weise. Eine solche Differenzierung besteht in der Verhältnisbestimmung von endlichem Leib und Geist des Menschen. Daß der Mensch als »Geistsubjekt, das zum Absoluten hin lichtet,«[33] in seinem Ursprung immer über das biologisch-geschlechtliche Entstehen hinausreichen muß (»von tiefer her empor«[34]), darauf weist v.Balthasar immer wieder hin. Das Geistsein des Menschen überragt und umgreift das Leibsein, auch wenn eine totale Trennung nicht möglich ist. Der Geist des Menschen ist letzlich dem seinem Geist verwandten ewigen Geist zugeordnet.

Diese Tendenz zur differenzierenden Betrachtung von Geist und Leib hat zwei Gründe. Zum einen entsteht ein Gefälle vom Wesen Gottes her: Der Mensch »würde Gott als Naturwesen im unendlichen Kosmos nicht suchen können, wenn er ihn nicht je schon als Geistwesen gefunden hätte: als seinen Ursprung in der Liebe«.[35] Gottes trinitarisches Liebe-Sein ist der tiefste Grund, weshalb sich der Mensch in seiner geschöpflichen (abbildhaften) Teilhabe an der Liebe Gottes nicht primär von seinem Leibsein bestimmen kann.

Zum anderen stellt der Bereich der sinnlich erfahrbaren Lust eine Größe dar, die den Menschen aus dem Gleichgewicht bringen kann: Je

---

31 Vgl. TD 4, 109.

32 Vgl. TD 2/1, 302 (mit Verweis auf Bernhard v.Clairvaux): Die »vorwiegend platonisch aufsteigende Tendenz, die das Bild in die Ähnlichkeit aufzulösen neigt, wird ins Gleichgewicht gestellt durch den doppelten christlichen Gedanken, daß die unendliche Freiheit von sich selbst her innergöttlich ein Bild, den ewigen Sohn, erzeugt, und in ihm die Bilder endlicher Geschöpfe grundlegt. Die Angleichung der endlichen Freiheit an die unendliche hat demnach ein unendliches Urbild, aber immerhin ein Bild (und dazu ein menschgewordenes) als Idealziel: die Begegnung von (aufsteigendem) Bild und (absteigendem) Urbild führt zu keiner Identität, sondern zu einer Hochzeitlichkeit«.

33 TD 3, 116.

34 Ebd.

35 Ebd.

mehr er von Schönheit (im christlich-ästhetischen Sinn) ergriffen wird, desto ferner liegt dem Menschen der Genuß der nur-sinnenhaften und affekthaften Lust.[36] Die endliche Leibhaftigkeit des Menschen in ihrer gottgewollten Positivität darf nicht dazu verführen, den Leib (und oft genug die Sexualität) des Menschen zu vergötzen. Davon grenzt sich v.Balthasar scharf ab.

Eine zweite, theologisch gewichtigere Differenzierung der Hochschätzung der naturgegebenen geschichtlich-endlichen Konkretheit des Menschen ist die Berufung und Sendung Gottes, die einzelne Menschen trifft und prägt. Gott ergreift die Initiative. Gott teilt Gaben und Charismen *frei* aus. »Die Mitte der Sonderheit einer Spiritualität ist ... nicht die Person des Trägers, sondern die Sendung von oben, die sich deshalb auch nie empirisch-psychologisch aufrechnen und abgrenzen läßt. Denn ihr Ursprung liegt transzendent im freien Verfügen des Hauptes«.[37] V.Balthasar betont diese durch nichts begrenzte Souveränität Gottes immer wieder. Die Initiative und Wirksamkeit liegt bei Gott allein. Die betroffene menschliche Person tritt in ihrer Subjektivität total zurück.
Schon alttestamentliche Berufungsgestalten verstehen sich selbst in ihrer empirischen Subjektivität durch Gottes »formgebenden« Auftrag schlechterdings überstiegen.[38] Der Absolutheitscharakter übersteigt die menschliche Person »nicht nur im Hinblick auf literarische Typik, sondern in Richtung auf etwas im Bundesverhältnis durch den göttlichen Partner Geprägtes. Es sind wie Hohlformen eines gottmenschlichen Auftrags.«[39]
Entscheidend ist bei der aussondernden Berufung und Sendung der »Einbruch von oben (woher die persönlichen Sendungen stammen: Röm 12, 3.6; Eph 4, 10f)«[40]. Neutestamentlich ist es vor allem Paulus, der seinen »Sonderauftrag, den Gott ihm gab,« betont. Dieser

---

[36] Vgl. H 1, 238.

[37] S 1, 234.

[38] Vgl. H 3/2,1: 378.

[39] Ebd.

[40] H 1, 331.

Auftrag Gottes »prägt sich im Berufenen dadurch zum Typos für die Kirche aus, daß dieser dafür die Existenz zur Verfügung stellt.«[41]
Es geht an dieser Stelle weder um den Begriff der menschlichen Person (vgl. oben: zweites Kapitel, I. 4.), noch um die Frage nach Berufung und Sendung durch Gott (vgl. unten: viertes Kapitel, III. 3.). Es soll hier lediglich auf darauf hingewiesen werden, daß Gottes formprägende, herausrufende Sendung einen Menschen so packen und ihm (neue) Gestalt geben kann, daß der Mensch in Geist und Leib zum »Material der Formkraft Gottes«[42] wird.
Das Inkarnationsprinzip und dessen hohe Wertschätzung alles Geschaffenen und Endlichen findet insofern in der Entfaltung der Theologie der Sendung ihre Ergänzung. Das dadurch entstehende paradoxe Zu- und Miteinander von endlichem Menschen und unendlichem Gott sucht v.Balthasar im Bild auszudrücken. Vor allem das Zueinander von Braut und Bräutigam stellt für ihn eine unersetzliche Analogie dar. Im »hochzeitlichen« Zueinander von Gott und Mensch (näherhin Christus und Kirche) ist sowohl die Einheit als auch die Verschiedenheit gewahrt.[43]

V.Balthasars Verständnis der Inkarnation und der darin gründenden Positivität alles Endlichen hat für eine Weiterentwicklung der Ehetheologie grundlegende Bedeutung. Die Ehe ist eine geschichtliche und endliche Größe. Die Gestalt der Ehe, die von zwei endlichen Menschen gebildet wird, umfaßt wesentlich die sinnliche Erfahrung des leibhaftigen Gegenübers, das jeweilige Begrenztsein und Sich-Überschreiten des einen zum anderen. Die Ehe kann in ihrer geschichtlich sich vollziehenden Lebenshingabe als eine - analoge - endliche Ausdrucksform der unendlichen Liebeshingabe Gottes aufgefaßt werden. Die Konkretheit und Endlichkeit der Ehe ist demnach keine Depravation, sondern in sich »positiv« anzusehen.

---

41 S 2, 121.

42 Nach S 2, 118. Vgl. die harte Wortwahl in: Klarstellungen, 128: »Alles geistige Verständnis der 'Räte' leitet sich ab von einem geradezu brutalen wörtlichen, materiellen, sagen wir lieber: inkarnatorischen Verständnis.«

43 J.R. Sachs unterscheidet drei »essential characteristics of the relationship between Christ and the Church«, die er im »image of marriage« ausgedrückt sieht: »difference«, »unity« und »difference of function of the persons in this union«: Spirit and Life, 238, mit Verweis auf J. Fessio, The Origin of the Church in Christ's Kenosis, Regensburg 1974, 261.

II. Die Hochzeitlichkeit von Jesus Christus und Kirche

Für die Bezeichnung der innersten Mitte des christologisch-trinitarischen Mysteriums greift v.Balthasar immer wieder auf das Bild von Brautschaft und Hochzeit zurück. Der Begriff der »Hochzeitlichkeit« hat im theologischen Werk v.Balthasars zentrale Bedeutung. Das hat für das Verständnis der Ehe Folgen.

1. Der Begriff der Hochzeitlichkeit

Der Begriff der Hochzeitlichkeit, den v.Balthasar in eigener Prägung entwickelt[44], kann durch den patristischen Begriff des »Commercium« angenähert werden.[45] Im Rahmen der Christologie kommt v.Balthasar auf das »Admirabile Commercium« zu sprechen, welches er in einen Wesenszusammenhang mit dem Gedanken der Stellvertretung rückt.[46] Das, was der Begriff der Hochzeitlichkeit bezeichnet, steht in der Tradition der Patristik und der Scholastik. Schon die Einigung der göttlichen und der menschlichen Natur in Christus ist als »Vermählung« zu verstehen[47]: Die Kirchenväter sehen das »eigentliche conubi-

---

44 Entsprechende Eigenprägungen, die in verschiedenen Werken v.Balthasars wiederkehren, stehen an zentralen Stellen seines Denkens, so zum Beispiel die Begriffe der »Unterfassung« und der »Hinterlegung«.
R. Gawronski übersetzt »Hochzeitlichkeit« mit »connubiality«, in: R. Gawronski, Word and Silence. Hans Urs von Balthasar and the Spiritual Encounter between East and West, Grand Rapids, Mich. 1995, 112ff.

45 Vgl. M. Herz, SACRUM COMMERCIUM, München 1958, bes. 307-316.

46 Vgl. TD 2/2, 218-225. Im Zusammenhang mit dem früh entfalteten Gedankengang der Kirche als »casta meretrix« bezeichnet v.Balthasar den »wundersamen hochzeitlichen Tauschhandel« der Erlösung in Christus als das »admirabile conubium et commercium« und verweist auf E. Przywara: S 2, 296.

47 Vgl. S 1, 151, wo v.Balthasar sich auf M.J. Scheeben und dessen Hauptwerke »Die Mysterien des Christentums« und »Handbuch der Katholischen Dogmatik« beruft. Siehe dazu auch H 1, 97-110.
Zur Theologie M.J. Scheebens vgl.: E. Paul, Denkweg und Denkform der Theologie von Matthias Joseph Scheeben, München 1970; K.-H. Minz, Pleroma Trinitatis. Die Trinitätstheologie bei Matthias Joseph Scheeben, Frankfurt a.M. 1982; H. Gasper/K.-H. Minz/F.-J. Bode, Matthias Joseph Scheeben als Theologe zwischen Erstem und Zweitem Vatikanischen Konzil, in: N. Trippen (Hg.), Das Kölner Priesterseminar im 19. und 20. Jahrhundert, Siegburg 1988, 221-333.

um zwischen Gott und Mensch« in der Vereinigung der zwei Naturen Christi verwirklicht.[48]
Die »Hochzeitlichkeit« beschreibt das Zentrum, das innerste Mysterium dessen, worum es im Theodrama überhaupt geht. Das Hochzeits- und Fruchtbarkeitsgeheimnis bezeichnet die unbegreifliche Mitte, welche v.Balthasar immer neu anzunähern und zu entfalten sucht. Zumeist verwendet er den Begriff der Hochzeitlichkeit im Zusammenhang mit der Beziehung Jesu Christi und seiner Kirche. Christus, der Bräutigam, steht zur Kirche, seiner Braut, in einem »hochzeitlichen« Verhältnis.[49] Von diesem Zueinander von Christus und Kirche ausgehend, umgreift die Hochzeitlichkeit das Zueinander Gottes zum Menschen insgesamt[50] und erstreckt sich schließlich auf die Trinität Gottes selbst.
»Hochzeitlichkeit« wird also in verschiedenen Zusammenhängen und Bedeutungsnuancen angewendet. Im Folgenden sind diejenigen Aspekte des Gedankens der Hochzeitlichkeit dargestellt, die Auswirkungen auf das Verständnis der Ehe haben.

2. Hochzeitlichkeit des Neuen Bundes

Im letzterschienenen Band der »Herrlichkeit«, in der Theologie des Neuen Bundes, kommt v.Balthasar ausführlich auf die Hochzeitlichkeit zu sprechen.[51] Der Neue Bund stellt gegenüber dem Alten die Vollendung der Hochzeitlichkeit dar. Entscheidend ist dabei der Überstieg von der Ebene der Bilder (Alter Bund) in die Sphäre der Leiblichkeit: Im Neuen Bund bezieht das Geheimnis des hochzeitlichen Zueinanders von Gott und Mensch die Leiblichkeit beider Seiten mit ein. Nur so wird die Hochzeitlichkeit zum Wunder des Ineinandersinkens von göttlicher und menschlicher Liebe.
V.Balthasar schreitet verschiedene neutestamentliche Textstellen zum Thema ab und kommt darin vor allem auf Eph 5 zu sprechen: »Nun erst lassen sich beide Ordnungen, die der Schöpfung (von Gen 2 her) und die der Bundeshochzeitlichkeit (von den Propheten her) in eine

[48] S 2, 171.
[49] Vgl. z.B. S 4, 194, oder TD 3, 183 und ebd. 371.
[50] Vgl. S 2,164 oder TD 3, 265.
[51] H 3/2,2: 440-454. Zum Folgenden vgl. ebd. 443.

neutestamentliche Synthese verbinden: *Eph 5.*«[52] Die Schriftstelle Eph 5,21-33 ist von höchster Bedeutung für das Verständnis des Zueinanders von Christus (als Bräutigam) und der Kirche (als Braut).[53] V.Balthasar verknüpft Gen 2,24 zuinnerst mit Eph 5[54] und entwickelt, von dieser Mitte ausgehend, in verschiedene Richtungen Gedankenstränge. Drei solcher Entwicklungslinien werden im Folgenden aufgegriffen: Das Bild von Christus als dem Neuen Adam, das Verständnis des Hohenliedes und die Menschwerdung im Licht der Hochzeitlichkeit.

Christus, der »Neue Adam«

Für die Bezeichnung von Christus als »zweitem« oder »letztem Adam« bezieht sich v.Balthasar vor allem auf Eph 5 und Gen 2. Er entwirft in Auslegung von Eph 5 das Verhältnis von Christus und Kirche als heilsgeschichtliche Fortführung der Entstehung Evas aus Adam.[55] Im mystischen Leib Christi wird die mystische Braut Christi, die Kirche, als Neue Eva dem Neuen Adam entgegengesetzt. Christus steht als zweiter und letzter Adam in Analogie zum ersten.[56] In ihm vollendet sich leibhaftig (und insofern überschwenglich) das geheimnisvolle Zueinander von Mann und Frau, welches in der Schöpfungserzählung bildhaft beschrieben ist. Die Fülle des Mysteriums eröffnet sich im Zueinander von Christus (als Mann) und der Kirche (als Frau). So wie Eva aus der Seite des schlafenden Adams gebildet wurde, hat die Kirche ihren Ursprung in der Seitenwunde des Gekreuzigten. Die Kirche ist an dieser Stelle die antwortende Frau, auf die der Mann nicht verzichten kann.

---

52 Ebd. 450.

53 Der Epheserbrief verlegt »den Archetyp der Hochzeitlichkeit in das zwischen Himmel und Erde sich ereignende Geheimnis der ehelichen Liebe zwischen Christus und der Kirche«: TD 4, 433. Zur Auslegung von Eph 5 im Hinblick auf das geforderte Verhalten von Mann und Frau in der Ehe vgl. S 5, 130.

54 Vgl. H 3/2,2: 83, Anm. 3.

55 Vgl. S 3, 178-179, an dieser Stelle im Zusammenhang mit der Darstellung und Kritik der Mysterientheologie O. Casels. Zum Folgenden vgl. ebd. 182.

56 Vgl. TD 2/2, 265, worauf der folgende Abschnitt beruht.

Es hat für v.Balthasars Auffassung der Rollen von Mann und Frau weitreichende Konsequenzen, daß der neue, letzte Adam ein Mann sein *muß*.

> »Wie immer der aus dem Vater Stammende bezeichnet werden mag, als Mensch muß er Mann sein, falls es seine Sendung ist, den Ursprung, den Vater, in der Welt zu repräsentieren. Und wie nach dem zweiten Schöpfungsbericht Eva aus Adam gebildet wurde (der sie also potentiell in sich trug), so muß das dem Manne Christus zugestaltete Weibliche aus ihm hervorgehen, als seine 'Fülle' (Eph 1,23).«[57]

Die Analogie des Hervorgangs bzw. der Zugestaltung von Mann und Frau zwischen der Schöpfungserzählung und dem Erlösungs- und Vollendungsgeschehen ist für das Eheverständnis entscheidend. V.Balthasar sieht diese Analogie vor allem in der Leibhaftigkeit des Geschehens als gegeben an.

Hoheslied und Hochzeitlichkeit

V.Balthasar widmet den christlichen Kommentaren des Hohenliedes, die von der Patristik über die Scholastik bis zur Barocktheologie reichen, große Aufmerksamkeit. Im auf Christus und die Braut (als Kirche, Maria und Seele des Christen) ausgelegten biblischen Erosmotiv wird das unterscheidend Christliche auf den Punkt gebracht. »Das glühende Innerste des Christusgeheimnisses ist pure Schönheit, wenn es wahr ist, daß alle Offenbarung, aller Glaube, alles Leiden und Sterben um der Hochzeit des Lammes willen ergeht und geschieht, wo sich geschöpfliche und christliche Wahrheit und Gutheit zu eschatologischer Herrlichkeit verklärt.«[58] Wir befinden uns mit den Kommentaren zum Hohenlied im Herzmysterium aller Theologie, in der Herzmitte des Liebesgeheimnisses.[59]
V.Balthasar zieht in der Deutung des Hohenliedes eine direkte Linie zum vollendeten Liebespaar Christus-Kirche. Das Hohelied in seinem

---

[57] Ebd. 261.

[58] H 3/1,1: 290.

[59] Vgl. S 1, 132. Das Folgende bezieht sich auf ebd. 130-132. Siehe auch: S 2, 17. J. Ratzinger sieht die Zugehörigkeit des Hohenliedes zum biblischen Kanon als ein Faktum an, mit dem »wir im Grunde immer noch nicht fertig geworden« sind: J. Ratzinger, Zur Theologie der Ehe, 101-102.

eindeutig erotischen Gehalt ist also als Weissagung im Hinblick auf die Erfüllung hin zu verstehen. Insofern geht es letztlich um die Liebe des Vaters, die sich in der bräutlichen Liebe zwischen Christus und Kirche geschichtlich inkarniert. Diese trinitarische Liebe wird im Hohenlied besungen.[60]

Das Hohelied wirft einen prophetisch-verheißenden Blick auf die zeitlose Brautschaft Christi und der Kirche. In dieser überzeitlichen Liebe überragt der Eros alles Gattungshafte. Im Hohenlied ist er nicht mit Mühe und Tod verknüpft, sondern steht »unmittelbar auf der Luftlinie zwischen anfänglichem Paradies und eschatologischem Hochzeitsmahl«[61]. Die Achse des Hohenliedes ist die »paradiesisch-eschatologische Höhe des vollreinen Eros«.[62]

Gleichzeitig mit dieser Abhebung der erotischen Bilder von jedem genealogischen Zweck hält v.Balthasar daran fest, daß der Kern des Hohenliedes nicht als schwebende Idee verstanden werden kann, sondern in der geschichtlichen Fleischwerdung der Liebe zwischen Mann und Frau in Christus und Kirche ihren Sinn findet.[63] Diese geschichtliche Gestalt der Liebe Gottes birgt zugleich auch die Geheimnisse des Leidens und der Erniedrigung bis zum Kreuz in sich.[64]

Die Menschwerdung im Licht der Hochzeitlichkeit

Ein Gedanke, der deutlich macht, in welcher Breite und Vielfalt die Hochzeitlichkeit entfaltet wird, aber den v.Balthasar nicht unmittelbar aus Eph 5 ableitet, ist die Menschwerdung in der Perspektive der Hochzeitlichkeit.

Schon in den frühen Aphorismen »Das Weizenkorn« heißt es: »Wenn die Väter den Vorgang der Menschwerdung im Schoße der Jungfrau als eine Hochzeit zwischen göttlicher und menschlicher Natur beschreiben, deren Frucht der Mittler mit den zwei Naturen ist, dann ist

---

60 Vgl. Einführung zu: Gregor von Nyssa, Der versiegelte Quell. Auslegung des Hohenliedes, übertr. u. eingel. v. H.U. v.Balthasar, Einsiedeln ^{3}1984, 24.

61 S 1, 132.

62 Ebd. 110. Dem entspricht, daß v.Balthasar in der Beziehung Maria/Frau zu Christus/Mann den »supra-« oder »unsexuellen« Charakter des Verhältnisses betont.

63 Vgl. H 3/2,1: 125.

64 Vgl. H 1, 647f.

damit gegeben, daß dieser Ehebund zwischen Gott und Mensch auch im Geiste, bewußt und gewollt, geschlossen ist.«[65] Mit der Bezeichnung »Ehebund« für die Hochzeitlichkeit wird v.Balthasar in späteren Schriften deutlich zurückhaltender, der zentrale Gedanke jedoch bleibt bestehen. Wichtig ist an dieser Stelle die Betonung der Freiheit. Die Verbindlichkeit der Beziehung, die im bräutlich-hochzeitlichen Zueinander eingegangen wird, ist »bewußt und gewollt«.

3. Trinitarischer Zeugungsprozeß und Hochzeitlichkeit

Wie schon im schöpfungstheologischen Zugang (zweites Kapitel) kommen wir auch im christologischen Kontext nicht umhin, die Hochzeitlichkeit als in der Trinität Gottes begründet zu erwähnen.[66] Die Gedanken der Hochzeitlichkeit, Liebe, Zeugung und Fruchtbarkeit weisen auf die Trinität hin. Für die trinitarischen Hervorgänge besitzen wir das geschöpfliche Gleichnis der Liebe zwischen Mann und Frau.[67] »Gott ist im innersten Grund grundlose Quelle, die ist, indem sie schenkt. ... Deshalb kann auf dieses ursprungslose Urspringen des Vaters nur durch das Wort Liebe hingewiesen werden.«[68] Diese Liebe, die Gott ist, stellt Grund und Ziel aller Liebe zwischen Gott und Mensch wie zwischen Mensch und Mensch dar. Bis hin zu den erotischen Liebesbildern des Hohenliedes entspringt jegliche Liebe aus dem dreieinigen Gott.[69]

Der Hinweis auf die (trinitarische) Zeugung (und deren menschliche Analogie) bringt uns unserem Thema, dem Verständnis der Ehe, noch einen Schritt näher. Jesus Christus ist als das Wort Gottes ein »Gezeugter«, der Vater ist wesentlich Zeugung (des Sohnes). Innertrinitarisch geht es dabei um den unnahbaren, glühenden Kern des Seins überhaupt.[70] In der Natur des Menschen erwächst aus der Zeugung das Kind. Auch dieses Element menschlicher Liebe ist in aller Gebro-

---

65 A.a.O. 56.

66 Näheres dazu im fünften Kapitel. Die Überschneidungen sind durch v.Balthasars Methode bedingt.

67 Vgl. S 3, 132.

68 Ebd. 95.

69 »Die trinitarische Liebe ist die einzige Letztform aller Zwischen-Gott-menschlichen und aller mitmenschlichen Liebe«: H 3/2,2: 454.

70 Vgl. S 3, 95.

chenheit und Unterschiedenheit ein Hinweis auf Gottes trinitarische Fruchtbarkeit.

4. Maria und die Kirche als Braut Christi

Im vierten Kapitel (»Ekklesiologischer Zugang«) werden wir das Kirchenverständnis v.Balthasars im Hinblick auf das Eheverständnis näher betrachten. An dieser Stelle - im Zusammenhang mit der »Hochzeitlichkeit« - wird deshalb vorab das Thema Kirche nur insoweit angeschnitten, als es um den Gedanken der Hochzeitlichkeit geht.
V.Balthasars Überlegungen um den neuen Adam bzw. die neue Eva und die Bedeutung von Eph 5 kommen in der Gestalt Marias zusammen. Christus, der neue Adam, ist ohne neue Eva undenkbar.[71] Die Kirche als neue Eva bildet für Christus ein Gegenüber, wobei dieses Gegenüber seinen bzw. ihren Ursprung wiederum in Christus selbst hat: es ist - in Auslegung von Eph 5, 26f - die herrliche Braut ohne Makel und Runzel. Die herrliche Braut und neue Eva aber ist Maria. In Maria hat die Kirche ihre eschatologische Reinheit »vorweg« schon erhalten. Insofern weist Maria als eschatologisch (vorweg-)vollendete Kirche im (bräutlich-hochzeitlichen) Gegenüber zu Jesus Christus letztlich auf die Trinität Gottes hin. »Das Urbild Maria ist da, um die Kirche die trinitarische Dimension ihres ehelichen Geheimnisses nie vergessen zu lassen«.[72]
Maria repräsentiert einerseits die ganze Menschheit, andererseits ist sie als Frau (neue Eva) das Gegenüber zum Mann Jesus (neuer Adam) und somit in das überzeitliche Einigungsmysterium der Hochzeitlichkeit hineingenommen. V.Balthasar ordnet die individuell-menschliche Beziehung des Mannes Jesus zur Frau Maria dem *Menschsein* Jesu zu.[73] In dieser Blickrichtung ist Maria als Frau die individuelle Entsprechung zum Mann. Wird Maria jedoch in ihrem Verhältnis zum

---

71 Vgl. S 3, 74. Das Folgende beruht auf ebd.

72 S 2, 170. Im Zusammenhang mit der Gestalt und Person Maria spricht v.Balthasar direkt vom *trinitarischen* Ursprung des *ehelichen* Geheimnisses. In der Konkretion geht er noch einen Schritt weiter: »Gott, in dieser Intimität gekannt und empfangen, kann nur der dreipersönliche Gott sein. Deshalb empfängt Maria den Sohn als Samen des Vaters durch die Verwirklichungstat des Heiligen Geistes von Vater und Sohn.«: Ebd.

73 Vgl. TD 2/2, 265, worauf sich auch das Folgende bezieht.

Gottsein Christi betrachtet, so stellt sie die (weibliche) Repräsentantin der Menschheit insgesamt dar.

Dieser Repräsentation der Menschheit durch Maria entspricht ihr Urbild-der-Kirche-Sein. Die Kirche ist in Maria personifiziert, dementsprechend ist die Bezeichnung der Kirche als Braut (Christi) zentral. »Was alttestamentlich vorwiegend als 'Volk' und als 'Haus' verstanden werden konnte, bedarf nach dem Durchbruch ins Neue einer wesentlichen Korrektur durch die beiden untrennbaren Begriffe Leib(-einheit) und Braut. Nur mit dieser neuen Qualifikation kann über die Scheide der Menschwerdung hinweg das Bild vom 'Volk' und vom 'Haus' analogisch weitergebraucht werden.«[74]

Die Beziehung der Braut-Kirche zum Bräutigam-Christus ist »wesentlich suprasexuell«[75], das betont v.Balthasar immer wieder. Es handelt sich zugleich um ein asexuelles und doch ganz inkarniertes Verhältnis.[76] V.Balthasar wehrt damit einerseits eine syzygische Deutung, die das Göttliche als geschlechtlich geprägt versteht, und andererseits eine gnostische Mißachtung der Leiblichkeit (bzw. Inkarnation) ab. Die »Lösung« der paradoxen Situation besteht in der jungfräulichen Mutterschaft Marias: Maria ist (über)geschlechtlich jungfräulich und doch inkarniert fruchtbar. Maria steht als Braut des fleischgewordenen Wortes über dem »rein-weltlichen« Zueinander von Bräutigam und Braut.[77] Im Wirken Gottes an Maria wird dieses Zueinander von Mann und Frau auf die göttliche Liebe selbst hin geöffnet, wobei sich keine einfache Wiederholung des Geschlechterverhältnisses vollzieht. Das Zueinander von Mann und Frau wird vielmehr in Christus-Maria zwischen Gott und Mensch urbildlich verwirklicht.

---

[74] H 3/2,2: 83-84. In einer Anmerkung zur zitierten Stelle übt v.Balthasar in diesem Punkt tiefgreifende und pauschale Kritik am Konzilstext Lumen Gentium: »Diese Analogie tritt in der Konstitution 'Lumen Gentium' nicht klar genug zutage, sofern die Aussagen 'Leib' und 'Braut' unter die 'Bilder' eingereiht werden, ... während vom 2. Kapitel an ... die Kennzeichnung der Kirche als 'Volk Gottes' nicht mehr als bildliche, sondern als eigentliche Aussage erscheint.«

[75] S 4, 312.

[76] Vgl. H 3/2,1: 24, in diesem Zusammenhang vom Verhältnis »Jhwh-Gatte« und »Israel-Braut« ausgesagt.

[77] Vgl. S 2, 170, worauf der folgende Abschnitt beruht.

Die Beteiligung Marias an der hochzeitlich-herrlichen Beziehung von Gott und Mensch läßt sie auch Anteil nehmen an der äußersten Verlassenheit und Finsternis Jesu Christi am Kreuz. Auch in dieser Hinsicht bündeln sich die Linien in der Gestalt Marias. V.Balthasar spricht von einer »zweiten Empfängnis« Marias: der des Leidens des Sohnes.[78] Maria wird im Leiden und Tod Christi zur »Braut des (erwürgten) Lammes«. Sie ist von daher Braut des eucharistisch sich verströmenden Christus. Diese Hochzeitlichkeit beginnt in äußerster Verlassenheit und Finsternis. Auf diese wortlose Gottverlassenheit des »Wortes Gottes« gehen wir im Folgenden kurz ein.

5. »Hochzeitlichkeit« und Kreuzestod

Vom Kreuz läßt sich sowohl in der theologischen Ästhetik als auch in der Theodramatik nicht absehen.[79] V.Balthasar benennt die Mitte des Mysteriums nicht immer mit »Hochzeitlichkeit«. Insbesondere im Zusammenhang mit dem Kreuzestod Jesu geht er andere Zugangswege, die zunächst scheinbar eine Bezeichnung wie die der Hochzeitlichkeit ausschließen. Die Aussage ist paradox: Das Wort Gottes, Jesus Christus, findet im Nicht-Wort seine Mitte. Das »Unwort« des Kreuzes steht mitten im letztgültig ergangenen Wort Gottes. Das Kreuz gehört mit Menschwerdung und Auferstehung Christi zur letzten Mitte allen Seins. Alle Ereignisse der Geschichte sind ihr konzentrisch zugeordnet.[80] »Die nie ausgedeutete Mitte des Neuen Testaments ist ... das Nicht-Wort des Todes Jesu«.[81] Die Nacht des Kreuzestodes Jesu läßt das »Wort Gottes« verstummen. »In dieser Nacht ist alles wortlos und wird, je tiefer es in den absoluten Tod eintaucht, immer wortloser, das fleischgewordene Wort wird zum tonlosen, in den Abgrund des Todes hinunter immer tiefer verstummenden Wort. Es ist Unwort, weil der Dialog mit dem Vater abbricht«.[82] Der Tod Jesu am Kreuz ist der Tiefpunkt der sich im Sohn inkarnierenden Aus-

---

78 Vgl. TD 3, 334. Das Folgende bezieht sich auf ebd.

79 Vgl. TD 2/1, 26 und 175.

80 Vgl. ebd. 256.

81 H 3/2,2: 94. Vgl. die Kapitelüberschrift »Nichtwort als Mitte des Wortes« in ebd. 69-81. Und vgl. die Formulierung in S 1, 138: »das Wort vom Nichtwort«.

82 S 3, 57-58. Vgl. auch S 1, 89.

sprache Gottes. Der innertrinitarische Austausch, die gegenseitige Hingabe und Annahme von Vater, Sohn und Geist scheint zum Stillstand gekommen zu sein.
Neben dem sprachlosen Nicht-Wort als Bezeichnung der Christusmitte bzw. des trinitarischen Mysteriums entwickelt v.Balthasar noch weitere Motive, die hier nicht ausführlich dargestellt werden sollen. Zum Beispiel bildet das »pro nobis« einen Zentralbegriff.[83] Ebenso zentral ist der Gehorsam Christi.[84] Für unser Thema ist es vor allem von Interesse, in welchem Verhältnis die Hochzeitlichkeit zu diesen Umschreibungen der letzten Mitte steht.
V.Balthasar überbrückt die Spannung, die zwischen dem Gedanken der Hochzeitlichkeit und dem des todesschweigenden Nicht-Wortes besteht, in einem paradoxen Zugleich.

> »Beides ist wahr: die Kirche entsteht aus dem 'Aushauchen' des Geistes in Jesu Tod und aus seiner geöffneten Seite, *und* sie entsteht auch, indem das weibliche Jawort zu allem Gottgewollten zur unerschöpflichen Fruchtbarkeit der neuen Eva wird. Jener Kirche, die Paulus (Eph 5,27) die '*immaculata*' nennt, was sie schließlich auf Erden nur in ihrem Urbild Maria wahrhaft und wörtlich ist. Das Kreuz (zu dem unabtrennbar Ostern und Pfingsten gehören) ist die Vollendung aller Hochzeitlichkeit zwischen Mann und Frau, ja zwischen Himmel und Erde. Diese *Hochzeitlichkeit* bleibt das innerste Geheimnis der Kirche, ein seliges und zugleich schmerzendes, da es seinen Ursprung immer neu an der Aktualität des Kreuzes nimmt.«[85]

Die einzelnen Momente sind nicht nur überbrückt, sondern von innen her verknüpft: Das Kreuz ist Vollendung der Hochzeitlichkeit. Dieser nahezu unerträgliche Gedankengang ist für v.Balthasar deshalb möglich, weil er - seiner Methode der Annäherung an das Mysterium aus unterschiedlicher, bisweilen gegensätzlicher Perspektive folgend - ein schlüssiges System ablehnt.

---

83 Im Zentralbegriff »'pro nobis' liegt der innerste Knoten des Zusammenspiels zwischen Gott und dem Menschen, die Mitte der Theodramatik.« Vom »pro nobis« aus »entfaltet sich nicht nur die ganze Christologie, sondern auch die aus ihr entstehende trinitarische Gotteslehre und ebenso die aus ihr sich abzweigende Lehre von der Kirche«: TD 3, 220.

84 Vgl. z.B. H 3/2,2: 225.

85 Kleine Fibel für verunsicherte Laien, 72.

Auch an dieser Stelle faßt v.Balthasar die unterschiedlichen Linien in der Person Marias zusammen. Die äußerste Verlassenheit Christi im Kreuzestod ist ein Aspekt der Hochzeitlichkeit, an dem auch Maria als Braut-Kirche Anteil hat.

> Der Beginn der Hochzeitlichkeit in beiderseitiger Verlassenheit und Finsternis geschieht »in einem Schweigen, in dem auch Gott der Vater ins Unsichtbare zurücktritt, so wie er als der Schöpfer seiner mit Fruchtbarkeit begabten Geschöpfe schweigend zurücktrat, um durch ihre eigene Sprache, ihre Begabung hindurch zu ihnen zu reden und sie so zur Selbstverdankung zu veranlassen. Dieses Zurücktreten des Vaters vollendet sich - man könnte sagen brutal - in der Kreuzesverlassenheit, in der er dem Sohn mit keinem Wort mehr antwortet, und sein Wort, der Sohn selber, in Todesschweigen versinkt. Dieses Todesschweigen ist der unfeststellbare Augenblick der Zeugung und Geburt des Neuen Menschen - aus dem bis zum geistigen Mitsterben verarmten Schoß der Kirche.«[86]

Das Paradox ist extrem. Im äußersten Schweigen, dem denkbar größten Widerspruch zum Wesen des Sohnes, geschieht das Undenkbare der Neuschöpfung. Christus, der als das »Wort« Gottes den zum innertrinitarischen Wesen gehörenden »sprachlichen« Austausch Gottes zum geschichtlich-menschlichen Ausdruck bringt, dieser Christus versinkt im Todesschweigen. Das Paradox muß bis ans Ende durchgehalten werden.[87] Zeugung und Geburt im Todesschweigen sind die Schattenseite der Hochzeitlichkeit.

6. Die eschatologische Bedeutung der Hochzeitlichkeit

In eschatologischer Perspektive laufen die verschiedensten Fäden zusammen. »So blendet das Neue Testament zum Alten und bis zur Schöpfung zurück (Adam-Eva und Christus-Kirche erhellen sich gegenseitig: Eph 5), ja bis zum Weltplan Gottes 'vor Grundlegung der Welt', der sich am Ende der Zeiten in der Kirche enthüllt und entknotet, ... der aber, obschon grundsätzlich enthüllt, der letzten Zukunft bedarf ('Apokalypse'), um seine vollen Dimensionen zu entfal-

86 TD 3, 334.

87 Vgl. ebd. 335.

ten.«[88] In dieser Perspektive sind alle Grenzen überschritten: die Hochzeitlichkeit ist dem ersten Anfang und dem äußersten Ende zugeordnet.[89] Biblisch steht für den Anfang der Schöpfung und des Menschen der »erste Adam«, das Ende ist mit dem Buch der Offenbarung des Johannes beschrieben. Im Drama der Erlösung und Befreiung des Menschengeschlechts (des ersten Adam) durch den zweiten Adam wird das letztgültige Verhältnis von Mann und Frau deutlich. Christus, der neue Adam, das Hochzeitslamm, gibt sich seiner Kirche, der neuen Eva bzw. Maria, die für die Menschheit steht, hin. Das Mann-Frau-Verhältnis verwirklicht sich geschichtlich ausgespannt zwischen der Paradieserzählung und der apokalyptischen Hochzeit des Lammes.[90] Diese »Hochzeit des Lammes« ist ein apokalyptisches Bild für die eschatologische Bedeutung der Hochzeitlichkeit. Mit der Hochzeit des Lammes bzw. der eschatologisch vollendeten Hochzeitlichkeit beginnt die eigentliche Handlung Gottes und der »Kinder Gottes«, der Anfang des nicht mehr Tod und Vergehen unterworfenen vollendeten Lebens.[91] Das Drama um die Rettung der erschaffenen Welt findet seinen Sinn in der Hochzeitlichkeit: »In Christus vollendet sich die Implikation, und deswegen ist er eins mit der Kirche als seiner Schöpfung, Braut und Leiblichkeit, und in diesem Zwei-Eins erscheint abschließend der Weltsinn unter der Gnade des Vaters: als ewige Hochzeit des Lammes.«[92]
Dieser eschatologischen Hochzeitlichkeit entspricht nicht in erster Linie die Lebensform der Ehe, sondern die der Jungfräulichkeit.[93] Wir gehen im vierten Kapitel genauer darauf ein. Die Hochzeitlichkeit selbst ist aber eine Größe, die alle zeitbedingten, vergänglichen Ordnungen überdauert: Manches an den »Heilveranstaltungen Gottes ist, im tiefsten Sinn, zeit-bedingt und fällt mit dem jenseitigen Erfüllungs-

---

88 TD 2/1, 51-52.

89 Vgl. H 3/2,2: 446.

90 Vgl. TD 2/2, 266. Siehe auch H 1, 421.

91 Vgl. TD 3, 184.

92 S 1, 126. Vgl. TD 2/1, 379-380: »So wird es dem Menschen möglich, das Geschlechtliche als Sonderfunktion im irdischen Dasein zugunsten einer Daseinsform zu übersteigen, in welcher die Agape Gotte und damit die Hochzeitlichkeit (besiegelt im Tod am Kreuz) zum alles einschließenden Gesamtsinn der Existenz wird.«

93 Vgl. H 3/2,2: 453.

zustand weg … aber das, was auf keinen Fall wegfällt, ist die bräutliche Begegnung von Gott und Geschöpf«.[94] Auch wenn v.Balthasar die Ehe zu den geschichtlich bedingten Institutionen zählt, die mit dem Ende der Weltgeschichte hinfällig werden, so überdauert das mit dem Bild der Ehe bezeichnete Liebesverhältnis von Gott und Mensch alle Zeiten. Die Hochzeitlichkeit bringt insofern zum Ausdruck, was an Ehe unvergänglich bleibt.

Ein Aspekt der Hochzeitlichkeit in eschatologischer Perspektive sei schließlich noch benannt, der nicht in unmittelbarem Zusammenhang mit dem Eheverständnis steht, der jedoch für das (Kirchen- und) Sakramentenverständnis v.Balthasars große Bedeutung hat: die Eucharistie. In seinem Jugendwerk[95] »Das Herz der Welt« beschreibt er das Wunder der von Gott erfundenen Eucharistie so: »Er ist in dir und du bist in ihm. Ein Hochzeitsfest zwischen dir und ihm ohne Ende, mit dem verglichen die Einheit von Mann und Weib nur ein kurzer, armer Versuch ist.«[96] Auch im Spätwerk taucht der Gedanke wieder auf. V.Balthasar bezeichnet die eschatologische hochzeitliche Feier als eucharistisch: »Das zwischen Himmel und Erde eucharistisch gefeierte hochzeitliche Geheimnis ist sowohl jetzt wie in Ewigkeit ein Leib-und-Geist-Geheimnis, bei dem die hochzeitliche Einigung sowohl auf der Einigungskraft des für uns hingegebenen Fleisches und Blutes Christi wie auf der Verinnerlichungskraft des Heiligen Geistes beruht.«[97]
Über die Bedeutung im Hinblick auf die Liturgie der Kirche hinaus ist an dieser Stelle für unsere Frage entscheidend, daß für v.Balthasar das hochzeitliche Vermählungsmysterium überzeitlich weiterdauert. In diesem Sinn ist die Eucharistie die Mitte und der Abschluß des Uni-

---

[94] S 2, 165. Vgl. H 1,555: »Es gibt ein letztes Braut- und Bundesverhältnis zwischen Gott und der Welt überhaupt«.

[95] So von v.Balthasar im 1988 veröffentlichten Vorwort zur vierten, erweiterten Auflage bezeichnet. »Das Herz der Welt« erschien erstmals 1945 - Hans Urs v.Balthasar war 40 Jahre alt. Jahrzehnte später blickt er zurück: »Der geistige Gehalt, der sich in diesem jugendlichen Gewand darbieten wollte, hat sich aber im Lauf der Zeit nicht geändert«: Ebd.

[96] A.a.O. 93. Die Umschreibung der Mann-Frau-Analogie mit »kurzer, armer Versuch« ist im Vergleich zu späteren Formulierungen sehr zurückhaltend.

[97] TD 4, 434. TD 4 erschien 1983 - v.Balthasar war 78 Jahre alt. Vgl. auch das Kapitel »Der eucharistische Kult« in: H 1, 549-553 und das Kapitel »Eucharistische Zentrierung« in: TD 1, 105-107.

versums.[98] Die bräutliche Einigung von Himmel und Erde, Gott und Mensch, vollzieht sich - sowohl in der Geschiche als auch in der ewigen Vollendung - an Geist *und* Leib.

III. Analogie der Hochzeitlichkeit

1. Ähnlichkeit und Übertragbarkeit

Der Begriff der Hochzeitlichkeit wird von v.Balthasar in analogem Sinn verwendet. Das heilsgeschichtliche Hochzeitlichkeits-Mysterium steht in einem Verhältnis der Ähnlichkeit und größeren Unähnlichkeit zu Hochzeit, Brautschaft und Ehe des Menschen. Bei aller - jeder Analogie innewohnenden - Unterschiedenheit muß deshalb das zur Hochzeitlichkeit Dargelegte auf Ehe hin übertragbar bleiben. Auch wenn die Unähnlichkeit überwiegt, eine Vergleichbarkeit und Ähnlichkeit muß bestehen bleiben, da sonst die Begriffe (wie »*Hochzeit*lichkeit« und »*bräutliches* Zueinander«) zum Verstehen nichts hergäben.[99]

Im Neuen Bund erfüllt sich das Zueinander von Mann und Frau im Verhältnis von Christus und Kirche leibhaftig. Geist und Leib sind involviert. Dieser entscheidende Überstieg stellt für v.Balthasar *ein*, wenn nicht *das* Spezifikum des Christlichen dar. Es ist dies zugleich das Moment der Übertragbarkeit in der Analogie. Die in der irdischen Geschichte sich vollziehende leibhaftige Liebe von Mann und Frau ist der »Gegenstand« der Ehe. Das leibhaftige Zueinander der Ehepartner macht die Ehe aus.

Wir gehen im Folgenden von diesem Punkt der Ähnlichkeit aus und stellen diejenigen Aussagen v.Balthasars über die heilsgeschichtliche Hochzeitlichkeit dar, die auch auf die menschliche Ehe hin übertragbar sein müssen, wenn es hier wirklich um eine Analogie geht.

---

[98] Vgl. TD 1, 106.

[99] Vgl. TD 4, 434: Die irdische, geschichtliche Wirklichkeit der Bilder von »Mahl« und »Hochzeit« darf in deren eschatologisch-vollendeter Bedeutung »nur insoweit aufgehoben werden, daß der aufgrund der leiblichen Auferstehung Christi ermöglichte Vergleichsgrund dadurch nicht zerstört wird.«

2. Elemente der Analogie

Die *gegenseitige Verwiesenheit* von Mann und Frau ist jenes Moment, das sowohl in der menschlichen Ehe wie in der heilsgeschichtlichen Hochzeitlichkeit von großer Bedeutung ist. Mann und Frau sind aufeinander angewiesen, wie dies in den Schöpfungserzählungen von Gen 1 und 2 begründet und entfaltet wird. Die gegenseitige Ergänzung, die der Hingabe und Liebe bedarf, die jedoch auch auf die eigene Begrenztheit und Unvollkommenheit zurückwirft, kann in einer Ehe nicht fehlen. Im Kontext der Hochzeitlichkeit hebt v.Balthasar hervor, daß die in der Schöpfung grundgelegte Verwiesenheit von Mann und Frau in Christus und Kirche ihre Vollendung erfährt. Die Verwiesenheit von Christus und Kirche ist zwar nicht im selben Maß gegenseitig wie die von Mann und Frau in der Ehe. Von der Radikalität der liebenden Hingabe Christi und der daraus entspringenden eucharistischen Fruchtbarkeit aus können jedoch Rückschlüsse auf die christliche Ehe gezogen werden. V.Balthasar legt diesen Aspekt der Ergänzung und der Fülle vor allem im Hinblick auf die Person Marias dar. Was im analogen Gedankengang des hochzeitlichen Zueinanders von Maria-Kirche und Christus übertragbar ist, muß dementsprechend auf das christliche Eheverständnis angewendet werden.

Ein zweites Element ist das der *Treue* von Mann und Frau. Christus bindet sich bedingungslos und letztgültig an seine Kirche. Er ist das letzte Wort Gottes, das mit der Schöpfung »nur« noch ihrer letzten Vollendung entgegengeht. Die alles entscheidende Tat Gottes ist in Menschwerdung, Kreuzestod und Auferstehung schon geschehen. Die Kirche schließlich stellt sich (in Maria) bedingungslos ganz Gott zur Verfügung. Das Zueinander von Christus und Kirche ist somit unwiderruflich. Diese Treue ohne jede Einschränkung muß auch für die Ehe gelten. Die Bindung von Mann und Frau in der Ehe ist bedingungslos und letztgültig und geht »nur« noch ihrer Vollendung entgegen.

Menschliche Treue beinhaltet auch Treue im *Zeichen des Kreuzes*. Die oben angesprochene Verlassenheit und Finsternis des Kreuzestodes, den Christus erleidet und an dem Maria-Kirche Anteil hat, verlangt eine Treue durch alle Wortlosigkeit hindurch. Auch in der erlittenen Einsamkeit bleibt das Mysterium der Hochzeitlichkeit unzerstört.

Eheliche Liebe bedarf immer der gegenseitigen Vergebungsbereitschaft und Verzeihung.[100] Der Weg des Kreuzes ist für jede christliche Lebensform unumgänglich. Das Kreuz als »Ort« des Scheiterns und der Erlösung ist auch in jede Ehegeschichte eingebunden. Letztlich ist es dabei Gott selbst, der Vergebung und Erlösung schenkt und somit das Fundament der Liebe für christliche Ehe legt und erhält. Die menschliche Ehe, die auf sprachlichen Austausch angewiesen ist, findet dementsprechend in Erfahrungen der dunklen Sprachlosigkeit nicht ihr Ende. Auch Einsamkeit und Kreuzeserfahrung sind Anteile christlicher Ehe.

Schließlich sei an dieser Stelle auf das Moment der geschichtlichen *Dramatik* der Ehe hingewiesen. Die Hochzeitlichkeit vollzieht sich heilsgeschichtlich im Theodrama, in der Geschichte Gottes und der Schöpfung. Gott hat in Christus zwar sein »letztes Wort« gesprochen, die Schöpfung ist erlöst, aber noch nicht vollendet. Ein Charakteristikum der hochzeitlichen Brautschaft von Christus und Kirche ist ihre Geschichtlichkeit. Diese Geschichtlichkeit vollzieht sich »dramatisch«. Die Verbindung von Christus und Kirche entsteht in gegenseitiger Freiheit. Gott bzw. Gottes Wort er-wartet Marias freie Zustimmung und Antwort. Gewalt und Zwang haben in der Hochzeitlichkeit keinen Platz.

Auch dieser Wesensbestandteil der Hochzeitlichkeit, den v.Balthasar entwickelt, ist auf das Eheverständnis anzuwenden. Die Ehe ist keine geschichtslos feststehende Größe, Ehe ist immer dramatische Entwicklung, gegenseitiger Anruf und Antwort, die nur in Freiheit möglich sind. Eine wichtige Rolle spielt dieser Aspekt im Hinblick auf die Frage nach der fortdauernden Sakramentalität der Ehe.

3. Die je größere Unähnlichkeit in der Analogie

Jede Ähnlichkeit ist in analogen Verhältnissen durch eine je größere Unähnlichkeit umfaßt. Diese grundsätzliche Einschränkung der Übertragbarkeit kommt in der Analogie der Hochzeitlichkeit für v.Balthasar in mehrfacher Hinsicht zum Tragen.

Der Lebensbereich des Sexuellen ist hier an erster Stelle zu nennen. Menschliche Ehe umfaßt immer auch das Sexuelle. Die Beziehung

---

[100] Zum folgenden Gedankengang vgl. J. Ratzinger, Zur Theologie der Ehe, 103.

zwischen Christus und Kirche ist jedoch »suprasexuell«, sie kann in keiner Weise als (sexuell vollzogene) »heilige Hochzeit« *hieros gamos*) verstanden werden.[101]

Ebenso unterscheidet die Gebundenheit menschlicher Ehe an Fortpflanzung, Nachkommenschaft und Genealogie diese von der heilsgeschichtlichen Hochzeitlichkeit. Letztere verwirklicht völlig zweckfreie Liebe und ist keinerlei genealogischen Gesetzen unterworfen.

Schließlich besteht ein entscheidender Unterschied der Beziehungen von Mann-Frau und Christus-Kirche in der »Ebene« der Begegnung. Mann und Frau begegnen sich zwischen-menschlich. Die Ehe ist eine Angelegenheit unter Geschöpfen. Christus und Kirche sprengen demgegenüber den Schöpfungsrahmen. In ihnen begegnen sich Gott und Mensch, Himmel und Erde, Schöpfung und Schöpfer bzw. Erlöser.[102]

---

[101] Vgl. S 4, 311-312.

[102] Vgl. TD 4, 433.

Viertes Kapitel

Ekklesiologischer Zugang

Nach den schöpfungstheologischen und christologischen Aspekten geht es in diesem Kapitel um die ekklesiologischen Elemente der Theologie v.Balthasars, die im Hinblick auf das Eheverständnis bedeutsam sind. V.Balthasars Ausführungen zur Ehe als Sakrament und zum Stand der christlichen Ehe sind eingebettet und umgriffen vom Kirchenverständnis. Auch in diesem Zusammenhang verfährt er nach seiner anfangs beschriebenen Methode der kreisenden Denkbewegung, die durch Ergänzung und Verschränkung verschiedener Perspektiven immer zugleich den Blick auf das Ganze nicht verlieren, sondern gerade durch diese Vorgehensweise gewinnen will.

Auch in diesem Kapitel, in dem die christliche Ehe direkt und explizit behandelt wird, läßt sich die Ehetheologie v.Balthasars nicht an einem Punkt bündeln. Wir gehen deshalb ebenfalls in einer Art abschreitender Kreisbewegung vor, indem wir zunächst das Kirchenverständnis umreißen (I.), sodann auf das in der Ekklesiologie verankerte Sakramentenverständnis - und darin auch auf die Ehe als Sakrament - zu sprechen kommen (II.), um schließlich auf den christlichen Stand einzugehen (III.), eine Wirklichkeit, die v.Balthasar vor allem im Hinblick auf die evangelischen Räte entfaltet[1], die jedoch den Stand der christlichen Ehe mitenthält.

Es wird sich zeigen, daß auf diese Weise das Eheverständnis v.Balthasars im Rahmen der Ekklesiologie ein deutlicheres Relief gewinnt. Dabei muß freilich ein größerer Anlauf unternommen werden.

---

1 Vgl. M. Scheuer, Die Evangelischen Räte, 22-153.

I. Das Kirchenverständnis

1. Die innerste Mitte der Kirche

Die Kirche ist ein unauslotbares Mysterium. Was für den Begriff der Hochzeitlichkeit gilt, trifft auch auf die Kirche zu: Ihr Geheimnis ist zutiefst mit dem des trinitarischen Gottes verknüpft und kann deshalb nicht isoliert betrachtet oder gar erschöpfend behandelt werden. Eine »univoke Definition« der Kirche ist unmöglich.[2] Dementsprechend nähert sich v.Balthasar der Mitte der Kirche von verschiedenen Seiten an.

Ein Zugangsweg zum Mysterium Kirche, der in verschiedenen Verästelungen verfolgt wird, ist der Gedanke von der Kirche als Ermöglichung, gewissermaßen als Medium der Vermählung bzw. bräutlichen Begegnung von Gott und Mensch.

> »Die Begegnung, die in ihrer höchsten Intensität den Namen Vermählung verdient, findet statt zwischen dem persönlichen Gott und dem persönlichen Menschen; alles aber, was diese Begegnung zu einer kirchlichen stempelt, ist ihre Ermöglichung, nicht sie selbst. Der Inbegriff dieser Ermöglichungen und 'Heilsveranstaltungen' Gottes ist gewiß das Erhabendste, Geheimnisreichste, menschlich Unerfindbarste, was es gibt, er zielt doch nicht minder auf das konkrete Geschöpf ab und erhält seinen Sinn erst, wo dieses eingeholt und zu Gott heimgebracht ist. Manches an diesen Heilveranstaltungen Gottes ... fällt mit dem jenseitigen Erfüllungsszustand weg: so die amtlich-hierarchische und die einzelsakramentale Kirchenstruktur ..., aber das, was auf keinen Fall wegfällt, ist die bräutliche Begegnung von Gott und Geschöpf, um deretwillen das Gerüst der Strukturen jetzt aufgerichtet und später wieder abgebrochen wird: sie also muß der eigentliche Kern der Kirche sein.«[3]

Die Kirche ist in ihrer innersten Mitte nicht definierbar (im Sinne von festzulegen), weil sie den Bereich des überhaupt Definierbaren übersteigt. Der Blick auf den Kern der Kirche macht dies deutlich.

Die bräutliche Begegnung von Gott und Geschöpf findet Gestalt in Jesus Christus. Mit dem Erscheinen Christi ist die Kirche schon mit-

---

2 Vgl. TD 2/2, 389.

3 S 2, 164-165.

gesetzt, die Kirche entstammt aus dem Wesen Christi selber.[4] Sie ist zuinnerst weder von der Person Jesu, noch von der trinitarischen Liebe zu trennen. Sie ist immer eine personale Wirklichkeit, und die Person, von der her die Kirche gestaltet ist, ist der Sohn. Diese Untrennbarkeit der Kirche von der Person Jesu liegt in der Liebe begründet. Die Kirche lebt »einzig von der Liebe zur Liebe, die sie, den Leib und die Braut der Liebe, herstellt: das ist ihre Konsistenz, ihre Identität durch die Zeiten, ihre Glaubwürdigkeit. Ihre eigene, nie verfügbare Mitte umkreisend wird sie mit der Meditation des Liebesmysteriums nie fertig.«[5] In der Beschreibung des Liebesmysteriums zwischen Gott und Mensch, Christ und Kirche, Gott-in-Gott, findet eine Annäherung an die unbegreifliche »Hochzeitlichkeit« statt. Und auch in der Relation Christus - Kirche gilt der methodische Grundsatz, daß ein Überblick über das Verhältnis zwischen Christus und der Kirche nicht möglich ist.[6] Jedes systematische Begreifen ist ausgeschlossen.
Der Undurchdringlichkeit des Mysteriums Kirche entspricht auch deren Verwurzelung in der Trinität Gottes. Die trinitarische Diastase Vater-Sohn bildet den Rahmen für das innergeschichtliche Drama, in dessen Zentrum die Kirche steht.[7] Kirche ist dem trinitarisch-heilsgeschichtlichem Angelpunkt von Kreuz und Auferstehung zugeordnet bzw. mit ihm unablösbar verwoben. Vom »Standpunkt Gottes« aus gesehen »trifft Gott seine Heilsvorkehrungen für uns und die Geschichte, und deren Mitte ist die Kirche Jesu Christi«.[8] Diese Mitte ist trinitarisch-personal strukturiert. Zu Vater und Sohn tritt der Heilige Geist als das Prinzip der institutionellen Struktur der Kirche, als Ausdruck des personalen Dialogs zwischen Vater und Sohn.[9]
An anderer Stelle wurde auf den Zentralbegriff des »pro nobis«, den Gedanken der Stellvertretung und seine Bedeutung für v.Balthasar

---

4 Vgl. zum Folgenden das Kapitel »Die objektive Evidenz« in: H 1, 413ff.

5 H 3/2,2: 91. Vgl. S 3, 443.

6 Vgl. H 1, 293.

7 Vgl. TD 4, 388.

8 S 5, 148. Vgl. die Fortsetzung des Zitats: »Von ihm aber ist seine Kirche, die sein Leib und seine Braut genannt wird, nicht trennbar«.

9 Vgl. S 4, 36.

hingewiesen.[10] Aus dem »pro nobis« »entfaltet sich nicht nur die ganze Christologie, sondern auch die aus ihr entstehende trinitarische Gotteslehre und ebenso die aus ihr sich abzweigende Lehre von der Kirche.«[11] Auch in dieser Blickrichtung sind Ekklesiologie, Christologie und Trinitätstheologie nahe zueinander- bzw. ineinandergerückt. Die Theo- und Christologie sind konzentrisch auf das Mysterium des pro nobis ausgerichtet, in dem die Kirche ihren Ursprung hat.
So sind die verschiedensten theologischen Traktate im Kirchenverständnis miteinander verzahnt und dadurch die systematische Unbegreiflichkeit des Mysteriums vor Augen führt. Bevor wir im zweiten Abschnitt auf die bildlichen Umschreibungen für die Kirche zu sprechen kommen, seien noch zwei Bereiche angesprochen, die ebenfalls die Vielschichtigkeit der Zugangswege zum Kirchenverständnis verdeutlichen und die im Hinblick auf das Eheverständnis übertragen werden müssen: Das Zueinander von Kirche und Welt und die Spannungen im Wesen der Kirche selbst.

Die wesentliche Verflechtung der Kirche mit der Welt erzeugt in ihr unvermeidliche *Spannungen* - wobei »Welt« in diesem Zusammenhang nicht die gottgewollte Schöpfung, sondern die nicht ohne Schuld und Sünde existierende Menschheit bezeichnet. »Die Kirche ist eine Gemeinschaft von durch die Taufe geheiligten Sündern, deren verbleibende oder wiedererwachende Sündigkeit mit innerer Konsequenz zur Zwietracht führt.«[12] Die Kirche ist notwendig ein spannungsreiches Gebilde, in welchem Zerwürfnisse nicht ausbleiben. Damit dieses Spannungsgefüge nicht zum Auseinanderbrechen führt, bedurfte es eines gestaltsetzenden Ursprungs. In Glauben, Rechtfertigung, Nachfolge und nicht zuletzt den Sakramenten findet die Kirche ihre Gestalt, die den Spannungen standzuhalten vermag.
Die Frage nach dem *Verhältnis von Kirche und Welt* ist immer eingebettet in das Zueinander von Gott und Welt. Die Kirche kann weder in Richtung auf Gott noch zur Welt hin klar abgetrennt und isoliert definiert werden. Sie ist weder etwas Abgeschlossenes neben, noch ein

---

10 Drittes Kapitel, II. 5. Vgl. z.B. TD 1, 60 oder TL 3, 336. Zum Gedanken der Stellvertretung bei v.Balthasar vgl. K-H. Menke, Stellvertretung, 266-310.

11 TD 3, 220. Vgl. S 4, 264.

12 TD 3, 423. Für den folgenden Abschnitt vgl. ebd. 423-424.

Fremdkörper in der Welt, da sie Gottes erlösendes Handeln in der Geschichte ist. Insofern ist die Kirche wesentlich vor-läufig.[13] Dadurch ist sie nie fertig im Sinne von »vollendet«, stets weist sie über sich selbst hinaus. Das Ziel ihrer Existenz ist die Rettung und Heimholung der Welt. Sie steht nicht selbstzwecklich in sich, sondern ihr Zweck richtet sich auf die Welt hin. Sie steht inmitten des theodramatischen Geschehens zwischen Gott und Welt. Die Kirche ist somit »in ihrem innersten Wesen (auch in ihren Sakramenten und organischen Ordnungen) missionarisch auf Welt hingeordnet«.[14]
Sowohl v.Balthasars Verhältnisbestimmung von Kirche und Welt als auch die Spannungen im Wesen der Kirche haben Konsequenzen für eine Theologie der Ehe. Als Sakrament befindet sich die Ehe dann an einer Nahtstelle inmitten spannungserzeugender Kräfte und trägt zur Gesamtgestalt der Kirche bei. Als Stand muß sie in die Hinordnung der Kirche zur Welt miteinbezogen werden. Sie kann deshalb weder als Selbstzweck, noch als in sich vollendet gelten. Vielmehr ist die Ehe dann - wie die Kirche insgesamt - auf die Vollendung der gesamten Schöpfung in Gott hin ausgerichtet zu denken.

Die Frage nach dem Mysterium der Kirche führt also zur Beschäftigung mit einer spannungsreichen Wirklichkeit. Je mehr v.Balthasar sich jedoch gedanklich der innersten Mitte, dem verborgenen Herzgeheimnis der Kirche, annähert, desto mehr fallen die verschiedenen Sichtweisen in eins.[15] Die Betrachtungsweise der Kirche als eine Christus gegenüberstehende, mit Gnadenmitteln ausgestattete Körperschaft erfaßt nur einen Teilaspekt des Ursprungsgeheimnisses, der nicht vom Ganzen zu trennen ist. Es ist nicht durchschaubar, inwieweit die Kirche *in* Christus ist und wieweit sie Christus *gegenüber* steht. Die Kirche ist in ihrer innersten Mitte nichts anderes als Braut vor dem Bräutigam. Selbst die »Liebe der Christen zu diesem Herzgeheimnis« der Kirche ist ein kaum aufzuhellendes Mysterium, da sich diese Liebe zur Kirche nicht selbst analytisch durchdringen und verstehen will.

---

13 Vgl. H 1, 509. Zum folgenden Abschnitt vgl. S 2, 333.

14 TL 3, 236.

15 Zum Folgenden vgl. S 2 37-38.

Wie unmittelbar dieser Kurzabriß der Aspekte mit der oben (drittes Kapitel, II.) beschriebenen Hochzeitlichkeit verknüpft ist, zeigt zum Beispiel folgende Charakterisierung Marias von Bethanien: »Sie stellvertritt in ihrer Rolle [als Kontemplative] die Kirche selbst. Sie aktualisiert in der Welt menschlichen Bewußtseins das innerste Mysterium der Hochzeitlichkeit zwischen Christus und der Kirche, Gott und der Welt, der Gnade und der Natur, Hochzeitlichkeit, die zugleich Geheimnis der mütterlichen Fruchtbarkeit Mariae als des Schoßes der Kirche ist.«[16]

2. Kirche als Volk, Leib und Braut Christi

Im Aufsatz »Wer ist Kirche?«[17] geht es um die Frage, wie Kirche als Subjekt zu verstehen ist. V.Balthasar setzt sich darin auch mit der Ekklesiologie der vergangenen Jahrzehnte auseinander und nimmt vor allem auf die Enzyklika Mystici Corporis und die Ekklesiologie Charles Journets[18] Bezug. Diese Ekklesiologie legt in der bildlichen Beschreibung der Kirche ihr Schwergewicht auf die Kirche als Volk Gottes und Leib Christi. Der Gedanke der Kirche als Braut Christi dagegen, der von der Patristik bis zum Mittelalter besonders in der Exegese einen beispiellosen Einfluß hatte, büßte seine hinreißende Kraft ein. »Das Leibgeheimnis ist kraftvoll wiedererweckt worden; dem Braut-Gleichnis ist ein Ähnliches nicht widerfahren«.[19] V.Balthasar sucht diese »Unterbelichtung« zu überwinden: Er stellt das Bild von der Kirche als Braut Christi in den Mittelpunkt seines Kirchenver-

---

16 Ebd. 38-39.

17 Erstmals veröffentlicht 1961, aufgenommen in die Skizzen zur Theologie 2, Sponsa Verbi, 148-202, die als »Bausteine zu einer künftigen« (systematischen) Ekklesiologie bezeichnet werden, ebd. 7.

18 »L'Eglise du Verbe Incarne«, Paris 1941ff, welche v.Balthasar als »die umfassendste moderne Ekklesiologie unserer Zeit« charakterisiert (162). Vgl. TD 2/2, 317ff, wo Ch. Journet neben L. Bouyer, Y. Congar und H. Mühlen einem ekklesiologischen Ansatz zugeordnet ist, der die Vermittlung »zwischen dem christozentrischem und dem pneumatozentrischen Erklärungsprinzip der Kirche als 'Braut' und 'Gefährtin' Christi« sucht, ebd. Siehe auch: Der antirömische Affekt, 237-238, worin neben Ch. Journet auch F. Ulrich und H. de Lubac genannt sind.
Zu Journet vgl.: L. Méroz, Le cardinal Journet ou la sainte théologie, Bouère 1993; Ph. Chenaux (Hg.), Charles Journet (1891-1975): Un théologien en son siècle, Freiburg/Ue. 1992.

19 A.a.O. 154.

ständnisses und läßt demgegenüber die Umschreibungen der Kirche als Leib Christi und Volk Gottes zurücktreten.
Im Folgenden werden die bildlichen Umschreibungen der Kirche als Volk Gottes, Leib Christi und Braut Christi dargestellt, insofern sie von Bedeutung für das Eheverständnis sind.

Kirche als »Volk Gottes«

Das Verständnis der Kirche als Volk Gottes ist nach v.Balthasar zwar legitim, jedoch ergänzungsbedürftig. Die Rede vom Volk, vom Groß-Ich oder vom Kollektiv ist eine Vorstufe, um zum Kern des Mysteriums der Kirche zu gelangen. Im biblischen Rahmen entspricht »Volk Gottes« der Sphäre des Alten Testaments, welche durch den Neuen Bund vertieft und überboten wird. »Was alttestamentlich vorwiegend als 'Volk' und als 'Haus' verstanden werden konnte, bedarf nach dem Durchbruch ins Neue einer wesentlichen Korrektur durch die beiden untrennbaren Begriffe Leib(-einheit) und Braut. Nur mit dieser neuen Qualifikation kann über die Scheide der Menschwerdung hinweg das Bild vom 'Volk' und vom 'Haus' analogisch weitergebraucht werden.«[20] Das II. Vatikanische Konzil, das in seiner Kirchenkonstitution den Begriff des Volkes Gottes ins Zentrum der Aufmerksamkeit gestellt hat, bleibt für v.Balthasar in diesem Punkt zu unklar. Seiner Meinung nach tritt die Analogie in der Konstitution »Lumen Gentium« nicht deutlich genug zutage. Die Aussagen »Leib« und »Braut« werden als Bilder aufgefaßt, die Kennzeichnung der Kirche als »Volk Gottes« erscheint jedoch (vom zweiten Kapitel der Konstitution an) nicht mehr als bildliche, sondern als eigentliche Aussage. V.Balthasar selbst verwendet das Bild vom Volk Gottes im analogen Sinn nur selten.[21]

---

20 H 3/2,2: 83-84. Zum Folgenden vgl. ebd. Anm. 4.

21 So z.B. H 3/2,2: 509, wobei nicht auf das II. Vatikanum, sondern auf »die Symbolik der Wüstenwanderungen in den Exodushomilien von Origenes« verwiesen wird. In TD 2/2, wo es um die im Theodrama handelnden »Personen« geht, kommt im Kapitel »Kirche aus Juden und Heiden« (331-410) der Gedanke des Volkes Gottes ausführlich zur Sprache. Zur Auseinandersetzung v.Balthasars mit dem Kirchenbild des II. Vatikanischen Konzils vgl. den Aufsatz »Das Konzil des Heiligen Geistes«, in: S 3, 218-236, in dem er das Sein der Kirche »primär und unmittelbar« als Sendung charakterisiert (219). Den Leitgedanken der Sendung wird auch in der Gegenüberstellung verschiedener ekklesiologischer Ansätze in TD 2/2, 321 betont: »Nach unserem Entwurf wird dagegen [gegen H. Mühlens Ansatz] mit jeder Gnade auch eine Sendung verliehen...; diese Sendung

Kirche als »Leib Christi«

Das Bild der Kirche als Leib Christi findet bei v.Balthasar sehr viel öfter Verwendung als das vom Volk Gottes. Es ist dem Gedanken der Kirche als Braut Christi zugeordnet und dem Volk-Gottes-Gedanken gegenübergestellt.[22]
Schon im 1949 erschienen Aufsatz »Die Schrift als Gottes Wort« wird auf die Kirche als Leib Christi hingewiesen.

> »Man kann in mehrfacher Hinsicht vom Leib Christi sprechen. Die Grund- und Ausgangsform seines 'Leibes' ist der historische Leib, den er aus Maria angenommen, in dem er auf Erden gelebt und mit dem er in den Himmel aufgefahren ist. Die End- und Zielform seiner Verleiblichung ist der mystische (aber deswegen nicht weniger reale) Leib, die Kirche, die Angliederung der Menschheit an den historischen Leib und durch ihn ihre Eingliederung in den Geist Christi und Gottes. Um aber evident werden zu lassen, daß der historische und mystische Leib nicht zwei disparate Dinge, sondern strenge Einheit sind, gibt es zwei Mittelsformen der Leiblichkeit, die den Übergang von der ersten zur zweiten Leibgestalt herstellen: Die Eucharistie und die Schrift.«[23]

Im pneumatologischen Kontext der späten Theologik 3 (1987) scheinen die beiden Bilder nahezu austauschbar zu sein. Es macht für die Einigung des verklärten Christus mit der Kirche keinen Unterschied, ob sie als »Leib« oder als »Braut« bezeichnet wird.[24]
Auch im Zusammenhang des Gedankens der Kirche als Leib Christi sind mehrere Momente miteinander verknüpft.[25] Die von den frühen Schriften bis zum Spätwerk immer wieder auftauchenden Linien werden jedoch nicht systematisch ausgezogen. Das Bild vom Leib Christi erhält im Gesamtwerk keine zentrale Funktion. Das Augenmerk gilt der Kirche als »Braut Christi«.

---

ist sowohl qualitativ-personalisierend wie sozialisierend. Beantwortete und ausgeführte Sendung entprivatisiert das Ich, dessen gnadenhaft-fruchtbarer Wirkungsradius sich in dem Gesamten 'mystischen Leib' Christi hinein ausdehnt.«

22 Vgl. S 1, 321.

23 In: S 1, 11-27, hier: 15.

24 Vgl. a.a.O. 279.

25 So ist z.B. im Gedanken der Kirche als Leib Christi »das Hochzeitliche« hintergründig mitenthalten. Vgl. H 3/2,2: 447.

Kirche als »Braut Christi«

Der Gedanke der Hochzeitlichkeit prägt und bestimmt zutiefst das Kirchenverständnis. Wenn v.Balthasar auf die Kirche zu sprechen kommt, so apostrophiert er diese in den meisten Fällen mit dem Bildwort »Braut«. Wir befinden uns also mit der Beschreibung der Kirche als Braut Christi im Zentrum der Ekklesiologie. Der im zweiten Kapitel dargelegte schöpfungstheologische Zugang mündet hier in das Kirchenverständnis.

> »Während die alttestamentliche Bezeichnung Israels als Braut vor allem ein ethisch-juristisches Bild blieb, bedingt durch das personale Gegenüber und die zugesagte bzw. erwartete Treue des Bundeskontrahenten, wird diese Bezeichnung neutestamentlich durch die Fleischwerdung des Wortes von Grund auf verändert: Sofern Brautsein jetzt ganz im Ein-Fleisch-Sein (von ihm her und zu ihm hin) begründet erscheint, hat die Bräutlichkeit des die Offenbarung empfangenden Subjekts notwendig eine der Inkarnation des Wortes Gottes analoge Inkarnation vollziehen müssen.«[26]

Das Braut-sein der Kirche hat gegenüber der Bildbezeichnung Israels als Braut eine durch die Inkarnation bewirkte, neue, vom Menschen her nie erreichbare Qualität. Im Verständnis der Kirche als Braut Christi ist das theodramatische Mysterium selbst angezeigt.

Die Bräutlichkeit der Kirche ist aber nicht nur eine abstrakte und formale Bestimmung, sondern sie ist verwirklicht in ihrem personalen, geschichtlichen Zentrum, in Maria. »Gerade die 'Mutter Jesu', die unter dem Kreuz steht, wird, indem sie dem Jünger zugewiesen wird, zum Urbild und damit zum personalen Zentrum der Kirche als 'Braut' gemacht«.[27] Diese personale Bräutlichkeit der Kirche kommt für v.Balthasar im derzeitigen Kirchenverständnis zu kurz. Es gilt, sie wiederzuentdecken und in die gesamte Theologie hinein zu entfalten. Um dabei der Gefahr eines triumphalistischen Verständnisses der Kirche zu wehren, muß sowohl auf die eschatologische Begrenzung der Kirche als auch auf deren Sündhaftigkeit hingewiesen werden.

Die Kirche ist einerseits keine in sich abgeschlossene, sich selbst genügende Größe, die keiner Veränderung unterliegt. »Um den Kern

---

[26] H 3/2,2: 84.

[27] TL 3, 261, im Zusammenhang mit Joh 19,25-27.

der 'Braut ohne Runzel und Makel' legt sich Schicht um Schicht das Gebilde, das als das Subjekt des Offenbarungsanfangs zu gelten hat, das sich einerseits statisch als 'die Kirche Christi' beschreiben lassen muß, dies aber andererseits nur sein kann in einem dynamischen Übergang zwischen dem Volkstum des alten Israel und der Gesamtmenschheit (und darin des Kosmos), die mit der Anrede Gottes in Jesus Christus natürlich zuletzt gemeint ist.«[28] Die Kirche ist unterwegs, sie ist über sich hinaus ausgerichtet auf die Vollendung der Schöpfung im trinitarischen Gott.

Andererseits ist nicht zu übersehen, daß die Kirche unter den Folgen der menschlichen Sünde zu leiden hat. Trotz ihrer Makellosigkeit, Heiligkeit und Unfehlbarkeit besteht die Kirche aus Menschen und Sündern. Durch die beiden Pole der unfehlbar reinen Kirchenmitte einerseits und den fehlbaren Menschen andererseits entsteht die Dialektik kirchlicher Existenz.[29]

Schließlich gilt auch für die Kirche als Braut Christi der Grundsatz der Unüberschaubarkeit und Unbegreiflichkeit des Mysteriums. Die Kirche bleibt, insofern sie Braut Christi ist, im bräutlichen Geheimnis verhüllt. Der Kern des Mysteriums, auf den »Braut« wie »Leib« wie »Volk« nur hinweisen, ist immer derselbe.[30] Deshalb bedarf es einer Zusammenschau von verschiedenen Zugangswegen. Das zentrale Geheimnis kann nur durch gegenläufige Aussagen angenähert werden, deren Linien sich unerreichbar im Unendlichen treffen.[31]

Braut und Institution

V.Balthasar führt das Institutionelle in der Kirche auf die Offenbarungsgestalt selbst zurück.[32] Gottes Heilshandeln findet in der Gestalt Jesu Christi ihre geschichtliche Konkretion. Die Liebesabsicht Gottes mit seiner Schöpfung drückt sich gestalthaft aus. Diese gestalthafte Verwirklichung der Liebe Gottes trägt institutionelle Züge. Sie ist als

---

28 H 3/2,2: 85

29 Vgl. S 2, 251; ebd. 208; H 1, 510; ebd. 544.

30 Vgl. S 2, 22.

31 Vgl. TL 2, 148.

32 Zur Bedeutung des Institutionellen in der Ekklesiologie v.Balthasars insgesamt siehe: M. Kehl, Kirche als Institution, Frankfurt a.M. ²1978, 239-311.

»Form und Leib des Lebens der unendlichen Liebe Gottes«[33] immer auch schon »Institution«. Kirche als Institution ist demnach eine geistig-geistliche Wirklichkeit und letztlich objektivierte Personalität. Das Verständnis der Kirche als Braut Christi bleibt deshalb nicht geschichts- und wirkungslos, es wird vielmehr mit dem Gedanken des Fruchtbringens verbunden. Die »weibliche Fruchtbarkeit der Kirche«[34] kommt in ihrem Braut-Sein zum Ausdruck und ist Bestandteil des Theodramas. Die Stiftung der kirchlichen Institution ist die Antwort auf die Frage, wie die »Braut-Mutter-Kirche« zu solcher Fruchtbarkeit befähigt werden kann. Institution ist nach v.Balthasar kein Gegensatz zum dramatischen Prozeß der Heilsgeschichte, sie ist vielmehr die Ermöglichung der geschichtlichen Aktualität dessen, was mit Hochzeitlichkeit beschrieben wurde. Institution verbürgt die immerwährende Gegenwart Christi (des Bräutigams) in der Kirche (der Braut).

> »Ist doch die 'Braut' selber eine Elongatur und ein Produkt der Lebendigkeit Christi, und ihre Befruchtung durch die 'Institution' ist nur eine Bürgschaft für die bleibende Lebensvermittlung von ihm her. ... Hat das Entspringen der 'Braut' aus dem Bräutigam das supralapsarische Entspringen Evas aus Adam zum Vor-Bild, so die Befruchtung der 'Braut' durch den Bräutigam das infralapsarische Geschlechterverhältnis. Beide Verhältnisse haben einen sinnbildlich vorausdeutenden Anteil an der hier geltenden Beziehung, was an der sowohl ereignishaften wie sakramental-institutionellen Hingabe des eucharistischen Leibes Christi an die Braut Kirche (die zugleich aus diesem Leib entsteht) ohne weiteres erkannt werden kann.«[35]

Die Hingabe Christi an seine Braut-Kirche geschieht sakramental-institutionell. Das Institutionelle steht im Verständnis v.Balthasars in keinerlei Gegensatz zur personalen Hingabe, die sich geschichtlich, lebendig ereignet. Die Aspekte der Institutionalität und der Personalität werden von innen her gegenseitig verschränkt: Die Kirche als Braut ist ohne institutionelle, geschichtlich-konkrete Struktur nicht denkbar, und umgekehrt beinhaltet die Kirche als Institution immer schon deren

---

33 Ebd. 240.

34 TD 4, 430. Vgl. zum folgenden Abschnitt TD 2/2, 325.

35 Ebd. 325-326. Zum Begriff der Kirche als »Elongatur« Christi vgl. H 1, 245-246; S 4, 351.

bräutliche Beziehung zu Jesus Christus. Die Ehe bzw. das »infralapsarische Geschlechterverhältnis« ist dabei auf der Bildebene für v.Balthasar eine unverzichtbare Beschreibung für die Annäherung an die innerste Mitte der Kirche.
Auf das Eheverständnis übertragen hat v.Balthasars Institutionsbegriff zur Folge, daß die personale, fruchtbare Beziehung von Mann und Frau christlich nicht ohne »Institution« gedacht werden kann. Ehe kann dann deshalb nicht ohne ihre Institutionalität begriffen werden, weil sie geschichtlicher Vollzug personaler Hingabe ist. Für diese Verwendung des Institutionsbegriffs ist es unumgänglich, kurz deren trinitarische bzw. pneumatologische Begründung anzusprechen.

3. Die untrennbaren Momente »subjektiv« und »objektiv«

Der Begriff des Institutionellen ist für v.Balthasars Kirchenverständnis zentral. Er läßt sich in seiner Bedeutung im Hinblick auf die Ehe vor allem im Verhältnis von »subjektiv« und »objektiv« deutlich machen. Es geht dabei im Folgenden nicht darum, die Begriffe des Subjektiven und des Objektiven im philosophischen Sinn (insbesondere bei Hegel) darzustellen oder v.Balthasars spezifische Verwendung der Begriffe mit der Bedeutung bei Hegel zu vergleichen.[36] Es geht vielmehr um das Moment des Institutionellen im Handeln Gottes, in der Kirche und dann auch im Eheverständnis: Die Ehe ist eine (objektive) Institution, die (subjektiv) von Mann und Frau geschlossen und gelebt wird. Weder die objektiven noch die subjektiven Elemente ergeben für sich allein eine Ehe. Wir gehen an dieser Stelle auf v.Balthasars Sicht der subjektiven und objektiven Aspekte in der Ekklesiologie ausführlicher ein, weil sich von hier aus wichtige Verbindungslinien zum Eheverständnis ergeben.

---

[36] Im Zusammenhang mit der Pneumatologie erwähnt v.Balthasar Hegel und dessen »philosophische Unterscheidung von subjektivem und objektivem Geist« ausdrücklich - um sich von ihm zu distanzieren: TL 3, 282. Vgl. zum Begriff »Subjekt « und »Objekt« im Zusammenhang mit der Frage nach der (wahren) Erkenntnis: TL 1, 57-78, und die Unterscheidung von »subjektiver« und »objektiver Endenz« in H 1. Zur Auseinandersetzung mit Hegel vgl.: H 3/1,2: 904-921, TD 1: 50-64, TL 2: 42-45 und K.J. Wallner, Gott als Eschaton, Heiligenkreuz 1992.

Objektivität und Subjektivität des Heiligen Geistes

Der letzte Grund für alles Institutionelle der Kirche ist die institutionelle Dimension des Heiligen Geistes selbst. Der Geist ist »subjektiv« und »objektiv« zugleich. In der Pneumatologie (TL 3: Der Geist der Wahrheit) ist dargelegt, was »Geist subjektiv und objektiv« (282ff) bedeutet. Es geht dabei um den pneumatologischen Ursprung der Spannung zwischen objektiv-institutionellem und subjektiv-existentiellem Moment in der Kirche, die »Diastase« von objektiver und subjektiver Struktur. Wobei - gemäß dem auch an dieser Stelle geltenden methodischen Grundsatz - eine völlige Trennung zwischen objektivem und subjektivem Wirken des Heiligen Geistes in der Kirche nicht möglich ist. »Objektiv und Subjektiv« sind in der Pneumatologie nicht getrennte Sphären, sondern der Doppelaspekt der einen und untrennbaren Personenhaftigkeit des Heiligen Geistes.

An dieser Stelle sind Pneumatologie und Christologie verschränkt. Die Objektivität des Geistes wird als eine Form der Liebe Gottes verstanden, wie sie sich im Heilsdrama Gottes mit der Welt zeigt. Angesichts der Sünde des Menschen und seines Sich-Verschließens Gott gegenüber erscheint Gottes Liebe in objektiver Weise und vermittelt sich durch institutionelle Strukturen. Was dem glaubend-liebenden Menschen als Gottes Liebeswille gegenübertritt, kann vom sündig- sich verschließenden Menschen als objektive Entfremdung erfahren werden.[37] Im Kreuz Christi tritt diese Entfremdung geballt zu Tage. In der Form des äußersten Gehorsams gibt sich der Sohn ganz dem Vater hin und verzichtet auf jede subjektive Selbstverherrlichung. Die Liebe des Vaters nimmt aufgrund der Sünde des Menschen im Kreuz eine objektive Gestalt an, in die hinein sich der Sohn »entäußert«. Alles kirchlich Institutionelle partizipiert an dieser Form des Kreuzesgehorsams.[38] »Institution« im theologischen Sinn ist eine »Metamorphose der Liebe dort, wo absolute in ökonomische Trinität übergeht«.[39]

Geist »objektiv« bezeichnet demnach einen personalen Ausdruck subjektiver Hingabe. Der Heilige Geist ist - als das innertrinitarisch »gestaltende« Moment in Person - der letzte Grund alles geschichtlich

---

37 Vgl. M. Kehl, Kirche als Institution, 303 und 305.

38 Vgl. ebd. 274.

39 S 4, 226. M. Kehl bezieht sich in seinen Darlegungen immer wieder auf den Aufsatz »Pneuma und Institution«.

Gestalthaften. Deshalb bemerkt zurecht Kehl: »Damit ist zugleich impliziert, daß letztlich auch alles kirchlich Institutionelle (als eine besondere Modifikation der christlichen Gestalt) auf ihn zurückzuführen ist.«[40]

Das Beispiel der Ehe

Am Beispiel der Ehe macht v.Balthasar deutlich, wie zwei Subjekte (die Ehepartner) durch eine objektive, sie überragende Institution (deren Ehe) zu ihrer eigentlichen Subjektivität finden.[41] Der Ehebund oder der »Geist« der Ehe, die die beiden Ehepartner in ihrer subjektiven Freiheit bilden, stellt sich als ein »Drittes« dar, als eine objektive Einheit, als »Geist des Liebesbundes«, der mehr ist, als die Summe der beiden Subjektivitäten.[42] Die Form des beiderseitigen Gelöbnisses umgreift die Partner und wird maßgebend, indem sie der Willkür der Ehepartner entzogen ist.

Das vollkommene Ideal dieser gegenseitigen, endgültigen und bedingungslosen Hingabe ist das »Modell Christi und seines Geistes: es steht ideal über dem versagenden menschlichen Geist, und wohnt diesem real ein im Mysterium der Eucharistie ... und der Pneuma-Verleihung«.[43] Diese Idealität setzt v.Balthasar angesichts der Sündhaftigkeit des Menschen nicht mit der Realität in eins, den Ehepartnern wird jedoch das ideale und reale Modell der Liebe Christi zu seiner Kirche als Leitbild vorangestellt und - durch Eucharistie und Ausgießung des Geistes - in sie selbst »eingesenkt«.

Im Mittelpunkt der ehelichen Begegnung von Mann und Frau steht somit deren gegenseitige Enteignung und Selbstübergabe. Eine Ehe, in der eine solche gegenseitige Enteignung verwirklicht wird und dementsprechend das Objektive des Liebesbundes als Produkt der gegenseitigen personalen Hingabe erscheint, stellt allerdings »beinah den Grenz-

---

40 M. Kehl, Kirche als Institution, 279. An objektiven Konkretionen des Heiligen Geistes behandelt v.Balthasar in TL 3, 294-339: Tradition-Schrift-Amt, Verkündigung und Liturgie, Sakramente, Kirchenrecht, Theologie, wobei im Abschnitt »Sakramente« auch auf die Ehe eingegangen wird: ebd. 317-318.

41 Vgl. dazu: M. Kehl, Kirche als Institution, 264-265 und 275-276.

42 S 4, 210-211.

43 Ebd. 216. Zum Folgenden vgl. ebd.

fall«[44] dar. Dieser Grenzfall ehelicher, personaler Indienstnahme von Mann und Frau ist für v.Balthasar eine wichtige menschliche Analogie für die Subjektivität und Objektivität des Heiligen Geistes: »Als Frucht ist der Geist ... ebensowohl das Zutagetreten der innersten 'Subjektivität' der Begegnung von Vater und Sohn wie deren 'Objektivität', an der die einander restlos Hingegebenen ein Maß ihrer Liebe erhalten, das, weil es ein ewiges Übermaß ist, je neu zum Ansporn ihrer Hingabe wird.«[45]

Diese Hinweise auf die pneumatologische Herleitung des Institutionellen lassen im Rahmen der Ekklesiologie v.Balthasars Verständnis des Institutionellen und des Subjektiven und Objektiven in der Kirche deutlich werden.

Subjektive und objektive Heiligkeit der Kirche

Existentielle, subjektive Heiligkeit und institutionelle, objektive Heiligkeit bedingen sich gegenseitig. Der Grundsatz gilt sowohl für die Kirche und das Leben des Christen allgemein, als auch für die konkrete Berufung Einzelner. Quelle der subjektiven wie objektiven Heiligkeit ist die trinitarische Liebe.[46] Die Liebe Gottes kommt in der vollendenden Fülle des Heiligen Geistes sowohl objektiv als auch subjektiv zum Ausdruck. Diese innergöttliche eine Liebe erscheint dem Menschen paradox. Sie offenbart sich sowohl in Form von objektiver Kirche und Schrift, als auch in der Freiheit von Subjekten. D.h. sowohl in der Gestalt fester Institutionen, wie in den unberechenbaren Charismen. Und beides sind Offenbarungsgestalten der in Gott untrennbar einen Liebe.

Für den glaubenden Menschen bedeutet dies, daß es im subjektiven Vollzug des christlichen Grundaktes darum geht, über sich durch Gott objektiv verfügen zu lassen. Die (subjektive) Antwort des Menschen gegenüber der objektiven Offenbarungsgestalt muß sich in die konkrete Kirchenstruktur einfügen lassen. Dabei wird die Subjektivität des

---

[44] Ebd. 211. Deshalb muß es ein Eherecht geben, welches das Gemeinwohl zum Anliegen hat, dem aber das Objektive und Inspirierende zwischen zwei einander *völlig* Hingegebenen nicht mehr zugänglich ist: Vgl. ebd.

[45] Ebd. 225. Auf den Punkt der personalen, leibhaftigen Hingabe gehen wir im Abschnitt »Die Ehe als Sakrament« näher ein.

[46] Dem folgenden Abschnitt liegt zugrunde: S 3, 102-103.

Menschen nicht aufgehoben, sondern zu ihrer eigentlichen Gestalt gebracht. Kehl faßt zusammen: »Nur insofern das glaubende Subjekt sich 'objektivieren' läßt in die objektive, d.h. ihm grundsätzlich vorgegebene und überlegene Form des kirchlichen Glaubens, Hoffens und Liebens hinein, kommt es zu sich selbst.«[47]
Dem Subjektiven und dem Objektiven entspricht der charismatische und der institutionelle Pol der Kirche, Konvergenzpunkt beider ist der Heilige Geist. Nur im Heiligen Geist bzw. im trinitarischen Kontext läßt sich diese Einheit von Institution und Charisma in der Ekklesiologie einsichtig machen.

> Die »Zweieinheit des Werkes des Geistes in der Struktur der Kirche« erweist sich als vielfältig, »weil ihr subjektiver und objektiver Aspekt sowohl von Christus wie vom Heiligen Geist her zu verstehen ist. Von Christus her muß die Kirche als sein 'Leib' und 'seine Braut' einen ebenso körperhaft-sichtbaren wie geisthaft-unsichtbaren Aspekt besitzen; eine rein subjektiv-geisthafte Kirche könnte auf keinen Fall die durch die Geschichte waltende Repräsentation seiner bleibenden Gegenwart sein. Was immer an Objektivem sie vorzeigen wird, nicht allein Schrift und Sakramente, sondern durchaus auch Amt, Tradition, Recht, leiten sich unmittelbar aus der Fleischgestalt des Wortes her, sofern das irdische Leben Jesu Maßstab bleibt für seine ihm auf Erden nachfolgende Kirche. Indes: wenn Jesus nachweislich die Fundamente für all diese objektiv-sichtbaren Aspekte der Kirchengemeinschaft gelegt hat, ihren Ausbau hat er dem Heiligen Geist überlassen, so daß auch dessen eigene Doppelgestalt sich im gleichen Organismus der Kirche ausprägen wird. Hier erweist sich erneut, daß der Geist schon in seinem innergöttlichen Entspringen seine Doppelgestalt als Liebe hat: nicht nur als der Liebesakt zwischen Vater und Sohn, sondern ebenso als dessen höchste Frucht. Man muß deshalb in allem, was er an der Kirche als objektive Institution aufbaut, genauso das Werk und den Ausdruck der göttlichen heiligen Liebe erkennen wie in der durch die Institutionen ermöglichten subjektiven Heiligkeit. Zwischen Pneuma und Institution besteht nur für den unvollkommenen menschlichen Blick eine Spannung, aus der Perspektive des Geistes sind sie ebenso zusammengehörig, ja eins, wie er selber innergöttlich als Akt und Frucht, als Ereignis und Ergebnis, als der durch seine Herkunft Bedingte und in seiner Freiheit Unbedingte einer ist.«[48]

---

[47] M. Kehl, Kirche als Institution, 261.

[48] TL 3, 226-227. V.Balthasar verweist in einer Anmerkung zum Text auf seine Abhandlung »Pneuma und Institution« und auf M. Kehl, Kirche als Instituion,

Kirche als Leib und Braut Christi muß sowohl »subjektiv« als auch »objektiv« sein, weil sie aus der trinitarischen Liebe entspringt. Was sich für den Menschen als zwei in Spannung und scheinbarem Gegensatz stehende Pole der Wirklichkeit darstellt, ist in der (trinitarischen) Perspektive Gottes überhaupt nicht voneinander zu trennen. Kirche ist leibhaft-objektiv *und* geisthaft-subjektiv. Institution *und* Pneuma verbinden sich in der Kirche zu einer spezifischen Einheit, die sich aus der trinitarischen Einheit Gottes herleitet.
Auch wenn es zunächst Gott, der Heilige Geist ist, der »wahrhaft Heilige« heranbildet, und auch wenn die Menschen der objektiven kirchlichen Heiligkeit bedürfen, um sich der Sache Jesu Christi und damit dem dreieinigen Gott übergeben zu können, so erfordert diese objektive Heiligung immer eine existentielle Entsprechung. »Ein bloßes *opus operatum* ohne *opus operantis* bleibt ein (auf Grund der Sünde als notwendig sich erweisender) Grenzbegriff, aber zugleich, vom Erlösungsplan Gottes her, ein Nicht-sein-Sollendes, ein Unding«.[49]

Was in der späten Pneumatologie (1987) breit entfaltet wird, war schon früh (1948) in »Der Laie und der Ordensstand«[50] angesprochen: In einem kurzen geschichtlichen Abriß zur Entwicklung der Evangelischen Räte und deren Beziehung zum Priestertum kommen Amt und Charisma, objektive und subjektive Vollkommenheit zur Sprache:

> Bereits in der Urkirche bestand »eine fruchtbare Spannung zwischen Amts- und charismatisch Beauftragten, zwischen eingesetzten 'Lehrern' und vom Heiligen Geist gesendeten 'Propheten', deren Sendung wohl einer offiziellen Prüfung und Unterscheidung der Geister standhalten muß, aber deswegen doch nicht selbst eine hierarchisch-amtliche ist. Auf Aposteln und Propheten, auf Amt und Charisma ist ja bereits bei Paulus die Kirche gegründet (Eph 2,20; 3,5; 4,11). So besteht von Anfang an eine Verschiedenheit zwischen Trägern des hierarchischen Amtes mit seiner objektiven Vollkommenheit in Lehre und Sakramentenspendung, und Trägern persönlicher Charismen und Berufungen zur subjektiven Vollkommenheit in der restlosen Nachfolge«.[51]

239-311.

49 TL 3, 285.

50 Zitiert nach der Neuauflage »Der Laie und der Rätestand«, in: Gottbereites Leben, 33-107.

51 A.a.O. 25.

Die Verschiedenheit (und Zusammengehörigkeit) von objektiver und subjektiver Vollkommenheit, von Amt und Charisma im Zusammenhang mit dem Rätestand entspricht für v.Balthasar dem Zueinander von subjektiver und objektiver Heiligkeit der Kirche.

Veranschaulichungen

An zwei Beispielen soll im Folgenden die Verflochtenheit des Subjektiven und Objektiven bei v.Balthasar veranschaulicht werden. Das erste ist seine Deutung der *Beichtszene* in Dantes »Göttlicher Komödie«, für die das spezifische Verhältnis von »subjektiv« und »objektiv« den hermeneutischen Hintergrund bildet.

> »Nichts in der Komödie kommt der Wucht dieser Szene gleich: hier ist die Mitte. Hier ist der Eros über seine Subjektivität hinausgewachsen in die objektive Form des Sakraments, hier ist umgekehrt die sakramentale kirchliche Form enthüllt und gerechtfertigt und glaubhaft gemacht als Liebe. Das ist modernste Ekklesiologie. Aus der Mitte der Kirche bricht die persönlichste Liebe aus, aber diese duldet keine Subjektivität, die nicht von der Subjektivität Gottes selbst durchklärt, gerichtet, überwunden und geborgen wäre«.[52]

Die Subjektivität des Eros wird mit der Objektivität des Sakraments bzw. der kirchlichen Form konfrontiert. Die ideal-typische, eschatologische Beichte erscheint als Gericht. Dieses Gericht ist ein schmerzhafter Prozeß, in dem die Aspekte des Subjektiven und Objektiven auseinandergerissen scheinen und sich gegenüberstehen. Die objektiv-kirchliche Seite erscheint erbarmungslos, unerbitterlich.
Es kommt in unserem Zusammenhang nicht darauf an, ob v.Balthasar mit seiner Deutung die Intention Dantes trifft. Vielmehr ist es aufschlußreich, wie v.Balthasar in der Deutung der Beichtszene seine eigene Sicht der Dinge einbringt. Die Unerbittlichkeit und Erbarmungslosigkeit als ein Gesicht der Objektivität entsteht durch die Sündenverstrickung der Menschen, welche die Entgegensetzung von Subjektivität und Objektivität provoziert. Es ist somit ein Zustand, der nur in Zeit und Geschichte andauert, der weder im Urstand bestand

---

52 H 2/2, 418. Vgl. zum Folgenden: Ebd. 411-417.

noch in der Vollendung Bestand haben wird.[53] »Das Institutionelle in der Kirche ist nicht absolut (und somit für sich allein nicht verständlich), es ist relativ auf die Liebe, und die Liebe der Kirche wiederum ist nicht absolut, als wäre sie je vollendet, sondern progressiv auf eine erst werdende eschatologische Gestalt.«[54] Der Aspekt der den Menschen prägenden, »unerbittlichen« Objektivität taucht bei v.Balthasar in verschiedenen Zusammenhängen auf. Vor allem im Hinblick auf die Kirche und die Stellung des Christen in der Kirche spielt er eine wesentliche Rolle.[55]
Eine zweite Veranschaulichung findet sich in der Anwendung auf die ignatianischen *Exerzitien*. Das zentrale Geschehen in den Exerzitien, die Wahl durch den Exerzitanden, scheint selbst ein höchst subjektiver Vorgang zu sein,

> »und dem Exerzitiengeber wird entsprechend verboten, seine eigenen Meinungen in das Zwiegespräch zwischen Gott und der Seele einzumischen (15). Dennoch muß, da ja ein Leben innerhalb 'des Bereichs der heiligen Mutter, der hierarchischen Kirche' (170, 353) gewählt werden soll, die Kontrolle dieser Subjektivität durch die Objektivität der amtlichen Kirche, verkörpert im Exerzitiengeber, unverzichtbar stattfinden, der aus der kirchlichen Kenntnis der Unterscheidung der Geister die vom Exerzitanden vorgenommene Unterscheidung seinerseits zu prüfen hat«.[56]

Exerzitand und Exertitiengeber verkörpern geradezu die Momente des Subjektiven und Objektiven in der Kirche. Die »Wahl« des Exerzitanden entsteht in der Übereinstimmung seiner subjektiven Entscheidung mit der Prüfung der Wahl durch den die Objektivität der Kirche repräsentierenden Exerzitiengeber. Dabei genügt es nicht, daß die einfache (subjektive) menschliche Vernunft zur Anwendung kommt. V.Balthasar sieht darüberhinaus das geistliche Handeln des Exerzitiengebers als im Heiligen Geist gewirkt an. »Man wird dieses 'Glaubenslicht' doch noch näherhin als Gnade der dem Exerzitiengeber vom

---

53 Vgl. H 1, 243.

54 H 2/2,2: 537.

55 Z.B. im Begriff der »Kirchlichen Indifferenz« vgl. H 3/1,2: 447. Oder im Zusammenhang mit dem Verständnis der Kirchengeschichte: S 1, 130.

56 TL 3, 361. Dabei verweist v.Balthasar auf »Die Exertitien« des Ignatius von Loyola und deren Nummerierung.

Heiligen Geist eigens verliehenen Unterscheidungsgabe bezeichnen müssen. Diese Gabe ist verbunden mit dem objektiven Geist des kirchlichen Amtes, so daß hier in der Tat subjektiver und objektiver Geist sich nicht widersprechen können, falls beide gemeinsam auf die Eingebungen des Geistes Gottes horchen.«[57] In der Situation der Exerzitien wird also die Diastase überwunden, und subjektiver und objektiver Aspekt des einen Geistes befinden sich im Einklang.

Es hat sich gezeigt, daß v.Balthasar die subjektive und objektive Heiligkeit im Hinblick auf die Kirche als untrennbare Wirkweisen des Heiligen Geistes auffaßt. In der Kirche als Braut Christi werden die Verflechtungen konkret. Im Hinblick auf das Eheverständnis legt sich die Frage nahe, ob diese Auffassung zu einer umfassenden, »ganzheitlichen« Ehetheologie beitragen kann, die in der Hinführung zum Thema als Mangel konstatiert wurde.
Für die Ehe als Sakrament der Kirche ergibt sich aus v.Balthasars Zuordnung des »Subjektiven« und des »Objektiven«, daß die subjektive Liebe der Ehepartner über sich emporgehoben wird in die objektive Liebe des Heiligen Geistes, wie sie sich zwischen Christus und der Kirche verwirklicht. »Diese höchste subjektive Liebe wird im Sakrament zur objektiven Norm für die Liebe des menschlichen Paares«.[58] Angesichts der Liebe Christi zur Kirche müssen die Ehepartner ihre vollkommene Selbstenteignung anstreben. V.Balthasar plädiert an dieser Stelle dafür, alle Vollzüge (und Verzichte) treuer ehelicher Liebe als Einwohnung des Heiligen Geistes selbst anzusehen.
In der Ehe als einer Form zwischenmenschlicher Liebe ist »eine gewisse innere Unendlichkeit mit einer gewissen äußern Endlichkeit, anders gesagt: Inspiration mit Institution in sich« vereint.[59] Diese Vereinigung von (objektiver) Institution und (subjektiver) Inspiration spiegelt die trinitarisch verfaßte Liebe Gottes wider. Nur Gott Vater, Sohn und Geist ist zugleich objektive und subjektive Liebe. Nur die Trinität Gottes ermöglicht die für den Menschen als gegensätzlich erlebten Offenbarungsgestalten von »einer bis zur starren Institution objektivierten Kirche und Schrift - und einer bis zur Unfaßlichkeit entgleitenden

---

57 Ebd. 362.

58 TL 3, 317, worauf auch das Folgende beruht.

59 S 4, 341.

subjektiven Freiheit, Einigkeit, Liebe, die weht, wo sie will.«[60] Die spannungsgeladene Identität von subjektiver und objektiver dreieiniger Liebe eröffnet der ehelichen Liebe ihren Existenzgrund.

4. Bedeutung des marianischen Prinzips

Maria als Subjekt der Kirche

Die Mariologie ist für v.Balthasar das End- und Herzstück der Ekklesiologie.[61] In der Person Marias ist das gesamte Kirchenverständnis gebündelt. Denn insofern man von der Subjektivität der Braut-Kirche sprechen kann, wird dieses Subjekt Kirche leibhaftig - im theologischen Sinn personal - in Maria. Sie ist die personale Vollverwirklichung von Kirche, von Christsein, ja von Menschsein vor Gott überhaupt. An der Jungfrau und Mutter Maria wird sichtbar, daß das Christus entsprechende Leben die christliche Heiligkeit ist.[62]
Meist wird Maria mit dem Bildwort der Braut-Kirche als zweite Eva des neuen Adam in Verbindung gebracht bzw. ineins gesetzt. Maria ist das Urbild und das personale Zentrum der Kirche als Braut.[63] »In Maria findet die aus Christus entströmende Kirche ihr personales Zentrum und die Vollverwirklichung ihrer kirchlichen Idee.«[64] Die Identität von objektivem und subjektivem Geist, muß auch in der Kirche abgebildet werden. Nur als makellose, herrliche Kirche ist sie eine würdige Braut Christi. Deshalb ist das »marianische Prinzip« in der Kirche notwendig. »Maria ist jene Subjektivität, die in ihrer weiblichen und empfangenden Weise der männlichen Subjektivität Christi

---

60 S 3, 101-102. Vgl. ebd. 103: »Und die Einheit von Institution und Charisma in der Ekklesiologie insbesondere kann von der apologetischen Rabulistik ebensowenig einsichtig gemacht werden, solange sie nur mit den Kategorien der Christologie operiert und nicht die Stellung des Geistes zu Vater und Sohn berücksichtigt.«

61 Vgl. S 3, 213-214.

62 Vgl. H 1, 541.

63 V.Balthasar besteht auch gegen den Einwand von H. Mühlen darauf, »daß das Kirchensubjekt inchoativ in Maria gegenwärtig ist, und daß sie, sofern sie ihre personale Sendung im Weggeben des Sohnes erfüllt, auch personales Zentrum der Kirche genannt werden kann«: TD 2/2, 324. Zur Auseinandersetzung mit H. Mühlen vgl. auch TL 3, 261, Anm. 23: Maria wird in Joh 19,25-27 »zum Urbild und damit zum personalen Zentrum der Kirche als 'Braut' gemacht«.

64 S 2, 168, worauf sich auch der folgende Abschnitt bezieht.

durch die Gnade Gottes und die Überschattung seines Geistes voll zu entsprechen vermag.« Das marianische Prinzip, welches das Kirchenverständnis durchzieht, wurzelt in der Christologie und im Trinitätsmysterium. In diesem Rahmen wird deutlich, daß das marianische Prinzip auch das Eheverständnis prägt. Mehrere Zugangswege kommen hier zusammen:

»Eben deshalb steht Maria auch über dem rein-weltlichen Zueinander von Bräutigam und Braut und öffnet dieses Zueinander insofern in die Unendlichkeit des göttlichen Eros hinein, als Gott selber ihr Glaubens-Treuewort einholt, sie nicht eigentlich vom Logos, sondern vom Heiligen Geist überschattet wird, der den Samen des Vaters in ihren geistig-leiblichen Schoß trägt, und erst die Frucht dieser Vermählung die Fleischwerdung des Sohnes ist, der als ganzer Haupt und Leib, Bräutigam und Braut ist. Es geht zwar nicht an, in der Vereinigung von Gatte und Gattin den sich hingebenden Mann und den hingegebenen Samen personal zu unterscheiden, und von diesem Standpunkt aus wird Maria als Vorbild der Kirche mit Recht die Braut des fleischgewordenen Wortes genannt; dennoch vollzieht sich hier nicht eine Wiederholung des Geschlechterverhältnisses, sondern dessen urbildliche Verwirklichung zwischen Gott und Mensch; und Gott, in dieser Intimität gekannt und empfangen, kann nur der dreipersönliche Gott sein. Deshalb empfängt Maira den Sohn als Samen des Vaters durch die Verwirklichungstat des Heiligen Geistes von Vater und Sohn. Und deshalb wird auch in der kirchlichen Ordnung die Aktualisierung der Sakramente die Tat des Heiligen Geistes sein, der in den Schoß der Seelen das Wort des Vaters zur Auszeugung und Geburt hineinlegen wird. Dies hindert wiederum die Kirche nicht, Braut des Sohnes zu sein, weil diese ganze Teilnahme der geschöpflichen Welt an der dreipersönlichen Gottheit Wirkung und Elongatur des fleischgewordenen Wortes ist. Das Urbild Maria ist da, um die Kirche die trinitarische Dimension ihres ehelichen Geheimnisses nie vergessen zu lassen«.[65]

Die geschöpfliche, eheliche Beziehung von Mann und Frau wird durch Maria über die rein-weltliche Ebene hinaus erhoben. Das urbildliche Geschlechterverhältnis wird durch sie auf die Ebene zwischen Gott und Mensch hinausgeführt. Und in allem wirkt der dreipersönliche Gott. Das Geschehen in und mit Maria ist nur trinitarisch möglich. Was in Marias fruchtbarer Gottesbeziehung geschieht, vollzieht sich in den Sakramenten in allen Christen. Das tiefste und umfassendste Bild für

---

[65] S 2, 170.

diese Prozesse ist das bräutlich(-eheliche) Zueinander von Mann und Frau.
Die Bedeutung Marias und des marianischen Prinzips für das Eheverständnis kann bei v.Balthasar kaum überschätzt werden. Die beschriebene urbildliche Verwirklichung des Verhältnisses von Mann und Frau durch die Maria - Christus - Beziehung legt es in ihrer Analogie nahe, Konsequenzen für das Eheverhältnis zu ziehen. Es wird damit deutlich, daß das eheliche Zueinander von Mann und Frau an das Grundverhältnis von Mensch und Gott rührt. Auch das Ehesakrament ist in dieser Sichtweise letztlich nur trinitarisch zu verstehen.

Mariologie im Rahmen der Ekklesiologie

Es geht v.Balthasar in der marianischen Grundhaltung um das universale Ja des Menschen zu Gottes konkreter Offenbarung bzw. Fleischwerdung. Der geschehenlassende Glaube Marias wird zur Form des Katholischen überhaupt. Maria ist aktiv-passiv ganz für Gott verfügbar und deshalb fruchtbar. Sie gibt *dem* Raum, was sie selbst nicht bewirken kann: sie empfängt leibhaftig Gottes Sohn. Insofern ist Maria als »Gehilfin« des neuen Adam ganz über sich hinaus auf sein trinitarisches Heilswerk hingeordnet.[66] Maria ist jedoch nicht die einzige Repräsentantin der Kirche. Das marianische Prinzip der Kirche ist zwar fundamental, wird jedoch ergänzt durch die Person des Petrus bzw. das petrinische Prinzip einerseits, durch Paulus und Johannes andererseits.
Auch in anderer Hinsicht kennt der Gedanke des marianischen Prinzips Grenzen. Die Kirche ist niemals mit Christus identisch. Auch wenn die Kirche als »Leib« und »Braut« Christi verstanden wird, handelt es sich hierbei immer um eine Analogie mit der ihr innewohnenden Differenz.[67] Sie kann sich im gegengeschlechtlichen Gegenüber zu Christus keine Eigengestalt zusprechen. »Wo Mann und Weib sich als zwei geschlossene Personen und als sich ergänzende Naturen gegenüberstehen, kann das Bild gerade nicht auf Christus und die Kirche übertragen werden«.[68] Die Gegenüberstellung von Christus, dem

---

[66] Vgl. zu diesem Abschnitt: Der Antirömische Affekt, 164ff.

[67] Vgl. H 3/2,2: 162.

[68] H 1, 536.

Mann, zur Kirche-Maria, der Frau, ist im Hinblick auf die natürlichen Geschlechtsfunktionen des Mannes nicht vergleichbar.[69] Darauf weist vor allem die Eucharistie hin. Jesus Christus als der alleinige Herr der Kirche trägt und begründet das Sein der Kirche in der Eucharistie. Der eucharistische Herr ist die Grundlegung der Einheit der Kirche.[70] Schließlich gilt auch für die Mariologie der methodische Grundsatz der nicht auf einen Nenner zu bringenden Vielschichtigkeit.[71] Ausdrücklich wendet sich v.Balthasar gegen jene mariologischen Entwürfe, die ein »Fundamentalprinzip« erstellen, aus dem alle weiteren Aspekte der Mariologie abgeleitet werden können. Dies gilt sowohl für einen zu ausschließlichen Ansatz von der Gottesmutterschaft Marias her, als auch für eine Einebnung der Mariologie in die Ekklesiologie. V.Balthasar sucht demgegenüber Maria in ihrer dramatischen Rolle im »Theodrama« zu betrachten. Entscheidend in diesem Neuansatz ist dabei ihre Sendung.

5. Die sakramentalen Ebenen der Kirche

Bevor im nächsten Kapitel das Sakramentenverständnis insgesamt zum Thema wird (II.), möchten wir an dieser Stelle auf die sakramentalen Ebenen der Kirche zu sprechen kommen, die v.Balthasar unterscheidet. Dies ist für unsere Fragestellung deshalb von Belang, weil v.Balthasar die Ehe als Sakrament je der Stufung der Ebenen ausdrücklich zuordnet.

Drei Ebenen der Kirche

Im Aufsatz »Der Laie und die Kirche«[72] werden durch v.Balthasar drei Ebenen der Kirche unterschieden. Im Zusammenhang mit der Frage nach dem Laien und dessen Stellung in Kirche und Welt werden

---

[69] Vgl. Nachwort des Übersetzers, in: L. Bouyer, Frau und Kirche, Einsiedeln 1977, 87-95, hier 89. Auf die Vergleichbarkeit hinsichtlich der natürlichen Geschlechtsfunktionen der *Frau* geht v.Balthasar an dieser Stelle nicht ein.

[70] Vgl. Der antirömische Affekt, 170.

[71] Der folgende Abschnitt beruht auf TD 2/2, 269ff.

[72] Aufgenommen in: S 2, 332-348. Für die folgenden Abschnitte vgl. insbesondere 332-336.

die sakramentalen Strukturebenen der Kirche entfaltet, die dann auch für das Verständnis der Ehe von Bedeutung sind.

Die erste Ebene der Kirche ist »über«- oder »gesamtsakramental«. Gemeint ist das bräutlich-kirchliche Geheimnis der Menschwerdung Gottes im Fleisch der Jungfrau. Alle Einzelsakramente und in ihnen auch alle Amtlichkeit sind in der umfassenden Sakramentaltiät des Fleisches Jesu Christi verwurzelt. Die Fleischwerdung des Sohnes Gottes, des Wortes des Vaters, ist der Wurzelgrund, aus dem die Kirche sich entfaltet. Es geht in diesem hochzeitlichen Geheimnis um göttliches, dreifaltiges Leben in der inkarnierten Gestalt der Liebe zwischen Christus und seiner Kirche. Das christliche Leben in der Kirche, die dritte Ebene, wird als die entfaltete Fülle dieses Quellgeheimnisses verstanden. Die Entfaltung der innersten bräutlichen Fruchtbarkeit besteht in Glaube, Liebe, Hoffnung und den übrigen Tugenden. Die Lebensform, die eine besonders enge und zentrale Form der Teilnahme am gesamtsakramentalen Geheimnis darstellt, ist die der evangelischen Räte. Wer die Lebensform der evangelischen Räte übernimmt, macht das marianisch-ekklesiologische Lebensgesetz zum eigenen Gesetz. Deshalb ist der Rätestand nicht ein achtes Sakrament neben den anderen.

Die zweite Ebene der Kirche ist die des »Sakramentalen« im engeren Sinn, sowie die des Amtlichen und Hierarchischen. Sie betrifft die Struktur der Kirche in der Zwischenzeit zwischen Menschwerdung und Vollendung des Reiches Gottes am Ende der Zeiten. Diese von Christus selbst begründete amtliche Struktur der Kirche ist eine positive Setzung und als solche ebenso ursprünglich wie das überamtliche Grundgeheimnis der Kirche selbst. Im Rahmen dieser Ebene kommt ausdrücklich die Ehe als Sakrament zur Sprache.

> »Christen können sich gegenseitig das Sakrament der Ehe spenden, wodurch angezeigt wird, welch enge Verbindung die Ehe zur überamtlichen Gesamtsakramentalität der Kirche besitzt (als Abbild des Braut-Bräutigam-Verhältnisses). Doch ist beizufügen, daß diese Vollmacht, die scheinbar die hierarchisch-sakramentale Ordnung durchbricht, primär in der Ausnahmestellung der Ehe als einer Institution der natürlichen Ordnung beruht, die hier in die übernatürliche Ordnung erhoben, sakramentalisiert wird«.[73]

---

[73] A.a.O. 339. Vgl. zur Frage nach dem Spender des Ehesakraments die gegen-

Die dritte Ebene der Kirche ist »unter-sakramental«. Es ist die Ebene des christlichen Lebens. Sie ist das Ziel der ersten wie der zweiten Ebene. Diese Sphäre des Lebens ist nichts anderes als die Entfaltung des kirchlichen Wesensgrundes durch die Sakramente hindurch in den Gliedern der Kirche, wie dies im Bildwort von den Reben am Weinstock zum Ausdruck kommt. Auch auf dieser Ebene wird das Thema Ehe bzw. Familie angeschnitten.

> »Sofern die Welt das werdende Reich Gottes ist und die Kirche der wirkende Sauerteig in ihr, sind beide nicht adäquat trennbar. ... Einmal ist das Material der Kirche auch in der Kirche die Natur, die Welt, mit ihren Ordnungen und Gesetzlichkeiten, *z.B. die Familie,* aber auch die Sozialstrukturen der Gesellschaft; zum anderen ist das Material der weltlichen Gesellschaft nicht bloß weltlich, sondern auch christlich (und damit kirchlich), sofern die Glieder des Staates Christen und, allgemeiner, im Bereich der Gnade und Erlösung stehende Personen sind«.[74]

Die Familie (und mit ihr die Ehe) wird in diesem Kontext zum »Material« gezählt, welches nicht im Bereich der Gnade und Erlösung steht. Erst durch die Sakramentalisierung, durch die Erhebung in die übernatürliche Ordnung spielt die Ehe im Heilsdrama eine heilsbewirkende Rolle.

Auf der dritten Ebene der Kirche geht es um die gelebte christliche Existenz. Dabei vollzieht sich die Bewegungsrichtung des Lebens von der Lehre zur Verwirklichung, vom Objektiven zum Subjektiven.[75] Das christliche Tun wird somit zur Inkarnation der unsichtbaren Gnade in die weltliche Sichtbarkeit. Der Stand der evangelischen Räte verwirklicht sich auf dieser Ebene. Der Lebensstand der Ehe steht in diesem Zusammenhang dem Rätestand diametral gegenüber. Die *Fülle* der subjektiven Nachfolge Christi liegt in den Räten. Der Ort des verheirateten Laien dagegen ist *zwischen* den Räten und der (»nichtchristlichen«) Welt anzusiedeln. Der Laie mit Familie, Besitz und Verfügung wird vom Laien in Jungfräulichkeit, Armut und Gehorsam

---

läufige Aussage in: Der Antirömische Affekt, 6: »Wie keiner sich ein Amt selber nimmt ..., ebensowenig nimmt sich ein Christ selbst ein Sakrament (nicht einmal das der Ehe), sondern erhält es als ein von der immer amtlich strukturierten Kirche gespendetes.«

74 A.a.O. 333 (Hervorhebung von mir).

75 Der folgende Abschnitt bezieht sich vor allem auf 343-347.

abgehoben. Im bildlichen Sinn findet der Ehegedanke zwar im Geist der evangelischen Räte Verwendung. Im gerade aufgezeigten Zusammenhang bleibt die Ehe jedoch den evangelischen Räten entgegengesetzt.

Kirche als »sacramentum«

In TD 2/2 geht v.Balthasar auf den Begriff der Kirche als »sacramentum« ein.[76] Er legt dabei die eben beschriebenen drei sakramentalen Ebenen der Kirche (über- oder gesamtsakramental, sakramental und unter-sakramental) zugrunde. Die drei Ebenen werden zwar nicht systematisch unterschieden, sie können aber einander zugeordnet werden: Jesus Christus ist als Ursakrament *über-* oder *gesamtsakramental*. Christus, das menschgewordene Wort Gottes, ist das eigentliche Ursakrament: die leibhaftige und endgültige Heilszusage Gottes an die Menschheit. Die amtlich-objektiv verfaßte Kirche ist *sakramental*. Die Kirche ist als von Christus objektiv gesetzte Größe dessen »Elongatur« und wirkt so am Heil der Welt im Ganzen mit. Sie ist sacramentum mundi, was in den biblischen Bezeichnungen »Licht der Welt« oder »Salz der Erde« mitausgesagt ist. Das Wirken der Kirche in der Welt schließlich entspricht der *unter-sakramentalen* Ebene. Die Kirche ist zwar zunächst als eine einzige objektive Größe gestiftet, jedoch existiert diese Größe immer nur in geschaffenen Einzelsubjekten. Das Leben der einzelnen Glieder der Kirche verläuft auf dieser Ebene. Auf der unter-sakramentalen Ebene öffnet sich somit der Raum der »Einzel«-Sakramente - wobei die unmittelbare Rückbindung an den trinitarischen Ursprung erhalten bleibt: Jeder kirchliche Empfang eines Sakramentes bewirkt trinitarisches Leben in den das Sakrament Empfangenden. Im Durchgang durch die Einzelsakramente kommt auch die Ehe als Sakrament zur Sprache.

> »Das einmalige und abschließende *über*geschlechtliche Zueinander von Christus und Kirche ist, sofern es das geschlechtliche Zueinander zu einer seiner Voraussetzungen hat, nicht *un*geschlechtlich, sondern wird dem Geschlechtlichen zugleich zum Vorbild (Eph 5,22ff), ja zum Urbild, auf das es als Abbild bezogen ist (ebd. 32). Vom Selbstvollzug der

---

[76] A.a.O. im Kapitel »Sacramentum«: 394-400. Das im folgenden Dargestellte beruht darauf.

Kirche in ihrem empfangenden und antwortenden Verhältnis zu Christus fällt ein sakramentales Licht auf die christliche Ehe«.[77]

Es fällt auf, daß die Ehe damit in günstigerem Licht erscheint, als es in »Der Laie und die Kirche« der Fall war: V.Balthasar betont nicht mehr, daß die Ehe eine Institution der natürlichen Ordnung ist und die Familie der Natur und der Welt mit ihren Ordnungen und Gesetzlichkeiten angehört.[78] Während im letztgenannten Kontext die Natur im Sinne des Gegenübers zum Bereich der Gnade und Erlösung gedacht ist, scheint die natürliche Dualität von Mann und Frau, deren Zueinander das Urbild alles menschlichen Zueinander bleibt, im Kontext der Kirche als sacramentum in den Bereich der Gnade miteinbezogen. Die geschöpfliche Freiheit, die sich auch im Miteinander von Mann und Frau vollzieht, ist die Voraussetzung für den Glauben des einzelnen Menschen an das Wort Christi und die Einverleibung in seine Kirche. Auch werden Ehe- und Rätestand nicht mehr diametral gegenübergestellt. Diese Akzentverschiebung hebt jedoch die grundsätzliche Ansicht nicht auf, daß der Rätestand unmittelbarer als die Ehe am Ursakrament der Kirche bzw. Jesu Christi teilhat.
Die Ehe erhält somit in der Ordnung der sakramentalen Ebenen einen Platz im Gefüge des Heilsgeschehens zugewiesen. Sie ist einerseits unmittelbares Leben in der Welt (Natur), andererseits Abbild und Nachvollzug des Theodramas Gottes mit den Menschen bzw. Christi mit der Kirche. Was in der Hinführung als ein Charakteristikum der Ehe beschrieben wurde, ihr Ausgespanntsein zwischen Natur und Gnade, bestätigt sich im ekklesiologischen Entwurf.

II. Zum Sakramentenverständnis

»Das Sakrament ist kirchliche Gebärde Jesu Christi zum Menschen hin«.[79] In dieser kurzen Umschreibung v.Balthasars wird die unlösliche, innere Verbindung von Sakrament und Kirche deutlich. Ange-

---

77 A.a.O. 398.

78 Vgl. S 2, 333 und 339.

79 H 1, 557.

sichts der Verflochtenheit von Sakrament-Kirche und kirchlichem Sakrament versuchen wir in diesem Kapitel einen Schritt näher zur Ehe (als Sakrament) zu gelangen. Dazu müssen wir zunächst einen Blick auf das Sakramentenverständnis insgesamt werfen.

1. Sakrament und sakramental: Der »fließende« Sakramentenbegriff

Obwohl die traditionelle Sakramentenlehre zweifellos den Hintergrund für v.Balthasars Sakramentenverständnis bildet, steht sein Sakramentenbegriff in einer gewissen Spannung zu jeder scharfen Eingrenzung der sakramentalen Wirklichkeit auf die sieben Sakramente. Das »enggefaßte« Sakrament ist nicht die ganze Wahrheit des Christlichen Lebens.[80] Die Sakramente im systematischen Sinn sind für v.Balthasar nicht von Interesse, wenn die persönliche Existenz des Menschen aus dem Blick zu geraten droht. Er beschäftigt sich jedoch mit größter Leidenschaft mit dem Geschehen von Trinität, Inkarnation und Vollendung, Grundgeheimnissen, aus welchen alles Sakramentale entspringt. Christus »wuchtet« in der Weltgeschichte »mit seinem ganzen Schwergewicht und dem seines Vermächtnisses - seiner Kirche, seines Wortes, seiner Sakramente, seiner Heiligen - dem erhofften gottgewollten Abschluß entgegen.«[81] Die Sakramente sind ein Teilstück des umfassenden und durchdringenden Theodramas. In verschiedenen Aufzählungen stehen die Sakramente neben dem Amt, der Schrift, der Tradition etc.[82] und werden dem Werk des Geistes zugerechnet.[83]
Wie unterschiedlich die Bereiche sind, denen ein sakramentaler Charakter zugeordnet wird und die in fließendem Übergang zu den »sieben Sakramenten« stehen, zeigen folgende vier Beispiele: die Schrift, die Begegnung von Ich und Du, die symbolischen Handlungen der alttestamentlichen Propheten und die Rolle des Paulus in seinen Gemeinden.

---

80 Vgl. TD 1, 84.

81 TD 2/2, 19.

82 So z.B. TL 3, 220 u.ö. Siehe auch die Stellen, an denen die Sakramente in einer Aufzählung nicht genannt werden, zum Beispiel in: S 3, 241, wo als objektive Beziehungsgestalten der objektiven Tat Gottes genannt werden: geschichtliche Offenbarung, Kirche, Schrift, Tradition und Dogma.

83 Vgl. TL 2, 11: »So halten wir uns denn an das apostolische Credo, das die Auslegung der Werke des Sohnes - die Kirche, die Rechtfertigung und Heiligung in den Sakramenten, die Mysterien der Gemeinschaft der Heiligen, die Auferstehung aus dem Tode und das ewige Leben - als Werke des Geistes aufzählt«.

Die Schrift beschreibt v.Balthasar als »ein 'Sakrament' des Geistes, der das bewirkt, was die Schrift bedeutet«.[84] Die Schrift ist ein konstitutives Element der Kirche. Sie gehört mit den Sakramenten zusammen zu den von Gott gestifteten Heilselementen der Kirche. Der Unterschied zwischen Schrift und Sakrament besteht darin, daß in der Schrift die Mitwirkung von Menschen bzw. der biblischen Autoren weiter reicht und die (schriftlich fixierte) Gestalt der Bibel mehr prägt als dies in den Sakramenten der Fall sein kann. Die Abgrenzung der Schrift von den Sakramenten ist somit lediglich gradueller Art; es geht um ein Mehr oder weniger an Mitwirkung des Menschen. Wenn die Schrift schon nicht im engeren Sinn als Sakrament zu verstehen ist - v.Balthasar verweist dabei auf Origenes -, so muß zumindest ein engster Zusammenhang zwischen Schrift und Sakrament festgehalten werden.
Die Begegnung von Ich und Du kann im Kontext der Menschwerdung Gottes sakramentalen Charakter erhalten: »Die Tat Christi ist Kundgabe der ewigen Liebe Gottes, meines Vaters, dadurch, daß ein Mit-*mensch*, ein Du sich bis ins Äußerste für mich eingesetzt, mich stellvertretend erlöst und in Gottes Kindschaft zurückgebracht hat. Mein Ich ist also das Du Gottes und kann ein Ich nur sein, weil Gott sich zu meinem Du machen will«.[85] Der Urgrund für diesen Gedanken ist das Mysterium der Trinität insofern, als Gott in sich selbst ewig Ich und Du und die Liebeseinheit beider ist. Angesichts dieses Mysteriums verschmelzen die unterschiedlichen Traktate der Theologie (Gotteslehre, Christologie, Ekklesiologie, Mariologie und Sakramententheologie) in eins. Die Begegnung von Ich und Du wird zur Anamnesis der Tat Gottes in Christus und zur praktischen Rekapitulation der gesamten Theologie. Sie wird »in schlichter Befolgung des christlichen Auftrags ... das 'Sakrament', worin Gott quasi-erfahrbar 'mitten unter uns' sein will«.[86]

---

84 H 1, 509. Eine Übertragung der klassischen Sakramentendefinition (»sie bewirken, was sie bedeuten«) auf Schrift und Heiliger Geist. Zum folgenden Abschnitt vgl. 511 und 526.

85 S 3, 274. Das Folgende beruht auf 274-275.

86 A.a.O. 279. Vgl. H 3/1,2: 977: »Sein Glaube weist ihn [den Christen von heute] an, im unscheinbarsten Ich-Du die Vergegenwärtigung und das 'Sakrament' des ewigen Ich-Du zu verstehen, das der Grund der freien Schöpfung ist und nochmals der Grund, warum Gott der Vater seinen Sohn für das Heil jedes Du in den Tod der Finsternis dahingibt.«

Die symbolischen Handlungen der Propheten im Alten Testament sind ein weiteres Beispiel für sakramentale Wirklichkeit. »Man kann sie [die symbolischen Handlungen] am besten als einen Ansatz zu den Sakramenten des Neuen Bundes betrachten ('Sacramenta continent quod significant', Trid. ss VII; DS 1606)«.[87] Im Auftrag, prophetische Zeichenhandlungen zu vollziehen, fordert Gott vom Propheten dessen ganze leibliche Existenz, um sie für die Inkarnation des göttlichen Wortes einzusetzen. In dieser »Expropriation« des Menschen durch Gott besteht das unterscheidend Christliche bzw. Sakramentale. In diesem Zusammenhang ist das Objektive des Sakraments, welches alles Private einfordert und zum »Werkzeug« Gottes macht, betont.
Das vierte Beispiel ist *die Rolle des Paulus* in seinen Gemeinden. Sie steht im Kontext der Liebe des Christen zur Kirche. Diese ist von der Liebe zu Christus zwar zu unterscheiden, die Kirche wird an dieser Stelle jedoch zur rein auf Christus hin verweisenden Instanz. »Paulus ist das für die Gemeinde sichtbare 'Prägmal' (typos) Christi ..., und als mitzeugender Vater, mitgebärende Mutter nicht nur hinweisendes, sondern auch wirksames, gleichsam sakramentales Zeichen.«[88] Die Rolle des Paulus ist in das Problemfeld Liebe zur Kirche/Liebe zu Christus hineingespannt und hat sakramentalen Charakter. Auch an dieser Stelle ist das unterscheidend Christliche die »Expropriation«. Die Person des Paulus wird »enteignet« in die Institution der Kirche, welche wiederum dadurch die Färbung der Person gewinnt. Dieser für v.Balthasar analogielose Vorgang ist vom Begriff des kirchlichen Sakraments nicht abzugrenzen.
Es ist durch diese Beispiele deutlich geworden, daß sich der Begriff des Sakramentalen einer starren Festlegung entzieht. Die Frage, was ein Sakrament ausmacht, bewirkt oder vom Nicht-Sakrament unterscheidet, wird nicht gestellt. Auch die einem »fließenden« Sakramentenverständnis naheliegende Idee der sacramenta maiora et minora findet theologisch keine Anwendung. Für das Verständnis der Ehe als Sakrament eröffnet sich dadurch die Möglichkeit zu einem Neuansatz, der vom gesamttheologischen Entwurf getragen wird.

---

[87] H 3/2,1: 250.

[88] S 4, 177-178. Der ganze Abschnitt bezieht sich auf diese Stelle.

2. Ansätze einer Sakramentenlehre und der Sakramentalität der Ehe

V.Balthasar legt - seinem methodischen Ansatz entsprechend - in seinem Werk keine umfassende und entfaltete Lehre von den Sakramenten dar. Dies ist auch zu keiner Zeit seine Absicht. Und doch taucht das Thema der Sakramente in verschiedenen Zusammenhängen immer wieder auf. Im Folgenden werden vier exemplarische Kapitel aus verschiedenen Abschnitten der Trilogie herausgegriffen, in denen es ausdrücklich um Sakramente geht. Das Besondere dieser vier Abschnitte besteht darin, daß v.Balthasar in unterschiedlichen Kontexten jeweils auf das Sakrament der Ehe zu sprechen kommt.

»Die sakramentale Gestalt«[89]

Im Zusammenhang der Erörterung über die Vermittlung der objektiven Offenbarungsgestalt, Christus, werden zwei Vermittlungsgrößen genannt: die Schrift und die Kirche. Und eben im Kontext von letzterer steht der Abschnitt über die Sakramente.[90] Alles Sakramental-Gestalthafte in der Kirche ist von der Christusgestalt bestimmt. Jesus Christus ist die Grundfigur der Gnade und deshalb auch Grundlegung aller konkreten sakramentalen Gestalten, die ihn vergegenwärtigen. Er ist Urgestalt aller Offenbarung und somit auch das Ursakrament.
Die Betonung der Wirksamkeit Jesu Christi bzw. des trinitarischen Gottes wird an den Sakramenten der Ehe, Taufe (eine der wenigen Stellen, an denen v.Balthasar Aspekte einer Tauftheologie darlegt), Buße, Firmung und (Kranken-) Salbung konkretisiert. Die Buße bzw. Beichte wird dabei als Modell für die allgemeine Sakramentenlehre erwogen, da in ihr die Vollgestalt des sakramentalen Ereignisses evident und plausibel anschaulich gemacht ist. Auffallenderweise bleibt die Eucharistie unerwähnt - das deutlichste Zeichen dafür, daß keine Systematik beabsichtigt ist. Die Ehe wird als erstes Beispiel dafür herangezogen, daß Gott in Jesus Christus der Formgebende ist, wenn es um Sakramente geht:

> »Bei der Ehe zum Beispiel ist es nicht der menschliche Vorgang des Bundesschlusses zwischen Mann und Frau, der die (an sich undifferen-

---

[89] H 1, 553-561.

[90] Das im folgenden Dargestellte findet sich a.a.O.

> zierte) Gnade besondert, sondern die Bräutlichkeit Jesu Christi und der Kirche, die ihrerseits die Vollendung des alttestamentlichen Eheverhältnisses zwischen Jahwe und dem Volk ist. In die menschliche Gestalt senkt sich die christologische ein, und diese entscheidet für die Form des Sakramentes. Dass die letzte Analyse dieser Form auf Gott und auf den Menschen hin möglich und notwendig ist, widerspricht diesem Satz nicht. Es gibt ein letztes Braut- und Bundesverhältnis zwischen Gott und der Welt überhaupt (vgl. den Noebund), das von urher durch die Vermittlung des Logos bei der Schöpfung und des Schwebens des Geistes über den Abgründen besteht, und den Menschen in seinem Zueinander von Mann und Frau zu einem Bild und Gleichnis Gottes machte: des Gottes, der schon in seinem ewig-trinitarischen Geheimnis sich selber innerlich bräutlich zugestaltet ist. Aber diese letzte Resolution des Bildes in göttliche und allgemein-geschöpfliche Verhältnisse ist, wie gezeigt wurde, nur in der gleichzeitigen Synthesis in Jesus Christus vorzunehmen«.[91]

Die Gnade des Sakramentes - im Zusammenhang mit der Ehe die Lebensgemeinschaft zwischen Mann und Frau - entsteht nicht durch die Initiative des Menschen. Jesus Christus ist die entscheidende Gestalt. Die sakramentale Bewegung ergeht von Gott her auf den Menschen zu: durch Jesus Christus. Gott selbst ist sich innertrinitarisch bräutlich zugestaltet. Gottes Beziehung zur Welt ist ein Braut- und Bundesverhältnis. Der Mittelpunkt und Vermittler dieser Verhältnisse ist Christus. Die Bräutlichkeit Jesu Christi und der Kirche ist für das Sakrament der Ehe konstitutiv.

»Sacramentum«[92]

Im Kontext der Ekklesiologie wird das Sakramentale in der Dimension der Kirche als Braut und Leib/Institution entfaltet. Der Raum, in den hinein Gott wirkt, ist die Welt im ganzen. Die Kirche wird in dieser Sichtweise zur Vermittlungsinstanz.

Neben der Vermittlung (in den Sakramenten) ist es wiederum die Wirksamkeit Christi bzw. des trinitarischen Gottes, welche v.Balthasars Sakramentenverständnis grundlegend prägt. Christus, das menschgewordene Wort des Vaters im Geist, bewirkt in jedem kirchlichen

---

91 A.a.O. 554-555.

92 TD 2/2, 394-400. Das Folgende beruht auf diesem Kapitel.

Empfang eines Sakramentes trinitarisches Leben. In diesem Zusammenhang kommt bei der Differenzierung von Einzelsakramenten auch die Ehe zur Sprache.

> Wenn »das totale 'Gegenüber' Christi die Menschheit ist, für die er sich hingibt, und er die geschaffene Freiheit voraussetzen muß, um im einzelnen Menschen den Glauben an sein Wort und an die Einverleibung in seine Kirche zu erwirken, so existiert diese geschaffene Freiheit von Anfang an her in der Dualität von Mann und Frau, deren Zueinander das Urbild alles menschlichen Zueinander bleibt. Das einmalige und abschließende *über*geschlechtliche Zueinander von Christus und Kirche ist, sofern es das geschlechtliche Zueinander zu einer seiner Voraussetzungen hat, nicht *un*geschlechtlich, sondern wird dem geschlechtlichen zugleich zum Vorbild (Eph 5,22 ff), ja zum Urbild, auf das es als Abbild bezogen ist (ebd. 32). Vom Selbstvollzug der Kirche in ihrem empfangenden und antwortenden Verhältnis zu Christus fällt ein sakramentales Licht auf die christliche Ehe«.[93]

Grundvoraussetzung für den Empfang jeder sakramentalen Gnade ist die geschaffene Freiheit. Sie gehört zur Natur des Menschen und prägt auch von Anfang an das geschlechtliche Zueinander. Die Ehe wird aber zum Sakrament nicht von diesem menschlich-natürlichen Zueinander, sondern vom Verhältnis Christus-Kirche her. Die geschaffene Freiheit und mit ihr die Ehe wird »beleuchtet«, in ein neues, sakramentales Licht getaucht. Sie leuchtet nicht aus sich selbst, sondern ist Abbild des Vor- und Urbilds Christus-Kirche.

»Sakramente«[94]

Die Differenzierung des Subjektiven und Objektiven im Rahmen der Pneumatologie wurde oben (I. 3.) angesprochen. V.Balthasar weist die Sakramente dabei überwiegend der Seite des objektiven, kirchlichen Heiligen Geistes zu. Auch wenn die Objektivität der Sakramente nicht von der subjektiven, menschlichen Seite getrennt und ihr in jeder Hinsicht gegenübergestellt werden kann - das Bundesgeschehen zwischen Gott und Mensch ist stets zweiseitig und das Wirken des Geistes (opus operatum) bedarf immer des Mitwirkens des menschlichen

---

93 A.a.O. 398.

94 TL 3, 309-325. Das Folgende bezieht sich auf dieses Kapitel.

Partners (opus operantis) -, so liegt das Schwergewicht der Sakramente dennoch beim objektiven Moment. So werden im Hinblick auf die Objektivität des Geistes folgende Bereiche aufgezählt: Tradition-Schrift-Amt, Verkündigung und Liturgie, Sakramente, Kirchenrecht und Theologie. Dieser Aufriß kommt einer systematischen Übersicht nahe.[95] Der Abschnitt »Sakramente« stellt die sieben Sakramente Taufe-Firmung, Buße, Eucharistie, Ehe, Priesterweihe und »Salbung angesichts des drohenden Todes« in relativer Ausführlichkeit und Vollständigkeit dar.

Die Grundfigur sakramentalen Geschehens im Kontext der Pneumatologie besteht darin, daß der Geist den Menschen in den kirchlichen Raum der objektiven Heiligkeit einbezieht. Der Geist wird dabei im sakramentalen Ereignis als der Verwirklicher des trinitarischen Ereignisses verstanden. Von ihm wird das einzelne Subjekt in seiner Subjektivität ergriffen. V.Balthasar betont in diesem Zusammenhang die - das Verhältnis des Einzelnen zu Christus bei weitem übersteigende - Objektivität. Der Einzelne gewinnt den wahren, gottgemeinten Zugang zu Christus nur in der umfassenden Gemeinschaft der Kirche. Allein durch die den Einzelnen überragenden Elemente (das schon erwähnte Geflecht von Tradition-Schrift-Amt, Liturgie, Rechtsordnung, Theologie und Sakramenten) wird der Mensch in die Fülle der Subjektivität Christi und des Geistes eingeführt.[96] Diese Gewichtung ist für v.Balthasar ungewöhnlich: Meist tritt die kirchliche Gemeinschaft und deren Vermittlung in den Hintergrund und steht die Beziehung des Einzelnen zu Jesus Christus im Blickfeld.[97]

Die Darlegungen zum Sakrament der Ehe stehen daher in der Perspektive des objektiven Wirkens des Geistes, greifen jedoch zugleich auf die subjektive Mitwirkung des Ehepaares zurück. Die Natur der

---

95 Ein für v.Balthasar sehr bemerkenswerter Umstand, auch wenn die Einschränkung gilt, daß keine allgemeine Lehre von den Sakramenten vorgelegt, sondern deren innere Beziehung zum Heiligen Geist betrachtet werden soll.

96 Als Kurzformel formuliert: »Sakrament als Partizipation durch den einführend-verwirklichenden Geist an der aller persönlichen Heiligkeit überlegenen objektiven kirchlichen Heiligkeit«: A.a.O. 311.

97 Vgl. z.B. S 5, 163: »Daß alles, was an der Kirche erst 'objektive Heiligkeit' ist - wie die Bibel, die Sakramente, das Amt - im letzten nur Mittel und Werkzeug zur Verwirklichung 'subjektiver Heiligkeit' ist.« Siehe auch zum Verhältnis des Einzelnen zur Gemeinschaft im Geschehen der Taufe: S 4, 247 und 269.

Ehe wird durch die Gnadenwirkung Gottes nicht aufgehoben, dennoch ist das Sakrament der Ehe ein qualitatives »Mehr«.

> Die Ehe ist »als Sakrament das aus der Natur des Menschen emporgehobene Gleichnis der eucharistischen Einigung von Christus als Bräutigam und Kirche als Braut ... (Eph 5). Sofern christliche Ehe von dieser höchsten Einigung her normiert wird, ist sie mehr, als was sie vor der beginnenden 'Herzenshärte' 'im Anfang war' (Mt 19,8), wo bereits eine personale Treue auf Lebenszeit galt. Aber nunmehr ist die von den Partnern geforderte Liebe so endgültig, daß sie einzig dem Heiligen Geist in den Gatten verdankt werden kann, der den natürlichen Eros in eine aus Gott stammende Agape zu verwandeln vermag. Wieder wird subjektive Liebe, wie intensiv sie sich verstehen und hingeben mag, über sich emporgehoben in eine objektive Liebe des Heiligen Geistes, wie sie sich zwischen Christus, dem sich für seine Kirche Hingebenden (Eph 5,26), und der von ihm gereinigten, heiligen und makellosen Braut (ebd. 27) verwirklicht. Diese höchste subjektive Liebe wird im Sakrament zur objektiven Norm für die Liebe des menschlichen Paares. Wenn schon in der unverfälschten Natur menschlicher Liebe eine totale Selbstenteignung zugunsten des Ehepartners sich andeutet (1 Kor 7,4), so wird diese angesichts der im Sakrament vorgestellten Norm vollends verpflichtend. Wenn die eheliche Liebe, die Thomas *maxima amicitia* (C.G. III, 123) nennt, schon naturhaft eine Höchstleistung des menschlichen Geistes ist, ziemt es sich, in der christlichen Ehe ausdrücklicher, als man es gewöhnlich tut, von der Einwohnung des Heiligen Geistes in allen Formen - Vollzügen und Verzichten - treuer Liebe zu sprechen. Denn Agape ist der Eigenname des Heiligen Geistes. Agape ist aber in der Heilsökonomie nicht anders konkret als im Ursakrament der Liebe zwischen Christus und der Kirche: daran müssen Ehegatten teilhaben, wie wenig es ihnen auch deutlich bewußt werden mag«.[98]

Die Sakramentalität der Ehe besteht demnach in der Erhebungsbewegung der natürlichen Mann-Frau Beziehung zur Würde eines Sakramentes durch Christus. Im Unterschied zur kirchenrechtlichen Definition[99] wird jedoch das Getauftsein der Partner nicht erwähnt. Im Mittelpunkt des Interesses steht vielmehr das Zu- und Ineinander der subjektiven Liebe von Mann und Frau und der in ihnen wirkenden, objektiven Liebe des Heiligen Geistes. Schon in natürlicher Ehe gilt

---

98 A.a.O. 317-318.

99 Can. 1055 §1: Der Ehebund »wurde zwischen Getauften von Christus dem Herrn zur Würde eines Sakramentes erhoben.«

personale Treue auf Lebenszeit. In christlicher Ehe wird diese Liebe endgültig, weil gottgewirkt. Schon in der unverfälschten Natur ist eine totale Selbstenteigung der Ehepartner im Ansatz möglich. In der christlich-sakramentalen Ehe ist sie Wirkung des Heiligen Geistes.
Es muß also in der christlichen Ehe überall da von der Einwohnung des Heiligen Geistes gesprochen werden, wo sich treue Liebe verwirklicht. Die Quelle des sakramentalen Liebesgeschehens ist die Liebe zwischen Christus und Kirche. Am Beispiel des Ehesakramentes wird hier deutlich, wie vielschichtig und ineinander verwoben sich nach v.Balthasar Sakramente darstellen.

»Fruchtbarkeit«[100]

Im Epilog zur Trilogie greift v.Balthasar das Thema der Sakramente nochmals auf. Er tut dies in direkter Verschränkung der einzelnen Sakramente (der Kirche) und der Kirche als Sakrament. Christus ist als Ursakrament die Aussage der Liebe Gottes zur Welt. Die Kirche erhält in den Sakramenten Anteil an dieser Hingabe Christi, was vor allem im Sakrament der Eucharistie deutlich wird. Die Einzelsakramente sind dementsprechend eine der Wirksphären der Kirche. Sie beziehen den Menschen in entscheidenden Lebenssituationen in die Heilswirksamkeit von Christus-Kirche ein. Nach einer zusammengerafften Erwähnung der »Natursakramente«[101] und der alttestamentlichen Bundesrealität kommt der Neue Bund und dessen unableitbare Wirklichkeit Christi zur Sprache, welche alles überhöhend die Eucharistie ins Zentrum der sakramentalen Wirklichkeit stellt.
Die Aussagen zu den einzelnen Sakramenten sind kurz gebündelt. So heißt es zur Ehe: »Die menschliche Ehe und ihre Fruchtbarkeit wird ausdrücklich in den Kontext des Verhältnisses Christus-Kirche gestellt (Eph 5)«.[102] Zwei Aspekte sind besonders hervorgehoben: Zum einen sind die sieben kirchlichen Sakramente auf Grundsituationen des menschlichen Daseins bezogen, worin sich das gratia-supponit-naturam-Motiv spiegelt; zum anderen ist der Spender der Sakramente

---

100 Epilog, 86-98. Das Folgende beruht insbesondere auf 90-93.

101 Vgl. TD 2/2, 379, Anm. 8: »Der Terminus ist aber irreführend, weil das Unterscheidende des Sakraments, das Wirken ex opere operato fehlt.«

102 A.a.O. 92.

Christus selbst, der im Auftrag des Vaters durch den Geist wirkt, was auf die trinitarische Wirklichkeit verweist.

Die dargestellten Fragmente einer Sakramentenlehre führen immer wieder zur theologischen Mitte v.Balthasars zurück. Die Ehe als Sakrament wird unmittelbar auf das innerste Geheimnis der Kirche, Jesu Christi und des trinitarischen Gottes bezogen und von daher verstanden. Diese Mitte, aus der heraus die Sakramente entfaltet und woraufhin sie zurückbezogen werden, ist die Inkarnation als ein trinitarisches Geschehen. Das ganze Theodrama ist ein (ur-)sakramentaler Prozeß: Gott-in-Gott und Gott-in-Welt bewirkt das (gesamt-)sakramentale Hochzeits- und Fruchtbarkeitsgeheimnis. Dieses hochzeitliche Geheimnis begründet die sakramentale Struktur der Kirche und die Sakramente.[103]

3. Traditionelle Sakramentenlehre als Hintergrund

V.Balthasar zählt die kirchliche Lehre neben der Offenbarungsgestalt und den Sendungen oder theologischen Charismen zu den »Fixpunkten« der Theologie.[104] Dies gilt auch für das Verständnis der Sakramente. Die lehramtlichen Definitionen sind seitens v.Balthasars anerkannt und vorausgesetzt, wenn die Sakramente zur Sprache kommen. Obwohl kein Lehrbuch oder Sakramenten-Traktat vorliegt, tauchen an verschiedenen Stellen klassische Termini der Sakramententheologie auf. Insbesondere der Begriff des opus operatum beschäftigt v.Balthasar mehrfach.[105] Auch wenn das Wirken ex opere operato als das Unterscheidende des Sakramentes gilt, so geht es ihm vor allem darum, daß das opus operatum nicht einseitig, isoliert und dem opus operantis entgegengestellt wird. So betont er im Zusammenhang mit der Eucharistie, daß das opus operatum des Sakramentes nur im Mitgesetztsein der empfangenden Gemeinde möglich ist.[106] Sachlich entspricht diese Stoßrichtung der oben dargelegten Differenzierung der Aspekte des Subjektiven und Objektiven. Das Objektive, Sakramentale

---

[103] Vgl. S 2, 335.

[104] Vgl. H 2/1, 26.

[105] Vgl. z.B. die oben zitierten Stellen in TL 3, 285 und 309.

[106] Vgl. S 2, 338.

und Amtliche *allein* vermag Kirche nicht aufzuerbauen. Es muß zum Mittel werden, um die subjektive Form Christi in den Christen zum Durchbruch zu bringen.[107]

Durch die Anwendung der Unterscheidung subjektiv-objektiv auf die Sakramente entsteht eine eigenartige Schwebe. Es stehen sich widerstrebende Gedankenstränge unausgeglichen gegenüber. Einerseits erscheinen die Sakramente durch ihre Zuordnung zur objektiven Wirklichkeit als unumstößliche und unumgängliche Größen. Andererseits spielen sie eine nachgeordnete, wenn nicht nebensächliche Rolle, da die entscheidende Ebene die des Subjektiven ist, welche zum Beispiel den ganzen Bereich der theologischen Sendung umfaßt. Diese paradoxe Sicht der Sakramente bewirkt auch im Verständnis der Ehe Spannungen und Unausgeglichenheiten.

V.Balthasars kritische Auseinandersetzung mit scholastischer Terminologie beschränkt sich jedoch nicht nur auf den Begriff des opus operatum. So wird zum Beispiel das Form-Materie-Schema als unzureichend zurückgewiesen[108], oder das Sakramentendekret des Trienter Konzils trinitarisch gedeutet: »Wenn nach katholischer Lehre die Sakramente 'jene Gnade enthalten und mitteilen, die sie sinnenhaft bedeuten', so ist Jesus Christus in seiner Menschwerdung, seinem verborgenen und öffentlichen Leben, seinem Kreuzestod und seiner Auferstehung das Ursakrament: dessen eigentlicher Spender ist Gott (der Vater), und die durch dieses Sakrament gespendete Heilsgnade ist Gottes Heiliger Geist.«[109] Der Begriff der Spendung bzw. der Stiftung der Sakramente wird des öfteren verwendet.[110] In einer Nebenbemerkung findet die Frage der Spendung auch auf das Ehesakrament Anwendung: »Ebensowenig nimmt sich ein Christ selbst ein Sakrament (nicht einmal das der Ehe), sondern erhält es als ein von der immer amtlich strukturierten Kirche gespendetes.«[111]

---

[107] Vgl. ebd. 130.

[108] Vgl. H 1, 540.

[109] Der antirömische Affekt, 113, mit Verweis auf DS 1606. Vgl. auch H 1, 622 und H 3/2,1: 250.

[110] So z.B. TD 3, 338 oder Epilog, 93.

[111] Der antirömische Affekt, 6. Zur Spenderfrage ist die oben zitierte Aussage S 2, 339 und ebd. 405, sowie TL 3, 310 zu vergleichen.

In verschiedenen Zusammenhängen und mit unterschiedlichen Fragestellungen zählt v.Balthasar sakramentale Wirklichkeiten auf. Er lehnt sich dabei meist an die sieben kirchlichen Sakramente an, geht aber selten auf *alle* sieben ein. So weist er im Zusammenhang mit der Naturzugehörigkeit des Menschen und der Anpassung der göttlichen Offenbarung an die vorhandenen Schöpfungsgesetze darauf hin, daß »Jesus kein sakramentales Zeichen erfunden hat: er übernimmt die Taufe von Johannes, das Mahl mit Brot und Wein von den zeitgenössischen frommen Konventikeln; die Beichte, die auch vom Täufer gefordert wird, ist eine allgemeine menschliche Situation, die sich in allen Religionen und bis in die buddhistischen Klöster wiederfindet. Die Salbung mit Öl, die Handauflegung gehören zum jüdischen Ritual, in dem die Liturgie der Messe in entscheidenden Teilen vorgebildet ist.«[112] Da die Zuordnung eines sakramentalen Zeichens zum Sakrament der Ehe schon immer Schwierigkeiten bereitete, ist das Fehlen der Ehe in dieser Aufzählung nicht verwunderlich. Auffallend ist jedoch, daß die Beichte Erwähnung findet. Die Beschreibung als allgemeinmenschliche Situation trifft auf die Ehe genauso zu. Es soll dem Fehlen der Ehe in Aufzählungen von Sakramenten kein zu großes Gewicht beigemessen werden, zumal v.Balthasar fließende Übergänge in seinen Aufzählungen kennt. Doch ist das Fehlen der Erwähnung der Ehe ein Hinweis darauf, daß ihm das Nachdenken über die Ehe als Sakrament kein vordringliches theologisches Anliegen war.
Auch im Zusammenhang mit der Frage nach der Kirchengestalt wird die Ehe *nicht* zur Verdeutlichung des Gemeinten herangezogen, selbst wenn dies vom Sakrament der Ehe aus gesehen - und dem Gedanken der Hochzeitlichkeit entsprechend - naheläge. »Wirklich gibt es die Kirchengestalt. Sie ist mehr als die Summe ihrer Teile und Glieder. Sie ist der Leib Christi, seine Braut, unsere Mutter. ... Ihre Symbole haben die Kraft einer Vergegenwärtigung der Gnade, die sie bezeichnen und enthalten«.[113]
In einem anderen Zusammenhang tritt an die Stelle der Ehe die Ehelosigkeit. Die christliche Glaubensnachfolge findet ihren letzten Sinn nur

---

[112] S 1, 88.

[113] H 3/2,2: 507. Aufgezählt werden: Brot und Wein, Taufwasser, Schlüssel (zu binden und zu lösen), Schrift, Amt. Auch an dieser Stelle fällt die Erwähnung der Beichte auf.

in der Liebe und nur unter dieser Voraussetzung sind kirchliche Vorschriften im Zusammenhang mit den Sakramenten gerechtfertigt. Die Wendung des Menschen im reinen Glauben zu Gott hat ihre notwendige Ergänzung in der Wendung des Einzelnen zur Gemeinschaft der christlichen Kirche.[114] In der Aufzählung bzw. Verdeutlichung und Konkretisierung des Gedankens werden dann Taufe und Buße dargestellt. Die Ehelosigkeit (in der Existenzform der evangelischen Räte) entspricht genau dieser Mitte des uneingeschränkten Jawortes. Sie ist die konsequente Inkarnation des Glaubensgehorsams auch im leiblich-materiellen Bezirk. Der »Gebrauch« der Ehe wird solchem Radikalismus des Glaubens gegenübergestellt.

4. Sakramentalität von Ehe und Jungfräulichkeit

Sowohl christliche Ehe als auch Ehelosigkeit haben - auf je verschiedene Weise - Anteil am Heilsmysterium. Am deutlichsten kommt dies in der Rede vom Sakrament der Ehe und im sakramentalen Verständnis der Jungfräulichkeit zum Ausdruck. Ehe und Ehelosigkeit als christlichen Stand sind Thema des nächsten Kapitels, im jetzigen Abschnitt geht es um Ehe und Jungfräulichkeit im Hinblick auf deren Sakramentalität.

a) Die Ehe als Sakrament

Daß die Ehe ein Sakrament ist, steht für v.Balthasar nicht in Frage.[115] In enger Verzahnung von Christus, Kirche und Sakramenten kommt die Ehe immer wieder zur Sprache (auch wenn sie in manchen Aufzählungen unerwähnt bleibt). Die Ehe ist in der Kirche von Anfang an auf die »Bluthochzeit« zwischen Christus und Kirche bezogen, woraufhin sich der existentielle Vollzug der Ehepartner auszurichten hat.[116] Die Kirche ist im gegenseitigen Dienst aller Kirchenglieder

---

[114] Vgl. S 3, 334. Das Folgende bezieht sich auf 334-335.

[115] Auf einige direkte Aussagen v.Balthasars zur Ehe als Sakrament kamen wir schon zu sprechen. Es sind dies insbesondere: S 2: 197 und 339; H 1: 554 und 555; H 3/2/1: 92; H 3/2/2: 443; S 4: 201-235; TD 2/2: 398; TL 2: 55; S 5: 121-133 und 150; TL 3: 317.

[116] Vgl. H 3/2,2: 475, mit Verweis auf Eph 5,21ff. Das Folgende bezieht sich auf ebd. 474-475.

das Sakrament der Gegenwart Christi, auch wenn die Vollverwirklichung dieser Gegenwart noch nicht erreicht ist. Die Kirche und mit ihr alle Sakramente stehen unter diesem eschatologischen Vorbehalt. Für die Ehe ist der eschatologische Aspekt der Sakramente deshalb von besonderer Bedeutung, da sie als Ehe der vergänglichen, noch zu erlösenden Natur zugeordnet ist und daher einer besonderen Rechtfertigung hinsichtlich ihrer Sakramentalität bedarf. Diese generelle Einschränkung, die v.Balthasars Eheverständnis durchgängig prägt, hat zur Folge, daß die Ehe zunächst pauschalen Abwertungen gegenüber verteidigt werden muß.

Zwei gegenläufige Perspektiven

Die Ehe kann nicht als unchristlich eingestuft oder grundsätzlich abgelehnt werden. Dagegen spricht die Weisung der Schrift. »Auch wenn die vollkommene Integrierung der Geschlechterordnung in die paradiesische Synthese nicht mehr gelingen kann, gibt es wirklich eine 'in allem ehrbare Ehe, ein unbeflecktes Ehebett' (Hebr 13,4), und jene, die die Ehe verbieten, sind Irrgeister und vertreten teuflische Lehren (1 Tim 4,1.3).«[117] Eine Daseinsberechtigung der Ehe auf der Basis der neutestamentlichen Offenbarung kann somit nicht bestritten werden.

Die Verstrickung der menschlichen Geschlechtlichkeit in den Kreislauf von Schuld und Tod, die v.Balthasar besonders im Bereich des Gattungshaften (Zeugung und Fortpflanzung) betont, macht jedoch eine besondere Rechtfertigung der Ehe als solche notwendig.[118] Grundla-

---

[117] Christlicher Stand, 286. Vgl. Neue Klarstellungen, 107: »Obschon die Ehe die Schwelle des endzeitlichen Reiches nicht überschreitet (Mt 22,30), und wer eine endzeitliche Existenz führen will, deshalb auf die Ehe, falls er es kann (Mt 19,12; 1 Kor 7,8f), verzichten soll, darf die Ehe, diese ursprüngliche Schöpfung Gottes (Mk 10,6; Eph 5,31), nicht als unchristlich und einfach überholt hingestellt werden (1 Tim 4,3); in manchen Situationen wird sie dringend nahegelegt (1 Tim 5,14; 1 Kor 7,9).«

[118] Vgl. H 3/2,2: 452: »Auflösbar wird die Aporie des gnostischen Dualismus (zwischen himmlischer Syzygie und ihrer irdischen geschlechtlichen Nachahmung) nur dort, wo die echte zweigeschöpfliche Geschlechtlichkeit von Mann und Frau von vornherein über sich hinausbezogen gedacht wird auf ein ewiges, heiliges und makelloses Stehen vor Gott, in der Liebe des menschgewordenen Christus zu seiner Braut, der aus Menschen bestehenden Kirche.« Siehe auch Christlicher Stand, 200: Durch die Teilnahme an der Kreuzesgnade wird »auch der leiblichen Hingabe zwischen den Gatten ihre letzte erlösende Rechtfertigung«

ge dafür ist die Offenbarung selbst: Durch die Inkarnation des Logos ist das sterbliche Fleisch für die Gnade der Erlösung nicht unzugänglich.[119] Sie gilt in Jesus Christus der *ganzen* Schöpfung. Auch die Ehe ist davon in keiner Hinsicht ausgeschlossen. Dies ist gleichsam der »kleinste gemeinsame Nenner« des christlichen Eheverständnisses. Damit die Ehe dem Todeskreislauf entrinnt, damit Eros und Sexus auf die christliche Caritas hin durchsichtig gemacht werden, bedarf es einer heiligen Lebensführung.[120] Der Ehestand ist seiner »Form« nach »dem alten Äon verhaftet, und es bedarf einer großen Anstrengung, den irdischen Eros zu einem reinen Ausdruck der himmlischen Agape zu läutern.«[121] V.Balthasar spricht von der Tragik, ja sogar von der »Dämonie der Geschlechter«[122]. Gemeint ist damit die immer wieder betonte Verknüpfung von Gattung, Endlichkeit und Tod. Der tragische Zirkel konnte nur durch die Erlösung im Kreuz durchbrochen werden. Nur aus der Perspektive des fruchtbaren Kreuzes kann die Ehe (wieder) neu zu den Formen der christlichen Hingabe gezählt werden, auch wenn die Einheit des Urstandes nicht wiederherzustellen ist. Die Form der geschlechtlichen Hingabe, an die die Verheirateten gebunden sind, macht es ihnen schwer, sich dabei von jeder »schuldbedingten Begierlichkeit« zu lösen.[123]

---

zuteil.

119 Vgl. Christlicher Stand, 287. Siehe ebd. 286: »Das Urbild der Kirche ist das fleischwerdende Wort, die Mutter werdende Jungfrau, so kann in der *Richtung auf Fleischwerdung* der ehelichen Liebe nichts Unreines liegen.« Und H 3/1,2: 613: Angesichts möglicher »Schwermut und Angst der endlichen Existenz« gilt es »nicht aus den Augen zu lassen, daß die Ehe christlich ein Sakrament ist, daß, wie der ganze Mensch, so auch sein Eros einer Erlösung fähig ist, daß der Bund Gottes mit dem Menschen in Christus (und der Kirche) eroshafte Gestalt trägt«.

120 Diese »Duchsichtigmachung von Eros und Sexus auf die christliche Caritas« steht im Kontext des Beitrages »der Laien in der Welt zum Aufbau einer strahlenden, apostolisch wirkenden Kirche«: Christlicher Stand, 286-287.

121 Neue Klarstellungen, 108. Vgl. Christlicher Stand, 200: »Wohl ist es wahr, daß die geschlechtliche Liebe nach dem Paradies unter jene Dialektik von Zeugung und Tod gerückt ist, aus der nichts Menschliches sie befreien konnte. Lust und Angst waren in einem Zirkel eingefangen, aus dem es keinen Ausweg gab, weil die vollkommene Liebe, die Gott im Ursprung als das Prinzip der Ehe den Gatten verliehen hatte, im Bereich der Gattungsschuld nicht wiederzufinden war.«

122 Christlicher Stand, 201. Das Folgende beruht auf 201-202.

123 V.Balthasar spricht an dieser Stelle vom »schwer erreichbaren Grenzfall«: A.a.O. 202.

Die Ehe ist also einerseits von der Erlösung nicht ausgeschlossen, andererseits ist es nur schwer erreichbar, sie in vollkommener Liebe und Hingabe zu leben. V.Balthasar grenzt sich sowohl von der Abwertung der Ehe (vor allem im Zusammenhang mit der Geschlechtlichkeit des Menschen), als auch von der Vergötzung derselben (und wiederum insbesondere des Sexuellen) ab. Damit betont er zwei gegenläufige Perspektiven, die sich einer klaren Systematik widersetzen. Dieser hermeneutische Hintergrund ist beim Verständnis der Ehe als Sakrament zu berücksichtigen.

Leibhaftige und personale Hingabe

In der Heilsgeschichte vollzieht sich die Leibwerdung und Leibhaftigkeit der Liebe Gottes im Kreuz Christi. Der für die Sakramentalität der Ehe entscheidende Punkt ist die Entsprechung zwischen gelebter Liebe Gottes in Christus zum Menschen und der gelebten, leibhaftigen Liebe der beiden Eheleute, ihrer gegenseitigen willentlichen Übereignung und Selbstübergabe, welche im Mittelpunkt des ehelichen Begegnungsprozesses steht.[124] Es ist geradezu eine »christologische Anforderung« an die Ehepartner, sich so zu lieben, wie Christus seine Kirche geliebt und sich für sie hingegeben hat.[125]
Das Sakrament der Ehe besteht letztlich in der inneren Verbindung von christlicher Ehe mit Inkarnation und Trinität. Die »inkarnatorische Dimension«[126] der Ehe kommt vor allem in der gegenseitigen Hingabe von Mann und Frau zum Ausdruck. Die eheliche Hingabe stellt eine radikale, konkrete und leibhaftige Form menschlicher Begegnung dar.[127] In ihr vollzieht sich eine Radikalisierung der personalen Begegnung in die Leiblichkeit hinein. In Raum und Zeit konkretisiert sich die Einmaligkeit und Ausschließlichkeit der Personbegegnung der Ehepartner. Diese Selbstübergabe des Mannes an die Frau und der Frau an den Mann hat deren gegenseitige »Enteignung« zur Folge. Die tragende Mitte der Ehe ist also die Liebe - im sakramentalen Sinn die Liebe Gottes. Damit der Mensch in seiner natürlichen Geschlecht-

---

[124] V.Balthasar bezieht sich dafür auf 1 Kor 6 und 7. Vgl. S 4, 210-214.

[125] Vgl. S 5, 130.

[126] S 4, 214.

[127] Vgl. ebd. 210, worauf auch der folgende Abschnitt beruht.

lichkeit zu einer Sprache der interpersonalen Liebe finden kann, darf kein Bereich seiner Leiblichkeit ausgeklammert bleiben.[128] Die Parallele der Inkarnationsbewegung Gottes in Jesus Christus zur Inkarnationsbewegung der Liebe in der Ehe ist deren tiefste sakramentale Wirklichkeit. Die enteignete Liebe in christlicher Ehe unterscheidet sich in diesem Punkt nicht von der Liebe in christlicher Jungfräulichkeit.

Pneumatologische Dimension

Die Sakramentalität der Ehe kommt - außer in der inkarnatorisch-christologischen Dimension - auch in der pneumatologischen zum Tragen. V.Balthasar sieht in der Beziehung zwischen Personen ein erstrangiges Bild und Gleichnis für das Wesen Gottes.[129] In der (inkarnatorisch strukturierten) ehelichen Beziehung kommt diese Verwurzelung jeder menschlich-personalen Begegnung in der Trinität leibhaftig und radikal zum Ausdruck. Die gegenseitige Durchdringung von inkarnatorischem und trinitarischem Aspekt wird im Zueinander vom Geist der Liebesbegegnung (»Pneuma«) und dem personal geprägten Liebesbund (»Institution«) festgemacht. »Das personale Zusammenkommen der beiden Enteigneten ist nur in dem Dritten möglich, das - lange vor dem Kommen des Kindes - jenes aus ihren beiden Freiheiten zusammentretende Objektive ist: ihr Gelöbnis, in dem jeder die Freiheit des andern und ihr Geheimnis endgültig bejaht und sich diesem Geheimnis überantwortet«.[130] Der Bund der Ehepartner wird so zu einer Größe, die den Eheleuten gegenübertritt und ihre Ehe als solche ermöglicht und trägt. Die subjektive personale Hingabe der Ehegatten in deren gemeinsamer Liebe konstituiert den objektiven Bund der Institution Ehe, welcher wiederum beide überragt.

---

[128] Vgl. S 4, 209, wo vor allem auf die geschlechtliche Scham hingewiesen wird.

[129] Vgl. ebd. 204. Im ganzen Aufsatz versucht er von den zwischenmenschlichen Beziehungen ausgehend, »ein Licht auf das trinitarische Geheimnis zu werfen«: Ebd. 202, Anm. 1. Gedacht ist somit an eine Ergänzung des psychologischen Ansatzes der augustinischen Tradition. M. Kehl weist darauf hin, daß v.Balthasar beabsichtigt, »die westliche und östliche Trinitätslehre miteinander zu vermitteln«: M. Kehl, Kirche als Institution, 275, Anm. 201.

[130] Ebd. 210.

An dieser Stelle kommen die Lebensformen der Ehe und die der Jungfräulichkeit überein. Sowohl Ehe als auch Jungfräulichkeit erhalten ihre Sakramentalität aus dem trinitarischen Erlösungsgeschehen. Die selbstlose gegenseitige Hingabe von Mann und Frau in der Ehe übersteigt jeden Egoismus im Geist der Liebe, in dem die Trinität Gottes verborgen zum Tragen kommt.[131]

Ideal christlich-sakramentaler Ehe

Die Sakramentalität zählt neben »Nachkommenschaft« und »Liebe und Treue« zu den drei klassischen (augustinischen) Ehezwecken. Für v.Balthasar sind diese drei Momente christlicher Ehe untrennbar.[132] Nachkommenschaft und gegenseitige Liebe und Treue sind zwei untrennbare Seiten des Gleichen. Die Sakramentalität der Ehe bezieht die biologisch-personale Einheit in das Mysterium der Vereinigung Christi mit der Kirche ein. Die paradoxe Situation des Menschen in der Ehe angesichts der Unvereinbarkeit von personaler, gnadenhafter Liebe und endlicher, todesgeprägter Geschlechtlichkeit wird in der christlichen Anteilnahme am Bundesgeheimnis Gottes und des Menschen verwandelt.

> »Was allgemein für das Christwerden in der Taufe gilt, das gilt auf sehr eigentümliche Weise nun auch für den eine menschliche Ehe eingehenden Menschen, der, rein weltlich gesehen, die anfangs geschilderte Paradoxie 'ewiger Treue' innerhalb unausweichlich zeitlichen Grenzen als Lebensform annimmt. Paulus stellt dieses Paradox ganz bewußt in die umgreifende neutestamentliche Form des Bundes hinein, nunmehr als Ehebund zwischen Christus und seiner Kirche, die, ihm als Haupt entlassen, zugleich sein Leib ist, wie in Rückblendung auf die Genesis (die Entstehung Evas aus der Seite Adams) gesagt werden kann. Und zwar ist die christliche Ehe nunmehr, wie Scheeben richtig sieht, nicht bloß ein Symbol oder eine äußerliche Abbildung des neuen Bundesmysteriums, 'sondern ein aus der Vereinigung Christi mit der Kirche herauswachsendes, von ihr getragenes und durchdrungenes Nachbild derselben, indem sie nicht nur jenes Mysterium versinnbildet, sondern es wirklich in sich darstellt, und dadurch darstellt, daß es in ihr sich

---

131 Vgl. S 5, 131-132. Dem Ehelosen ist dieser Zusammenhang »offener zugänglich«: Ebd.

132 Vgl. zum Folgenden. S 5, 122-123.

tätig und wirksam erweist'. Da ein solches Einbezogenwerden ins Mysterium selbst mysterienhaft bleibt, kann die Ehe, weltlich betrachtet, nicht anders als in der beschriebenen Spannung fortbestehend gesehen werden: Zeugung und Geburt, Leben und Sterben erfolgen biologisch auf unveränderte Weise. Aber die geschenkte Gnade und deren personale Ergreifung verwandeln diesen äußern Anschein vollkommen, vorausgesetzt, daß das Ergreifen dem Ergriffenwordensein zu entsprechen versucht (vgl. Phil 3,12)«.[133]

Die paradoxe Lebensform menschlicher Ehe wird durch den Ehebund zwischen Christus und der Kirche zum Sakrament. Die christliche Ehe ist insofern einbezogen in dieses Heilsmysterium, als sie es analog verwirklicht. Entscheidend ist dabei die Gnade Gottes einerseits und deren personale Entgegennahme durch Mann und Frau andererseits. In Jesus Christus ist die paradoxe Spannung zwischen gattungshafter Endlichkeit und personaler Unendlichkeit er-löst. Für jeden Menschen entscheidend ist die Teilnahme an dessen personalen Existenzform. Dieses Grundgesetz gilt auch für den Lebensbereich der Ehe.
Die weitestgehendste Aussage im Hinblick auf die Frage, wie menschliche Ehe und Christus-Kirche-Beziehung innerlich *verbunden* sind (daß die Ehe »nicht nur jenes Mysterium versinnbildet, sondern es wirklich in sich darstellt«), ist das im obigen Text angeführte Zitat Scheebens.[134] V.Balthasar selbst geht in eigenen Formulierungen im Hinblick auf die Identität von Natur und Gnade im Ehesakrament nicht

---

133 Ebd. 129-130, mit Zitat aus: M.J. Scheeben, Die Mysterien des Christentums, 2. durchges. Aufl., hg. v. J. Höfer, Freiburg i.Br. 1951, 496, wobei v.Balthasar auf W. Kasper, Zur Theologie der christlichen Ehe, 47, verweist.

134 Scheeben verknüpft das Mysterium der (»ehelichen«) Einheit von Christus und Kirche mit dem Mysterium der christlichen Ehe. Die Christen, die Glieder am Leib Christi sind, tragen in ihrer Ehe dazu bei, diesen mystischen Leib zu erweitern und zu entfalten. Scheeben bezeichnet den Ehebund deshalb als »Abzweigung oder Ausgliederung« des Bundes Christi mit der Kirche: Die Mysterien des Christentums, 497. Er faßt zusammen: »Die Gnadenfruchtbarkeit der christlichen Ehe bildet ihre Sakramentalität im engeren Sinne. Aber diese gründet sich auf ihr inneres, mystisches Wesen, auf die Sakramentalität des Ehebundes als solchen, insofern er das Abbild und das Organ des Konnubiums Christi mit der Kirche ist, und muß daher auch aus der letzteren bestimmt und erklärt werden«: Ebd. 500.
Zu Scheebens Eheverständnis vgl.: M. Valković, L'uomo, la donna e il matrimonio nella teologia di Matthias Joseph Scheeben, Rom 1965; B.T. Mullady, The mystery of marriage in Matthias Joseph Scheeben, in: Vari Autori, M.J. Scheeben, Studi Tomistici 33, hg. v. A. Piolanti, Rom 1988, 435-441.

so weit. Er betont bei aller Verschmelzung immer auch die grundsätzlichen Differenzen.[135]

Die sakramentale Ehe als »Grenzfall«

Das Liebesverhältnis von Christus und Kirche stellt das ideale Modell für die christliche Ehe dar.[136] Was zur Sakramentalität der Ehe ausgeführt wurde, steht jedoch im Schatten der menschlichen Natur, die hinter dem (Schöpfungs-)Plan Gottes weit zurückbleibt. V.Balthasar verfolgt in diesem Zusammenhang eine Art »Grenzfall-Theologie« der Ehe. Der ursprüngliche und freie Entschluß von Mann und Frau, sich gegenseitig ganz hinzugeben, ist ideal. Das menschliche Subjekt wird darin »in seiner unverfallenen Idealität genommen: als fähig zu der Enteigung, auf die hin es entworfen und als freies angelegt ist.«[137] Im Hinblick auf die Ehe ist es für v.Balthasar evident, daß diese Idealität nicht als real gegeben vorausgesetzt werden kann. Eine gegenseitige, *vollkommene*, personale Enteignung der Ehepartner kommt geradezu einem »Grenzfall« nahe.[138] Diese Einschränkung des idealen Gedankens durch den Verweis auf die reale Unvollkommenheit des Menschen bewahrt v.Balthasar zwar einerseits davor, die Ehe zu verherrlichen und ihre Verwiesenheit über sich hinaus zu mißachten. Andererseits stellt diese generelle Begrenzung die Sakramentalität der Ehe wieder in Frage. Wenn in christlicher Ehe nie eine bedingungslose Hingabe möglich ist und wirklich wird, »fehlt« der Ehe das, was als das unterscheidend Sakramentale beschrieben wurde: das opus operatum als das auf den Menschen zukommende (gnadenhafte) Verbürgtsein des trinitarischen Geschehens Gottes mit der Welt.

---

135 Der Ausgangspunkt der Ausführungen zur Ehe im Aufsatz »Person, Geschlecht und Tod« in: S 5, 121-133, bildet das »Paradox zwischen leiblichem Tod und 'ewiger Treue'« und die daraus entstehende Frage, wie in der Ehe »endgültige Treue sich angesichts der tod-sicheren Endlichkeit bewähren kann«: A.a.O. 124 und 126.

136 Vgl. S 4, 216.

137 Ebd. 216.

138 Vgl. ebd. 211 und Christlicher Stamd, 202.

b) Die Sakramentalität der Jungfräulichkeit

Die christliche Jungfräulichkeit zählt nicht zu den »sieben Sakramenten«. Die evangelischen Räte der Armut, des Gehorsams und der Ehelosigkeit haben jedoch für v.Balthasar sehr wohl sakramentalen Charakter. Der Umstand, daß die Gelübde nicht ein achtes Sakrament neben den anderen darstellen, liegt für ihn darin begründet, daß die evangelischen Räte eine gesamtkirchliche Lebensform darstellen, die ausdrücklich das marianisch-ekklesiologische Lebensgesetz zur eigenen Lebensform macht.[139] Dieses Lebensgesetz besteht angesichts von Kreuz und Erlösung darin, das ganze Dasein in Gehorsam, Armut und Jungfräulichkeit einzusetzen. Es ist eine besonders enge und zentrale Form der Teilnahme am überamtlichen und gesamtsakramentalen Geheimnis. Die Ehelosigkeit (mit Armut und Gehorsam) ist insofern »sakramentaler«, als sie in besonderer Weise am Mysterium der Hochzeitlichkeit teilnimmt. Sie gehört nicht zur zweiten (amtlich-sakramentalen) Ebene der Kirche, auf der die sieben Sakramente anzusiedeln sind.[140] Die christliche Jungfräulichkeit ist nicht durch Sakramente vermittelt. Sie ist unmittelbare Anteilnahme am gesamtsakramentalen Hochzeits- und Fruchtbarkeitsgeheimnis zwischen Christus und Kirche.[141] Die christliche Ehelosigkeit muß also als Über- und nicht Unterbietung des Einzel-Sakraments der Ehe verstanden werden.
An anderer Stelle (TD 2/2) wird zurückhaltender und mit anderer Stoßrichtung begründet, weshalb die Ehe unter die Sakramente gezählt wird, nicht aber die Ordensgelübde,

> obwohl in den evangelischen Räten »ein Mensch sich vielleicht noch tiefer und ausschließlicher in das Verhältnis zwischen Christus und Kirche hineinweiht. Im Sakrament [der Ehe] geht die Initiative von Christus(-Kirche) aus, der das Ehepaar in die Gnade des fleischgewordenen Bundes einbezieht; im Gelübde [der evangelischen Räte] geht sie vom Einzelnen aus, der sein Dasein auf diesen Bund hinbezieht. Doch darf man andererseits keine hermetische Trennungswand zwischen Sakrament und Sakramentale aufrichten; viele kirchliche Akte können

[139] Vgl. S 2, 335-336.

[140] Vgl. oben, I. 5. (»Die sakramentalen Ebenen der Kirche«).

[141] Vgl. S 2, 23. Siehe dazu jedoch die gegenläufige Aussage in S 2, 335: »Es gibt, durch die Sakramente und das Amt vermittelt, aber nicht identisch damit, im christlichen Leben besonders enge und zentrale Formen der Teilnahme am überamtlichen und gesamtsakramentalen Geheimnis«.

am Ursakrament der Kirche als solchem teilnehmen und von diesem geprägt werden, ohne als Sakramente im engeren Sinn zu gelten.«[142]

Dieser Gedankengang setzt voraus, daß die Ehe und die Initiative zur Eheschließung *an sich* nicht sakramental verstanden werden. Erst ihre »Erhebung« (in der Initiative Christi) macht die Ehe zum Sakrament. Die Betonung der Entgegennahme der Initiative durch den Menschen bzw. durch Gott wird jedoch durch den Hinweis auf den »fließenden« Sakramentenbegriff relativiert. Für v.Balthasar wird die christliche Ehe vom sakramentalen jungfräulichen Verhältnis zwischen Christus und Kirche umgriffen. Dementsprechend darf der Ehe kein theologisches Übergewicht beigemessen werden.[143]

Jungfräuliche Fruchtbarkeit und Eucharistie

Die sakramentale Wirklichkeit der Eucharistie und die alles Geschlechtliche über-erfüllende Fruchtbarkeit christlicher Jungfräulichkeit sind für v.Balthasar innerlich verbunden. Das Bindeglied dieser Verbundenheit ist die Fruchtbarkeit Christi. Der Leib Christi wird in seiner Existenzform als Eucharistie in zeugende Fruchtbarkeit verwandelt. V.Balthasar entfaltet und vertieft diese Verbindungslinien von Christus-Kirche-Eucharistie und Fruchtbarkeit in prägnanter Weise. Sie werden geradezu zu einem Spezifikum des Christlichen: »Im Christlichen steht am Ort des Geschlechtlichen die Eucharistie der pneumatischen Leiblichkeit des Sohnes.«[144]

Das Mysterium der Eucharistie wird durch das Mysterium des Kreuzes ermöglicht. Wiederum ist es die Fruchtbarkeit, die die innere Einheit der Bereiche ausmacht. »Die ganze Menschheit Jesu ist durch sein Kreuz von einer übernatürlichen Fruchtbarkeit, angesichts derer die augenblickliche Fruchtbarkeit des Mannes im Geschlechtsakt nur ein schattenhaftes Gleichnis ist. Und so muß es auch sein, wenn der Sohn in seiner Eucharistie (die den 'Leib' der Kirche allererst begründet: 1

---

[142] TD 2/2, 398. Auch in diesem Zusammenhang enthält sich v.Balthasar lehrhafter Systematik (»da wir hier keine Sakramententheologie entwickeln«), sondern verweist auf K. Rahner. Tatsächlich finden sich Aussagen v.Balthasars, die in großer Spannung zur zitierten Stelle stehen. Vgl. dazu unten Anm. 264.

[143] Vgl. S 4, 372.

[144] H 3/2,2: 379. Vgl. ebd. 453.

Kor 10,17) eine wahre Darstellung der ewigen Fruchtbarkeit des Vaters und zugleich als Mensch (als Mann!) das Prinzip der Kirche (die wie Eva aus Adam entsteht) sein soll.«[145] Die eucharistische Fruchtbarkeit ist also nur trinitarisch denkbar. Die Zweieinheit von Christus und Kirche, die sich in der Eucharistie ausdrückt, setzt die Trinität voraus. Diese Einheit ist letztlich allein vom Wirken des Heiligen Geistes her zu verstehen.
Die trinitarische Verwurzelung der hochzeitlichen Fruchtbarkeit wird konkret im Sakrament der Eucharistie. Diese gegenseitigen Verschränkungen beziehen durch die Person und den Stand Jesu (und Marias) den Stand der Ehelosigkeit mit ein: »Die eucharistische Hingabe Jesu am Kreuz hängt ganz wesentlich mit seiner Ehelosigkeit zusammen.«[146] Die Selbsthingabe Jesu im Kreuzesopfer ist eucharistisch-sakramental und zugleich jungfräulich-fruchtbar.[147] Wir befinden uns mit diesen Aussagen im Zentrum der christlichen Offenbarung. V.Balthasar setzt die Überzeugung vom Wert der christlichen Jungfräulichkeit in einer »Hierarchie der Wahrheiten« sehr hoch an.[148]

Die Jungfräulichkeit Marias

Die marianische Jungfräulichkeit ist Vorbild der menschlich(-erlösten) Haltung vor Gott. Die Jungfräulichkeit Marias ist sowohl leiblich (nach außen) als auch geistig (nach innen) fortwährend.[149] Jungfräulichkeit bedeutet in diesem Sinn Ausschließlichkeit der Hingabe. Die marianische Jungfräulichkeit ist somit in erster Linie der Ausdruck einer personalen Haltung dem bräutlich begegnenden Gott gegenüber. Bei den Kirchenvätern wird deutlich, daß diese marianische Haltung

---

145 Nachwort, in: L. Bouyer, Frau und Kirche, 89. Vgl. H 1, 462 und S 3, 215.

146 S 4, 376. In diesem Kontext steht der oben (im zweiten Kapitel, Anm. 24) zitierte, befremdliche Satz, der nicht mit dem Anliegen der Leibbejahung vereinbar scheint.

147 Vgl. z.B. S 1, 89 oder TD 2/2, 395.

148 Vgl. S 3, 216: Es ist ein »Paradox, daß in der eucharistischen Beziehung das geschlechtliche Gleichnis sowohl erfüllt wie in den Geist überstiegen ist, daß es vergeistigt ist, ohne deswegen entleiblicht zu sein«. Dieses Paradox »müssen wir als analogielos stehen lassen, weil es den Höhepunkt der einmaligen Offenbarungswege Gottes mit dem Menschen bildet.«

149 Vgl. S 2, 171. Der folgende Abschnitt bezieht sich darauf.

sowohl die Jungfräulichkeit der Kirche wie die der gottgelobten Jungfrauen und jedes einzelnen auch verheirateten Gläubigen umfaßt.[150]
Maria ist nicht nur Typos und Realsymbol der Kirche. In ihr ereignet sich die Neugeburt des Sohnes (Gottes). Dieses Menschwerdungsereignis muß nicht nur zeichenhaft, sondern auch sakramental genannt werden. In diesen Zusammenhang ist nach v.Balthasar das Unversehrtheitsmerkmal der Jungfrau, die leibliche Jungfräulichkeit und deren Zeichencharakter, anzusiedeln. Maria ist gerade auch in ihrer Leiblichkeit das in jeder Hinsicht verwirklichte Urbild christlicher Unversehrtheit. Ihre Existenz ist universal ausgespannt zwischen dem Urstand (»diesseits aller todverfallenen Sexualität«) und dem Endstand (»wo die Auferstandenen 'nicht mehr heiraten, sondern wie die Engel Gottes leben', Mt 23,30 f«).[151]
Die Inkarnation ist ein sakramentales Geschehen, welches sich in seiner Sakramentalität auch auf die Jungfräulichkeit Marias auswirkt. Die Unversehrtheit der Jungfrau ist angesichts des umfassenden Zeichencharakters des menschlichen Leibes ein wesentliches Realsymbol. Die Jungfräulichkeit Marias ist in diesem Sinn sakramental. Sie ist leibhaftig heilswirksam.

III. Christlicher Stand: Ehe und Jungfräulichkeit

Die Lehre vom christlichen Stand findet in der gegenwärtigen Theologie nur wenig Beachtung. Die Gründe dafür sind zunächst naheliegend: Zum einen ist der Begriff des Standes nicht eindeutig festgelegt[152], zum zweiten besteht eine traditionelle Einteilung in Welt-

---

150 Zum folgenden vgl.TD 2/2, 306, mit Verweis auf R. Laurentin. Der Kontext der zitierten Stelle ist die Frage nach der »virginitas in partu«.

151 A.a.O.

152 »Die sehr detaillierten Begriffsuntersuchungen zeigen, wie polyvalent der Terminus Stand nicht nur außerhalb der Kirche (Soziologie, Philosophie), sondern auch in der kirchlichen Theologie ist«: Christlicher Stand, 8, Anm.1. Vgl. W. Breuning, Stände des Menschen, in: LThK², Bd. 9, 1013-1016, hier 1015: »Wegen vielfacher Kombinationsmöglichkeiten der Schichten ist es bis heute nicht zu einer ganz übereinstimmenden Begrifflichkeit gekommen.«
Inzwischen wird der Standesbegriff von nicht wenigen Theologen überhaupt nicht mehr aufgegriffen bzw. einer (vergangnen) Epoche zugeordnet.

stand, Ordensstand, Priesterstand und Laienstand, welche ein fixes Standesgefüge darstellt, das scheinbar keiner weiteren Klärung bedarf.[153] V.Balthasar wendet sich vehement gegen diese theologische »Nachlässigkeit«. Die dogmatische Frage nach dem christlichen Stand ist eine der wichtigsten Triebfedern für ihn, überhaupt Theologie zu betreiben.

Der christliche Stand, der etwa in der Mitte des 20. Jahrhunderts neue Aufmerksamkeit fand, ist der des Laien. Die Grundlagen für eine eigenständige Mitverantwortung des Laien in der Kirche wurden neu bedacht.[154] Die Frage nach der Bedeutung des Laien als Glied des Leibes Christi ist unlösbar mit dem Verständnis der Kirche verbunden. Die Entwicklung einer Theologie des Laien verläuft in den vergangenen Jahrzehnten parallel zur Entwicklung der Ekklesiologie und gewinnt vor allem im Umfeld des II. Vatikanischen Konzils zunehmend an Bedeutung. V.Balthasar beschäftigte sich seit den Vierziger Jahren kontinuierlich mit der Rolle des Laien in der Kirche, wobei er die Laienfrage mit der theologischen Frage nach der Ständestruktur der Kirche verknüpfte.

> »Die Ekklesiologie der neuen Laientheologie konnte zwei scheinbar entgegengesetzte Formen annehmen, die sich aber doch beide ihrer Tendenz nach zusammenfanden: entweder erhob man das Postulat einer klaren Unterscheidung und Scheidung der 'zwei Leben': das eine eschatologisch aus der Welt heraus in den Dienst der Kirche: Rätestand und Priesterstand, das andere in der Welt verwurzelt und in der weltlichen Situation christlich sich entscheidend: Weltstand (Ernst Michel, Karl Rahner, auch Bernanos in seiner Art) - oder man suchte vor allem die spirituellen Werte der evangelischen Räte für den Laienstand in der Welt zurückzugewinnen, für die Bildung der vollen christlichen Persönlichkeit, wobei die ganze Ständescheidung eigentlich in den Hintergrund trat (so doch wohl bei Guardini).«[155]

Für v.Balthasar selbst ist Auslöser dieser neuen Frage nach den kirchlichen Ständen die Beschäftigung mit der Idee des Säkularinstitutes. A. v.Speyr begann 1941 zusammen mit ihm den Gedanken einer neu zu gründenden Gemeinschaft zu entwickeln, die ein Leben in der Welt

---

[153] Vgl. S 2, 355.

[154] Vgl. Gottbereites Leben, 41-42. Siehe auch S 1, 238.

[155] S 2, 443.

mit dem Lebensstand der evangelischen Räte in Einklang bringen sollte. »'Der Laie und der Ordensstand' (1948) ist die erste, noch vielfach unzureichende Programmschrift für das, was nachfolgend als Adriennes und mein wichtigstes Anliegen geschildert werden wird: das Institut für Frauen und Männer, die in der Welt leben und arbeiten, und dabei die evangelischen Räte befolgen.«[156] Über Jahrzehnte hinweg begleitete dieses Lebensprogramm die theologische Arbeit v.Balthasars. Die Frage nach dem christlichen Stand ist eines der Themen, die er in der gegenwärtigen Theologie wirkungsvoll zur Sprache brachte.

Inmitten einer »entgotteten, vollkommen laisierten Welt« bedarf es Laien, die in der ungeteilten Ganzheit ihrer Existenz Christus nachfolgen und sich ihm zur Verfügung stellen. Das traditionelle Standesgefüge ist insofern ungenügend, da der sogenannte Stand der Vollkommenheit (der Ordensstand) einem gebildeten, in seinem Fach qualifizierten Laien nicht zugänglich ist.[157] Es geht in der Idee der Säkularinstitute um die Vereinbarkeit eines christlichen Lebens in der Welt mit der Bereitschaft zur standesbegründenden totalen Nachfolge, die die formgebende Einheit des Rätelebens ist. Mit dieser Zielsetzung entwickelt v.Balthasar Strukturen einer Lehre von den christlichen Ständen.

1. Strukturen einer Lehre von den Ständen

Wir stützen uns im Folgenden vor allem auf die 1977 veröffentlichte Fassung des Buches »Christlicher Stand«[158]. Vorausgesetzt wird für eine Darlegung der christlichen Stände erstens, daß innerhalb der

---

[156] Unser Auftrag, 82. Zum Anliegen der Säkularinstitute finden sich bibliographische Überblicke in: Unser Auftrag, 88, Anm. 14, und Gottbereites Leben, 242-243.

[157] Vgl. Gottbereites Leben, 49 und 73. Dies hat zur Konsequenz, »daß es heute praktisch unmöglich ist, als Arzt, Politiker, Journalist usw. auf weltlichem Posten das Leben der evangelischen Vollkommenheit zu führen, da es nur dem Theologen vergönnt ist, Ordensleben und Fachstudium zu verbinden«: Ebd. 78.

[158] Zitiert nach der zweiten Auflage 1981. »Die erste Fassung ... entstand um 1945 ... Es erschien in einer Neubearbeitung 1977, aber nur einzelne Kapitel in der Mitte wurden verändert«: Unser Auftrag, 83-84. Vgl. Gottbereites Leben, 7: »'Der Laie und der Ordensstand' erschien 1948, anstelle des umfassenderen, aber damals noch nicht zur Veröffentlichung freigegebenen Werkes 'Christlicher Stand'«.

Kirche verschiedene, sich gegenüberstehende und ergänzende Stände existieren, und zweitens, daß die personale Entscheidung zur Nachfolge eine »Scheidung« durch Jesus Christus selbst ist. Es besteht somit eine primäre Scheidung zwischen Christsein/Kirche und Welt, aus der die spätere Scheidung innerhalb der Kirche zwischen Amt und Laien erst sekundär hervorgeht.[159] Die Existenz und die Verschiedenheit der kirchlichen Stände, die von v.Balthasar als Ausgangspunkt vorausgesetzt werden, sind jedoch systematisch nicht zu harmonisieren. Es scheint unmöglich zu sein, die Unterscheidung von Priesterstand und Laienstand mit der von Rätestand und Weltstand in Übereinstimmung zu bringen. Aus der Kreuzung von Priesterstand - Laienstand und Laienstand - Ordens-(bzw. Räte-)stand kann das Standesproblem in der Kirche grundsätzlich aufgerollt werden.[160]
Im Kontext einer Theologie der kirchlichen Stände wird deutlich, daß im Hinblick auf die Trennung von Räteleben und Weltleben und für den christlichen Stand überhaupt eine Rückbesinnung auf das Wesen der Kirche notwendig ist.[161] Die traditionelle Ständestruktur reicht als Grundlage für eine Theologie der Säkularinstitute nicht aus. Es ist unumgänglich, sie im Rahmen des gesamten Kirchenverständnisses einzuordnen, damit sie Konturen gewinnen kann.

> »Das Wichtigste ist, daß wir uns eingangs neu vergegenwärtigen: Die Kirche ist ein Mysterium. Als Leib und Braut und Fülle Christi nimmt sie teil an dessen gottmenschlichem Wesen und reicht deshalb in Tiefen hinab, die kein ordnender Geist ausloten kann. Ihre äußere, sichtbare Struktur aber ist die Darstellung dieser Mysterienwirklichkeit; deshalb ist es nicht verwunderlich, daß die Strukturen, die die kirchlichen 'Stände' jeder für sich und in ihren gegenseitigen Beziehungen darstellen, niemals ... endgültig überblickbar werden können, sondern geheimnisvoll dialektisch bleiben müssen«.[162]

Damit sind wir für das Verständnis der christlichen Stände einerseits auf den ekklesiologischen Zugang zurückverwiesen, andererseits gilt

---

[159] Vgl. a.a.O. 8 und 110.

[160] Vgl. S 2, 84, und Gottbereites Leben, 34.

[161] Im zweiten Abschnitt des Aufsatzes »Zur Theologie der Säkularinstitute«, in: S 2, 434-469, entwirft v.Balthasar in kürzesten Umrissen eine Theologie der kirchlichen Stände. Das Folgende beruht auf 443-444.

[162] A.a.O. 443.

auch hier der methodische Grundsatz, daß das Phänomen nicht systematisch zu beherrschen ist: Es ist nicht möglich, die vielfachen Beziehungen zwischen den kirchlichen Ständen auf eine einzige Formel zu bringen.[163] Der Gedanke der Säkularinstitute (Laien, die die evangelischen Räte in der Welt leben) bringt die traditionellen Trennungen von Rätestand-Weltstand und Priesterstand-Laienstand in Bewegung.

a) Die Kirchlichkeit der Stände

Der ordnende Maßstab für die verworrenen Strukturen ist für v.Balthasar durch den Stand der evangelischen Räte gegeben. Denn die Einheit der Stände besteht in ihrer Kirchlichkeit; die Standesunterschiede werden in der gemeinsamen kirchlichen Gnade aufgehoben.[164] Die Räte jedoch sind das Kirchlichste der Kirche. Sie repräsentieren übersakramental Kirche in der Kirche. Dies gilt nicht nur für die Zeit der Heilsgeschichte, sondern schon für den paradiesischen Urstand wie auch für die himmlische Vollendung des Menschen.

> »Der himmlische Endstand« wird »die Vollendung des Urstands im Paradies sein. Im Urplan Gottes hätten sich die Stände, wie die Kirche sie heute kennt, nicht aus ihrer Einheit heraus zu differenzieren brauchen. Armut, Jungfräulichkeit und Gehorsam wären in keinem Gegensatz zu Reichtum, Fruchtbarkeit und Freiheit gestanden, sondern von Anfang an ihr erstgültiger Ausdruck und in der Vollendung des Himmels ihre endgültige Bestätigung gewesen. So hätte der Mensch seine erste Bestimmung, die Bestimmung zur Liebe, erfüllen können«.[165]

---

163 Vgl. Christlicher Stand, 294.

164 Vgl. ebd. 295. Gemeint ist dabei die »Gnade der persönlichen Gemeinschaft und Liebe«, der »alle Ämter und Sendungen zu dienen haben«.

165 Ebd. 99. Vgl. M. Scheuer, Die Evangelischen Räte, 75: »Die Räte repräsentieren den paradiesischen Urstand, d.h. sie zeigen an, wie Gott den Menschen ursprünglich gedacht hat. Durch diesen theologischen Topos (Räte = Paradies) unterscheidet sich der Basler Theologe z.B. von Rahner. Die Räte sind für von Balthasar in keiner Weise akzidentell. Sie werden so sehr von der protologischen Fülle her gedeutet, daß ihr asketischer Charakter immer im Hintergrund bleibt.« Siehe auch dazu die Kritik Scheuers an v.Balthasars Darstellung der Jungfräulichkeit, ebd. 150: »Von Balthasar ordnet die Jungfräulichkeit so sehr in die konkupiszenzfreie Beziehung zwischen Christus und Maria ein, daß die konkret gelebte Jungfräulichkeit zwar im Gelingen, aber in den Zerrformen kaum wahrgenommen wird. Das biblische Ideal blendet so sehr, daß konkret pädagogische oder psychologische Probleme mehr oder minder irrelevant bleiben. Bei der Ehe hingegen hat von Balthasar (zumindest in seinen Vergleichen) das durchschnitt-

Im Rückgriff auf den Urstand des Menschen leitet v.Balthasar die wegweisenden Maßstäbe einer Standeslehre ab. Erst durch den Sündenfall traten die im Plan Gottes vereinten Aspekte von Armut und Reichtum, Jungfräulichkeit und Fruchtbarkeit, Gehorsam und Freiheit isoliert hervor. Der Mensch wurde im Urstand erschaffen, um im selben zu bleiben bzw. um darin seinem Endstand bei Gott, dem Himmel, entgegenzugehen. Durch das Abweichen des Menschen vom Schöpferwillen Gottes ist er gezwungen, auf weiten Umwegen den Zugang zum Endstand wiederzufinden.[166] Auf diesen »weiten Umwegen« spielt das Drama der Heilsgeschichte.
Mit der Menschwerdung Gottes schließlich entsteht der neue Stand des (Gott-)Menschen Jesus Christus, der dem Menschen den Zugang zum Endstand wiedereröffnet. Dieser Lebensstand Jesu ist der Stand der evangelischen Räte, welcher eine Form des (überzeitlichen) Urstandes in der (Heils-)Geschichte ist und als solcher den himmlischen Endstand in der Zeit vorwegnimmt. Der Stand Jesu wiederum wirkt weiter in der Beziehung von Christus und Kirche. Das Verständnis der Lebensstände gründet im Geheimnis der Kirche. Das Verhältnis der Stände zueinander ist von da her strukturiert. Sie sind einerseits alle aufeinander verwiesen und können daher in verschiedener Hinsicht je den Primat für sich einfordern. Andererseits bestehen bestimmte Über- und Unterordnungen, die nicht geleugnet werden dürfen.[167]
Wichtig bleibt hier festzuhalten, daß v.Balthasar die unterschiedlichen und teilweise widersprüchlichen Zuordnungen der kirchlichen Stände auf das Mysterium der Kirche selbst zurückführt. Vom rechten Verständnis der Kirche hängt es ab, daß jeder christliche Stand den ihm zugedachten Ort und Sinn erhält.

b) Weltstand und Rätestand

Der Rätestand

Eine für unser Thema grundlegende Unterscheidung der kirchlichen Stände durch v.Balthasar ist die zwischen Weltstand und Rätestand.

---

liche Scheitern und Gelingen im Blick.«

166 Vgl. Christlicher Stand, 94.

167 Vgl. ebd. 11-12, mit einer Anspielung auf das Tridentinische »melius ac beatius« (vgl. DS 1810).

Der Rätestand wird als der von Jesus selbst gelebte und begründete Lebensstand gemäß der evangelischen Räte von Armut, Gehorsam und Jungfräulichkeit aufgefaßt, welcher mit einer qualitativen Berufung verknüpft ist. Christus lebt in der Sendung des Vaters und dies bedeutet für sein irdisches Leben, daß er den christlichen Stand der evangelischen Räte begründet: Jesus lebt arm, jungfräulich und gehorsam ganz dem Willen des Vaters entsprechend. Er erneuert so den Urstand des Menschen, indem er ihn überhöht. Im Alten Bund war Ehelosigkeit mit Kinderlosigkeit und Unfruchtbarkeit verknüpft. Eine große Anzahl von Söhnen war ein Zeichen der Gottesnähe. Mit Christus entsteht im Neuen Bund das neue Zeichen der ehelos-jungfräulichen Fruchtbarkeit, ein Stand der Erwählung, der in ausgezeichneter Weise ein Stand Christi ist.[168]

> Seit Jesus Christus, »gibt es diese Möglichkeit, und sie kann auf seinen Spuren nachgelebt werden. Man kann irdisch leben, als gälten noch die Gesetze des Paradieses. ... (Röm 8,12). Diese Möglichkeit, die Differenz zwischen der jetzigen Welt und der verheißenen 'neuen Erde' (Offb 21,1) zu überbrücken in einem Leben, das von der Welt aus gesehen Utopie bleibt, im Ruf und in der Nachfolge Christi sich aber immer neu gewährt, ist für die Welt wesenhaft ein verheißendes Zeichen, das geradezu sakramental das 'enthält', was es bedeutet«.[169]

Für den in die Nachfolge Jesu gerufenen Christen, der seinen Stand im Rätestand Jesu findet, gelten in sakramentalen Sinn neue Gesetze. Der tödliche Zirkel der gefallenen Natur ist durchbrochen, die Synthese von paradiesischem Urstand des Menschen und irdischer Menschheitsgeschichte ist gelungen. Der Räte-Stand ist zwar nicht der endgültige Stand, aber der wesentliche Zugang zu ihm. V.Balthasar bezeichnet den Rätestand in diesem Zusammenhang als »eine geheimnisvolle Vorausnahme des Himmels«.[170]

---

[168] Vgl. ebd. 124.

[169] Ebd. 126. Siehe dazu ebd. 134.

[170] Ebd. 127.

Der Weltstand

Der Weltstand wird demgegenüber als der Stand des nicht-qualitativ-berufenen Christen verstanden.

> Der Christ im Weltstand ist »ein im allgemein-kirchlichen Sinn aus der Welt heraus Gerufener, ein von der Gnade Berührter und in die Gemeinschaft der Erlösten Versetzter, ein auf den Weg der vollkommenen Liebe zu Gott und zum Nächsten Gestellter und mit einem allgemeinen, aber auch charismatisch-persönlichen Auftrag der Zeugnisablage für Christus Ausgestatteter. Dennoch ist und hat er das alles, ohne den qualifizierten Ruf zur Nachfolge im totalen Verzicht erhalten zu haben. Seine Lage ist dadurch komplexer und schwieriger als die des eigens Berufenen. Er hat den Kulturauftrag, der weiterbesteht, aber er besitzt, um ihn auszuführen, nicht die ursprünglichen Naturordnungen, sondern die unlösbar mit dem gefallenen Zustand der Natur verquickten: die Ordung des Privateigentums und des erzwingbaren Rechts, der triebhaft-sexuellen Fortpflanzung, der freien persönlichen Meinungsbildung«.[171]

Der Weltstand unterscheidet sich somit vom Rätestand durch den fehlenden Herausruf Gottes aus den Ordnungen der Welt. Der Christ im Weltstand steht zwar in der Gnade, lebt jedoch nach den Gesetzen der gefallenen Natur. Dies gilt für die Lebensbereiche des Eigentums und der Selbstbestimmung genauso wie für den der Ehe. Die Ehe wird dem Weltstand direkt zugeordnet. Sie steht - wie jede andere soziale, wirtschaftliche, politische oder kulturelle Betätigung des Christen in der Welt - unter den Gesetzen des Christseins. Aber sie ist zunächst vor allem eine Betätigung des Christen *in der Welt*. Die Lebensform der Ehe ist zwar nicht von vornherein die eines jeden Laien, aber die Ehe entspricht dem Laienstand in besonderer Weise, ja die Ehe verwirklicht die für den Weltstand bezeichnende Bindung an die Welt.[172]

---

[171] Ebd. 134.

[172] Vgl. ebd. 155 und 269. Siehe auch: Gottbereites Leben, 144: »Der mündige Laie in der Welt ist normalerweise der Mensch in der Erfahrung der Ehe«. Und vgl.: Neue Klarstellungen, 107: Die Ehe ist »eine mögliche (nicht notwendige) Lebensform der 'Laien' ..., während sie dem Räteleben widerspricht«.

Das Verhältnis von Weltstand und Rätestand ist vom Kirchenverständnis her zu gewinnen. Dabei ist es für v.Balthasar entscheidend, daß die Kirche nicht zuerst soziologisch als ein Volk definiert wird, innerhalb dessen dann in einem zweiten Schritt verschiedene Stände unterteilt werden können.[173] Um den Raum des Mysteriums Kirche nicht zu verlassen, dürfen die Standesformen nicht rein soziologisch bestimmt und dadurch die Verbindung zwischen objektivem und subjektivem, institutionellem und existentiellem Pneuma durchschnitten werden. »Das Räteleben ist primär Kirche-überhaupt, und nur sekundär (in der charismatischen Gliederordnung) Einzelmöglichkeit innerhalb von Kirche.«[174] Räteleben ist existentieller Vollzug (»Darlebung«) von Kirche. Im Stand der Räte verdichtet sich leibhaftig, was im Stand des Christen in der Welt letztlich angezielt ist. So wie der Weltstand der Welt gegenüber das Besondere (nämlich das Christliche) darstellt, so bildet innerhalb der Kirche der Rätestand das Besondere gegenüber dem Allgemeinen des Weltstandes. Der Stand der Räte ist gleichsam die Form, die die Materie des christlichen Weltstands zu »in-formieren« hat.[175]

Einerseits darf in der Differenzierung der Stände der Blick auf die Kirche und ihre Sendung als Ganze nicht vergessen werden. Es muß weiter zurückgedacht werden als bis zu der Stelle, wo die kirchlichen Stände sich scheiden. Das Kirchliche reicht tiefer als jede Ständescheidung, deshalb muß die Einheit, die *vor* jeglicher Scheidung liegt, in den Blick genommen werden. Jeder christliche Stand ist ein Stand der Kirche, »die als *ganze* grundsätzlich mit Christus der Welt gestorben und dem Himmel auferstanden ist, um von dort her in alle Welt gesendet zu werden, und so als Ganze der ganzen Erlösungstat Christi zugesellt ist, und deren unterschiedliche Wege - Ehe und Jungfräulichkeit - je der Ausdruck dieser Ganzheit zu sein haben.«[176] Sowohl

---

[173] Vgl. S 4, 156-157, worauf sich das Folgende bezieht.

[174] A.a.O.

[175] Vgl. Christlicher Stand 138 und S 2, 466.

[176] S 2, 34. Vgl. Christlicher Stand, 282: Es geht in der Kirche um die »christliche Verwandlung von Welt, die ihrer letzten Idee, die bei Jesus Christus liegt und er selbst ist, entspricht. Der ganzen Kirche und allen ihren Ständen muß dieses Gesetz vorleuchten, und wenn jeder Stand auf seine Weise zu leben hat, so wird doch jetzt schon ahnbar, daß die einzelnen Stände sich bei der gesamtkirchlichen

Ehe als auch Ehelosigkeit - im entschieden-christlichen Sinn - sind Ausdruck des Kirchlichen.
Andererseits ist es angesichts des vielschichtigen Beziehungsgeflechts der christlichen Stände nicht legitim, der Unterschiedenheit der Stände in der Kirche keine Beachtung zu schenken oder sie gar zu leugnen. Die Spiritualitäten der kirchlichen Lebensweisen befinden sich zwar dem Wesen der Kirche entsprechend in stetigem Austausch, der es verbietet, fertige Standesspiritualitäten zu konstruieren.[177] Eine gänzliche Auflösung der Ständestruktur kommt jedoch nicht in Frage. V.Balthasar ist der Überzeugung, daß die Kirche insgesamt eine Grenzüberschreitung zwischen Weltstand (zu der die Ehe zählt) und Rätestand nie vollziehen wird, auch wenn Einzelne dies zu erreichen suchen. Der Lebensstand der Räte-Ehelosigkeit bleibt die »forma informans des Weltstandes, da die Ehe ihre natürliche wie übernatürliche sakramentale Würde nur erhält vom Ursakrament Christus-Kirche her (Eph 5, 21-23).«[178]
Mit Schärfe wendet sich v.Balthasar gegen alle Versuche, die bleibenden Unterschiede und gegenseitige Ergänzung der Stände zu nivellieren. Er betont, daß auch die Konzilskonstitution »Lumen Gentium« und deren »Volk Gottes«-Begriff keinen Anlaß gibt, einer Auflösung der »Opposition« zwischen Jungfräulichkeit und Ehe durch den Ansatz eines »dritten Weges« das Wort zu reden.[179]

2. Das Zueinander von Ehe und Jungfräulichkeit

»Die Stunde für christliche Ehe und christliche Jungfräulichkeit schlägt immer gemeinsam.«[180] Es darf auch in der heutigen Kirche eine theologische Neubesinnung auf einen Stand nicht ohne gleichzeitige Vertiefung der andern Stände durchgeführt werden.[181] Die Stoßrichtung solcher Aussagen ist die Sorge, daß die Bedeutung und der Wert

Verwirklichung gegenseitig zu ergänzen haben«.

177 Vgl. S 1, 239.

178 S 2, 454. Vgl. ebd. 466.

179 Christlicher Stand, 11, Anm. 15. Einen »third way« bezeichnet er in diesem Kontext schlichtweg als »lächerlich«.

180 S 2, 23.

181 Vgl. ebd. 432. Dies ist im Hinblick auf Klerus und Laien gesagt.

eines Lebens nach den evangelischen Räten nicht mehr gesehen oder gar geleugnet werden. Diese Sorge findet insbesondere im Zusammenhang mit der Jungfräulichkeit ihren Ausdruck. Sie hat zur Konsequenz, daß v.Balthasar sehr sensibel auf jegliche Abwertungstendenz gegenüber dem evangelischen Rat der Jungfräulichkeit reagiert. »Wer für die Aufwertung der Ehe kämpft, tut es selten, ohne auf die evangelische Jungfräulichkeit einen Schatten fallen zu lassen«.[182] Für v.Balthasar sind »Ressentiments« einem kirchlichen Stand gegenüber ein wichtiges Kriterium zur »Unterscheidung der Geister«.[183] Moderne Ehetheologie baut für ihn dann auf solchen Ressentiments auf, wenn sie die Gründung der Stände und ihrer Zuordnungen durch Jesus selbst nicht wahrhaben will oder abstreitet.[184]

Spannungsreiche Verwiesenheit von Ehe und Jungfräulichkeit

V.Balthasars Aufmerksamkeit gilt dem Stand der Jungfräulichkeit im Rahmen der evangelischen Räte - vor allem im Hinblick auf das Säkularinstitut der Johannesgemeinschaft.[185]

> »So beginnt es unserem Geschlecht wieder zu dämmern, daß die sogenannten evangelischen Räte unbedingt jeden Glaubenden angehen, der sein Herz dem Herzschlag der Kirche angleichen will, nicht nur in einem objektivistischen Vollzug des 'Kultmysteriums', sondern in der Leiturgia, dem Gottes-Dienst seiner gesamten Existenz. Daß die Räte Christi der Schlüssel sind zu seiner eigenen gekreuzigten Liebe (und es

---

182 S 3, 262. Es gilt die Aufmerksamkeit auf die neue Form des Rätestandes zu richten, die angesichts »heute allenthalben aus dem Boden« schießenden, dem »Interesse der Zeit« entsprechenden »Theologien des Laienstandes« nicht in gebührendem Maße erkannt und gewürdigt werden: S 2, 434.

183 Vgl. ebd. »Wo Menschen die Gewichte selber verschieben wollen, [was 'Sache des Heiligen Geistes' ist] greifen sie fast notwendig daneben, und ihr Werk ist jeweils am sichersten an Ressentiments erkennbar, mit denen sie ihr neues Anliegen gegen andere abgrenzen.« Siehe auch: S 1, 239: »Ein Mittel, die Geister zu unterscheiden, ist sicher dieses: die offene oder latente Anwesenheit eines Ressentiments gegen andere Stände und Formen zu prüfen«.

184 Vgl. S 1, 240.

185 Ein solches weltzugewandtes Räteleben stellt die Sendung der Kirche in der gegenwärtigen Zeit dar. Vgl. z.B. Geist und Feuer, 73: »Im Zentrum steht die Johannesgemeinschaft, die zusammen mit Adrienne von Speyr entworfen worden ist. ... Nur wenn solche Gemeinschaften wie die zu gründende entstehen, wird, glaube ich, der Kirche von heute ernsthaft geholfen.«

gibt keine andere als die seine), somit (nach 1 Kor 7,29-31) in jeden kirchlichen Stand gehören und von jedem befolgt werden müssen.«[186]

Die Verbundenheit der Ehe mit der Ehelosigkeit wird daran erkennbar, daß von der Ehe nicht ohne Hinweis auf die ehelose Jungfräulichkeit gesprochen werden kann. Das Wesen christlicher Ehe ist nur vom Räte-Stand her zu verstehen. Die christliche Ehelosigkeit ist die umfassendere, Christus-nähere Lebensform. Umgekehrt gilt dieses Verhältnis nicht: Die jungfräuliche Ehelosigkeit bedarf der Ehe nicht, um klar und verständlich zu sein. Die Ehe ist die von der quantitativen Mehrheit der Menschen praktizierte Lebensform, von der sich die christliche Jungfräulichkeit abhebt.
Das Zueinander von Ehe und Jungfräulichkeit darf also nicht als gleichwertige, systematisch gleich-bedeutsame Ergänzung von zwei Hälften aufgefaßt werden, die im gleichen Sinn jeweils der anderen Seite bedürfen. Es muß vielmehr von der Mitte des Mysteriums Kirche aus gedacht und Ehe und Jungfräulichkeit müssen dementsprechend zugeordnet werden. Rätestand ist als Lebensform die Konkretion dessen, was Kirche in ihrer Eigentlichkeit ist.[187] Die Jungfräulichkeit im Stand der Räte ist die Fortsetzung des gottgewollten Urstandes in der Geschichte. Nach dem Sündenfall entspricht der zur Jungfräulichkeit berufene Christ am ehesten der Idee Gottes vom Menschen. Es besteht insofern eine Überordnung der Jungfräulichkeit des qualifiziert Berufenen über den christlichen Ehestand der Nichtberufenen. Die Jungfräulichkeit bringt leibhaftig zum Ausdruck, woran die Ehe sich zu orientieren hat. Der räte-jungfräuliche Christ lebt dasjenige unmittelbar, was für die Ehe Maßstab und Richtschnur bildet: die bräutliche Liebe Christi zur Kirche.[188]
Dieses eindeutige Gefälle wird jedoch in gewisser Weise zurückgenommen im Blick auf die alles umgreifende Liebe. Die beiden Stände verhalten sich *»nicht einfach wie* Urbild und Abbild, *Wahrheit und Gleichnis.«*[189] Das Verhältnis wird von der gemeinsamen Berufung

---

[186] S 2, 33.

[187] Vgl. S 4, 155.

[188] Vgl. Christlicher Stand, 133 und 137-138: »Der Stand der qualifizierten Berufung verhält sich zum allgemeinen christlichen Stand somit wie das primär Leuchtende zum Beleuchteten, wie die Wahrheit zum Gleichnis.«

[189] Ebd. 142. Das Folgende beruht auf 142-143.

zur vollendeten Liebe umgriffen, welche jede nur einseitige Überordnung des Erwählungsstandes und Unterordnung des Weltstandes durchkreuzt.

Wie spannungsreich und gegenläufig die verschiedenen Aussagen v.Balthasars zum Verhältnis der Stände sind, zeigt das Bild der zwei Hälften eines Ganzen. Einerseits wird gesagt, daß sich Ehe und Jungfräulichkeit wie zwei komplementäre Hälften eines Ganzen aufeinander zubewegen. Andererseits bleibt der »Kulturauftrag«, der sich auf die Natur und damit auf die Ehe richtet, weit davon entfernt, mit der Bestimmung zur Jungfräulichkeit im Räteleben zusammen gleichwertige Hälften eines Ganzen zu sein. Da der Christ in der Welt nicht die Möglichkeit des Erwählten hat, die Integrität der ursprünglichen, paradiesischen Ordnung zu repräsentieren, sondern den Modalitäten der Natur unterworfen ist, kann der Stand der Ehe nicht als gleichwertige Ergänzung des Standes der Jungfräulichkeit gedacht werden.[190] Die beiden christlichen Lebensformen sind nicht auf einer Ebene anzusiedeln.

Der christliche Weltstand des Nicht-Erwählten ist in aller Regel der Stand der Ehe. Ehelosigkeit gemäß der evangelischen Räte und Ehe sind sich gegenseitig ergänzende Lebensstände des Christen und zugleich auf zwei qualitativ verschiedenen Ebenen angesiedelt. In diesem Zusammenhang ist es das Anliegen v.Balthasars, den scheinbaren »Gegensatz zwischen einer Ansicht, die den Rätestand für den formgebenden für alle kirchlichen Stände betrachtet (so etwa R. Carpentier ...) und der Idee, daß Rätestand und Weltstand für die streitende Kirche komplementär notwendig sind (so etwa K.Rahner)«[191], als Schein zu entlarven.

Ehe und Jungfräulichkeit im Hinblick auf die Mitte der Kirche

Entscheidend ist der Blick auf die Mitte der Kirche. In dieser Blickrichtung bringt die Lebensform der christlichen Jungfräulichkeit mehr vom Zentrum des Mysteriums zum Ausdruck als die christliche Ehe. Das jungfräulich-christliche Leben bedeutet eine »Überbietung« des

---

[190] Vgl. Ebd. 134.

[191] Ebd. 13, Anm. 20.

Einzel-Sakraments der Ehe.[192] Die sakramentale Ehe als Lebensform ist von der Räte-Jungfräulichkeit umgriffen und theologisch von ihr her zu verstehen.

> »Die neutestamentliche Ehe [ist] von der umgreifenden Form der Jungfräulichkeit her zu sehen, als einen Versuch, den sexuellen Eros in die vom Himmel geschenkte Agape hinein aufgehen zu lassen, in die Agape, wie sie zunächst von Christus selbst exemplarisch im Fleisch vorgelebt wird.«[193]

Auf das Zueinander von Eros und Agape werden wir gleich zurückkommen. Zunächst sei hier auf das enge, sich überschneidende Beziehungsgeflecht von Jungfräulichkeit, Inkarnation, Hochzeitlichkeit, Eucharistie und Ehe hingewiesen. In der Jungfräulichkeit gibt es eine Leiberfahrung, die nur im Glauben gemacht werden kann und die sich aus unterschiedlichen Perspektiven auf verschiedene Weise darstellt. Aus der Perspektive Marias geht es bei dieser jungfräulich-fruchtbaren Leiberfahrung um die Inkarnation, aus der Perspektive der Kirche um Bräutlichkeit (im Rahmen des Hochzeitlichkeitsmysteriums) und aus der Perspektive Christi handelt es sich um die Eucharistie. Insgesamt entsteht durch diese vielschichtige, aber leibhaftige Erfahrung ein »übernatürlicher« Kontakt zum christlichen Ehestand.[194] In der Jungfräulichkeit vollzieht sich über die Natur hinausgehend, worauf die Ehe nur verweisen kann. Christus und Maria sind in diesem Geflecht von Eucharistie, Hochzeitlichkeit und Jungfräulichkeit der Mann und die Frau, die die Grenzen des Todes überschritten haben.

> Christus bleibt im Himmel »ein Mann, und Maria bleibt eine Frau. Es bleibt ohne Zweifel eine Form zwischenmenschlicher Fruchtbarkeit, die an der göttlichen teilhat, aber, da kein Tod mehr existiert, sich nicht mehr in der Form von Zeugen und Gebären äußert. Die irdischen Vorformen solch himmlischer Fruchtbarkeit - die Eucharistie als Liebesaustausch zwischen Christus-Bräutigam und Kirche-Braut, die Lebensform der Jungfräulichkeit als eine Teilnahme an solcher übergeschlechtlicher Bräutlichkeit, wie sie beispielsweise die 'Verlobung' und 'Vermählung' einer Caterina von Siena verdeutlicht - sind mehr als bloße

---

192 Vgl. S 2, 23.

193 S 4, 379.

194 Vgl. S 2, 456-457.

> gleichnishafte Hinweise, sie sind Angeld des Endgültigen, freilich immer unter dem Zeichen des Kreuzes.«[195]

Die Jungfräulichkeit als Lebensform ist - neben der Eucharistie - eine irdische Vorform der vollendeten Fruchtbarkeit des Reiches Gottes. Sie nimmt Anteil an der Bräutlichkeit Gottes selbst. Die Ehe als Lebensform ist in diesem Zusammenhang nicht mehr von Bedeutung. Die Form von Zeugen und Gebären ist überwunden, der Liebesaustausch zwischen Christus und Kirche ist übergeschlechtlich. Die Ehe ist diesem jungfräulich-fruchtbaren Geschehen zwar zugeordnet, muß jedoch auf einer anderen Ebene erörtert werden.

Unter- und Überordnungen

V.Balthasar betont immer wieder, daß diese Unterordnung des Standes der Ehe im Verhältnis zum Stand der Ehelosigkeit theologisch begründet ist und nicht aus leibfeindlichen Motiven geschieht.

> »Die Fruchtbarkeit Jesu in seiner Eucharistie, die Fruchtbarkeit der Jungfrau Maria, die Gott in Menschengestalt auf die Erde setzt, zeigt deutlich genug, daß christliche Jungfräulichkeit keinesfalls leibfeindlich, spiritualistisch, platonisch oder manichäisch ist, sondern umgekehrt die Inkarnation des Wortes Gottes voraussetzt. Und wenn im Lauf der Kirchengeschichte gewisse platonische Motive beigezogen wurden, um den christlichen Zölibat zu untermauern, wenn da und dort eine Herabsetzung der Ehe (entgegen dem Gebot der Pastoralbriefe und des Herrn selbst), sogar eine Verketzerung der Sexualität stattgefunden hat, so dürfen wir der heutigen Überwindung solchen Fremdwuchses dankbar sein. ... Sogenannte Enttabuisierung des Sexus zeigt ihn uns in seiner irgendwie nüchternen Realität, seinem relativen Wert, der ebenso nüchtern, sachlich von dem höheren Wert der Jungfräulichkeit umfangen und auch eingeborgen ist. ... Nach dem Kreuz Christi wird die Integration der ganzen Fruchtbarkeit nicht anders als durch einen Verzicht wiedererlangt«.[196]

---

[195] TD 4, 462. Zum »Zeichen des Kreuzes« vgl. ebd. 473: »In der Kreuzverlassenheit wird, als in der höchsten kreatürlichen Negativität, die höchste Positivität der trinitarischen Liebe offenbar.«

[196] S 4, 379-380. Daß in diesem Aufsatz das Wort vom nicht-»angebrauchten« Fleisch Jesu fällt (a.a.O. 376), schwächt die Abwehr alles Platonischen erheblich.

Es ist zwar durch die postlapsarische Isolierung des Sexus und der Fruchtbarkeit ein jungfräulicher Verzicht notwendig, um die ursprünglich entworfene Fruchtbarkeit wiederzuerlangen bzw. in die christliche Vollendung einzugehen, diese Relativierung des Sexuellen ist jedoch keine manichäische Abwertung, sondern eine Erkenntnis seines wahren Wertes. Die Bewegung der Inkarnation vollzieht sich leibhaftig, was sich insbesondere in Maria zeigt. Sie ist nicht nur im platonisch-ideellen Sinn, sondern ebenso auf konkret geschichtliche Weise leibhaftig fruchtbar und Mutter Jesu.
Der klaren Höherbewertung der Jungfräulichkeit vor der Ehe stehen vereinzelt Aussagen entgegen, die eine konsequent-systematische Einordnung unmöglich machen. So wird in einem frühen, 1944 veröffentlichten Aphorismus die *gegenseitige* Verwiesenheit von Ehe und Ehelosigkeit deutlich:

> »Ehe und Zölibat sind die beiden Stände der Kirche. Man soll die Kategorien nicht verwischen und ein Drittes dazwischen versuchen, ein Kloster in der Welt. Viel eher soll man innerhalb der Ehe die Jungfräulichkeit abbilden: als Freisein für Gott in aller menschlichen Bindung, und im Zölibat die Ehe, indem man ... mitten im Freisein für Gott das heilsame und lastende Joch menschlicher Bindung und Treue nicht von der Schulter schüttelt.«[197]

Auch wenn an dieser Stelle das Zölibat bzw. die Jungfräulichkeit als »Freisein für Gott« beschrieben und der Ehe als menschliche Bindung gegenübergestellt wird, so liegt der Schwerpunkt der Aussage auf der *gegenseitigen* Zuordnung: Es soll sowohl in der Ehe die Jungfräulichkeit, als auch im Zölibat die Ehe abgebildet werden.
Ein zweites Beispiel ist der Abschnitt »Fruchtbarkeit« in der 1985 erschienenen Theologik 2.[198] V.Balthasar greift die schon früher aufgeworfene Frage nach einer Analogie der Trinität in der Schöpfung, insbesondere in der zwischenmenschlichen Beziehung bzw. am Bei-

---

[197] Das Weizenkorn, 109. Die Betonung der *zwei* Stände (»einen dritten gibt es nicht«) geht auf die Überzeugung A. v.Speyrs zurück. Vgl. Unser Auftrag, 84, mit Verweis auf Christlicher Stand, siehe ebd. z.B. 192-193. Vgl. dazu die vorsichtige Kritik von E. Guerriero, Hans Urs von Balthasar, Einsiedeln 1993, 172-173.

[198] A.a.O. 54-57. Die folgenden Abschnitte beruhen auf diesem Kapitel.

spiel der ehelichen Beziehung zwischen Mann und Frau[199], wieder auf. Die Fragestellung ist jedoch erweitert. Es geht nicht primär um die Ehe, sondern um (eheliche) Fruchtbarkeit und damit um das Verhältnis der Eltern zum Kind. Der Ausgangspunkt ist diesmal die Erfahrung der Eltern, die ihr neugeborenes Kind und dessen von Anfang an bestehende und wachsende Eigenständigkeit als Geistperson als ein unbegreifliches, beglückendes Wunder erleben. Mit diesem Ansatz wird auf die Ergänzungsbedürftigkeit und Einseitigkeit sowohl Augustins und der ihm folgenden Tradition als auch der Dialogiker (F.Rosenzweig, M.Buber, F.Ebner) hingewiesen. Die Fruchtbarkeit ist eine echte Imago Trinitatis (gegen Augustinus). Und das Moment der natürlichen Fruchtbarkeit muß als ein Element des Geschlechtlichen selbst angesehen werden (gegen die Dialogiker und diejenige neuere Theologie, die den Ehezweck der Bezeugung gegenseitiger personaler Liebe dem Zweck der Erzeugung von Nachkommenschaft überordnet). Sowohl griechische Philosophie, als auch christliche Mönchstheologie, als auch neuzeitliche Philosophie ordnen das Geschlechterverhältnis ganz der Naturseite des Menschen zu. Demgegenüber ist die eheliche Fruchtbarkeit als »die sprechendste dem Geschöpf eingestiftete imago Trinitatis«[200] anzusehen.
Die dargelegten Überlegungen könnten den Schluß nahelegen, daß christliche Ehe und Familie in ihrer Analogie »mehr« über die Trinität Gottes aussagen als die Jungfräulichkeit. Dies ist aber deshalb nicht der Fall, weil die christliche Jungfräulichkeit selbst als inkarniert, als leibhaftig fruchtbar vorgestellt wird. Im Christlichen korreliert die Fruchtbarkeit der Jungfräulichkeit, welche zuerst in Maria, danach in jeder christlichen Räte-Jungfräulichkeit real-leibhaftig wird, mit dem, was in einer Ehe am Schöpfer- und Erlösungswillen Gottes zum Aus-

[199] Vgl. insbesondere die Aufsätze »Pneuma und Institution«, in: S 4, 201-235 und »Person, Geschlecht und Tod«, in: S 5, 121-133.

[200] A.a.O. 56. An dieser entscheidenden Stelle beruft sich v.Balthasar wiederum auf M.J. Scheeben und greift dabei auf §85 aus »Die Mysterien des Christentums« zurück, der mit »Das Mysterium oder die Sakramentalität der christlichen Ehe« überschrieben ist. Der von v.Balthasar betonte Gedanke vom religiösen (quasi-) sakramentalen Charakter jeder natürlichen Ehe bzw. Familie leitet bei Scheeben zur Entfaltung der im eigentlichen Sinn sakramentalen, christlichen Ehe über. V.Balthasar hebt in der Auswahl und Ergänzung der Zitate (nach der Seitenzählung der 2. Auflage der »Mysterien«: 490, 491 und 493) die »unmittelbare Mitwirkung Gottes« bei der ehelichen Fruchtbarkeit deutlicher als Scheeben selbst hervor.

druck kommt. Eine besonders deutliche, die Ehelosigkeit überschreitende Zuordnung der Ehe zum Trinitätsmysterium kommt deshalb nicht in den Blick.[201]

Die Rolle der Liebe im christlichen Stand

Die Jungfräulichkeit wurde oben als ein Versuch beschrieben, den Eros in die Agape hinein aufgehen zu lassen.[202] Die Liebe - als Eros und Agape - spielt im Gesamtwerk v.Balthasars eine zentrale Rolle. Der trinitarische Gott selbst ist Liebe. Sie gehört in das Geschehen Gottes mit der Welt zuinnerst hinein. In allen Offenbarungswahrheiten, von der Trinität über das Kreuz bis zur Eschatologie, geht es um nichts anderes als um die Liebe Gottes.[203] Es ist im Rahmen unserer Untersuchung nicht möglich, die Bedeutung der Liebe umfassend darzulegen. Sie ist für v.Balthasar schon in den frühen Aufsätzen Thema und bildet einen »roten Faden« durch sein Gesamtwerk.[204] In unserem Zusammenhang soll die Liebe nur insofern angesprochen werden, als sie das Wesen eines jeden christlichen Standes (und dessen Wahl) ausmacht.

Im Lauf des 20. Jahrhunderts wurde die »Standesstruktur« der katholischen Kirche vor allem im Hinblick auf das allen Ständen gemeinsame Gebot der Liebe hinterfragt. In der Betonung des Liebesgebotes im Sinn einer menschlichen wie christlichen Integrierung des Eros in die Caritas wird das allen Ständen Gemeinsame derart hervorgehoben, daß eine Differenzierung der Stände zugunsten des »Einen Notwendigen«

---

201 J. Stöhr erwähnt in seinem Überblick über gegenwärtige Theologen, die auf die Analogie Ehe/Familie - Trinität eingehen, v.Balthasar nicht: J. Stöhr, Die Familie als Analogie zum Trinitätsmysterium?, in: Die Familie - ein Herzensanliegen. Zur neueren Theologie der christlichen Ehe, hg. v. J. Stöhr, St. Ottilien 1988, 141-181, hier 144-158.

202 Vgl. S 4, 379. Siehe oben Anm. 193.

203 Vgl. Geist und Feuer, 82. Oder: Unser Auftrag, 95.

204 Vgl. z.B. Eros und Agape, in: StZ 69 (1939) 398-403. Oder die kontinuierliche Beschäftigung mit dem »Seidenen Schuh« Paul Claudels, siehe dazu: Unser Auftrag, 37. Zur Bedeutung der Liebe im Werk v.Balthasars vgl. W. Löser, Im Geiste des Origenes, 42-43; M. Lochbrunner, Analogia Caritatis, Freiburg i.Br. 1981; M. Scheuer, Die Evangelischen Räte, 51-53. Zum Thema Liebe und Ehe vgl. A. Schilson, »Ohne dich bin ich nichts!«. Liebe und Ehe in theologischer Sicht, in: ThGl 77 (1987) 317-335 und die dort angegebene Literatur.

zurücktritt.[205] Eine solche Betonung der alles durchdringenden und allen gemeinsamen Liebe hat zur Konsequenz, daß auf eine präzise Trennung kirchlicher Stände überhaupt verzichtet werden kann. In dieselbe Richtung weisen v.Balthasars Gedanken über die Liebe im Urstand und in der Vollendung des Himmels. Der Urstand des Menschen verwirklichte die ursprüngliche Synthesis der Liebe, welche seit dem Sündenfall nicht mehr besteht. Der Himmel ist die Vollendung der Liebe, in der die durch die Sünde des Menschen zerstörte Einheit wiederhergestellt bzw. überhöhend vollendet ist.[206] Welchen Ort haben dann die kirchlichen Stände?

> »Es gibt die Ebene der Liebe, der Agape, die für alle in der Kirche Gebot ist: es gibt (am andern Ende) die Ebene der äußeren kirchlichen Organisation der Lebensformen, die die Christen in 'Stände' eingeteilt hat. Es gibt in der Mitte zwischen beiden die Ebene der theologischen Struktur der Kirche, die einerseits Agape ist, andererseits sichtbare Gestalt hat«.[207]

Das Verständnis des alle Standesdifferenzen überwindenden Liebesgebots ist nur die eine Seite des Problems. Ebenso muß die Ebene des Institutionellen und Formalen mit ihren klaren Unterscheidungen berücksichtigt werden. Die im Jungfräulichkeits-Stand gelebte Liebe ist für v.Balthasar das klarere Zeichen der Hingabe. Die Lebensform der Räte bleibt mit der Institution der Ehe unvereinbar. Nur in der paradox erscheinenden, schwebenden Mitte »zwischen« beiden Polen ist der Blick auf das Ganze gewahrt.

In »Christlicher Stand« unternimmt v.Balthasar phänomenologisch eine immanente Analyse des Wesens der Liebe.[208] Es ergibt sich dabei, daß jede wahre Liebe die innere Form des Gelöbnisses hat, durch welches sie sich an das Geliebte bindet. Liebe und Gelöbnis sind einander zugeordnet.[209] Vollkommene Liebe ist bedingungslose

---

205 Vgl. S 2, 441-442. V.Balthasar verweist an dieser Stelle auf Scheler, Lippert, Adam, Heer und Przywara.

206 Vgl. Christlicher Stand 12 und 94.

207 S 2, 466.

208 A.a.O. 23 ff. Das Folgende bezieht sich insbesondere auf 44-50.

209 Als Beispiele für die Verbundenheit von Liebe und Gelöbnis werden Taufe und Beichte (nicht die Ehe!) genannt.

Selbsthingabe. Und diese Hingabe äußert sich im Gelübde. Der Akt der Hingabe, der Inhalt jeder wirklichen Liebe ist, stellt (mit der inneren Form eines Gelübdes) alles Eigene Gott zur Verfügung. Jedes äußere, formelle Gelübde ist in der Hingabebewegung der Liebe begründet. Die Liebe als verbindliche und endgültige Hingabe des Menschen und deren raum-zeitlicher Ausdruck, das Gelübde, greifen zutiefst ineinander.

In »Geist, Liebe, Betrachtung«[210] wird der Gedanke der Liebe im Hinblick auf den Stand der Ehe und der Ehelosigkeit weitergeführt. Grundlegend unterschieden wird dabei die Liebe in ihrer göttlichen und geschöpflichen Bedeutung. »Liebe ist nicht einfach Liebe, sondern sie ist entweder göttliche oder geschöpfliche Liebe.«[211] Zu dieser Differenzierung bedarf es der Unterscheidung der Geister, wie sie nach der Selbstoffenbarung Gottes nur mit Hilfe des göttlichen Geistes im Menschen möglich ist. In der Gnade vermag und muß der Mensch also die göttliche von der natürlich-menschlichen Liebe trennen. Die Frage, die sich angesichts dieser Unterscheidung der Liebe im Hinblick auf den christlichen Stand stellt, ist: »Fügt« sich eine Liebe dem Maßstab der Agape? Tritt der Eros unter das Richtmaß der Caritas? Wird der menschliche Liebesgeist »durchtränkt« vom göttlichen Geist grenzenloser Hingabe? Die scharfe und eindeutige Unterscheidung ergibt eine ebenso klare Handhabe zur Bewertung der menschlichen Liebe.

Die Jungfräulichkeit ist es nun, die nach v.Balthasar mit dem Neuen Bund als Zeichen der Unterscheidung aufgestellt worden ist. Sie ist Zeichen, daß sich die göttliche Liebe ganz in die geschöpfliche Welt eingesenkt hat. Die Jungfräulichkeit wird somit zum geistigen Maßstab jeder menschlichen Liebe. Sie ist auch der Maßstab der ehelichen Liebe, ohne dabei die geschöpfliche Eigengesetzlichkeit von Geschlecht und Ehe zu beeinträchtigen. V.Balthasar will dabei ausdrücklich keinem Geist und Leib trennenden Dualismus mit naheliegender Abwertung alles Leiblichen Vorschub leisten. Er betont deshalb, daß der Heilige Geist selbst in der Ehe das Leibliche genauso wie das Geistige durchwaltet. Ebenso »bemächtigt« er sich in der Jungfräulichkeit positiv des Leiblichen, um das Wort Fleisch werden zu lassen.

---

210 Aufgenommen in S 3, 156-165. Das Folgende beruht auf 164-165.

211 A.a.O.

Der Heilige Geist überbrückt insofern den innergeschöpflich bestehenden Gegensatz zwischen Geist und Leib. Der Grundgedanke der Inkarnation gilt auch und gerade an dieser Stelle. Aber die Räte-Jungfräulichkeit ist als Lebensform das Zeichen der ausschließlichen Beziehung aller menschlichen Liebeskräfte auf die menschwerdende und leibhaftig wirksame Liebe Gottes. Agape bedeutet in jungfräulicher Liebe zwar zunächst einen Verzicht auf geschlechtliche Fruchtbarkeit, jedoch mit dem Ziel der inkarnatorischen Fruchtbarkeit des Wortes, dem Leib und Seele zur Verfügung stehen. Es bleibt zwar die Agape in ehelicher Liebe nicht unerwähnt[212], jedoch schließt v.Balthasar an diesem Punkt jede Synthese aus: »man ist entweder verheiratet oder jungfräulich«.[213]

Die phänomenologische Betrachtung der Liebe und das Verständnis der Jungfräulichkeit als Zeichen der göttlichen Liebe machen für v.Balthasar eine Unterscheidung der kirchlichen Stände unumgänglich. Und dies vor allem im Hinblick auf die evangelischen Räte, die als innere Haltung das Vollkommenste an Liebe ausdrücken, was dem Menschen in der Gnade erreichbar ist.[214]

3. Berufung und Sendung in Ehe und Jungfräulichkeit

a) Qualifizierte Berufung in die Nachfolge Jesu

Ein Mensch wird dann zur Person (im theologischen Sinn), wenn an ihn eine qualitative Berufung und damit eine Sendung ergangen ist und er dem Ruf folgt und die Sendung ausführt.[215] Die Person, auf die dieses Verständnis in erster Linie zutrifft, ist das menschgewordene Wort Gottes, Jesus Christus. (Auf Maria als Person bzw. auf ihre Berufung und Sendung im Zusammenhang mit ihrer jungfräulichen Mutterschaft werden wir im Abschnitt 4. eingehen.) Jesus existiert als

---

212 Als »Gebrauch der leiblichen Fruchtbarkeit unter dem Vorzeichen gottgeistlichen Verzichtes (1 Kor 7,4f.29; Eph 5,21f)«.

213 A.a.O. 165. Der hiermit beschriebene Sachverhalt wird von v.Balthasar zum »Grundbestand der neutestamentlichen Offenbarung« gezählt, der »in seinem Kern keinen 'epochalen' Veränderungen« unterliegt. Es geht dabei um die »höhere, abschließende Ordnung, die Gott in seiner Offenbarung für den gesamten Schöpfungsbereich stiftet«: Ebd.

214 Vgl. Christlicher Stand, 93.

215 Siehe oben: Zweites Kapitel, I. 4. (»Der theologische Begriff der menschlichen Person«).

Person ganz von der Sendung des Vaters her. Er wählt seinen Stand genau in und aus der Sendung durch den Vater.[216] Aufgrund der Einheit der beiden Naturen in der gott-menschlichen Person Jesu und aufgrund der Standeswahl und des Weges Jesu entsteht ein neuer Stand, der eine Synthese zwischen irdischem und paradiesischem Leben darstellt.[217] Jesus entspricht innerhalb der Weltgeschichte der ursprünglichen Forderung Gottes nach vollkommener Liebe. Er versöhnt in seiner Person die vom Menschen aus betrachtet unversöhnlichen Bereiche. Dieser Abstieg der Menschwerdung, der letztlich im Kreuz gipfelt, nimmt im Leben Jesu die Formen der Armut, der Jungfräulichkeit und des Gehorsams an. Die durch ihn initiierte Lebensform der Räte eröffnet nun die Möglichkeit, den »unmöglichen« Auftrag zur vollkommenen Liebe angesichts der gefallenen Welt zu erfüllen.

Auch wenn der Rätestand des Christen dem Stand Jesu am meisten entspricht, so gilt dennoch für *jeden* christlichen Stand das Lebensziel der Vollkommenheit. Diesen Grundsatz entnimmt v.Balthasar den Exerzitien des Ignatius v.Loyola.[218] Jeder Christ ist berufen zur Heiligkeit. In jedem kirchlichen Stand und dessen jeweiligem christlichem Spezifikum ist der Heilige Geist am Werk.[219] Alle kirchlichen Lebenswege und Stände können nichts anderes sein als Form und Nachfolge Christi.[220] Die Unterschiede zwischen den kirchlichen Lebensformen werden vor allem im Spannungsfeld der allgemeinen und besonderen Berufung erkennbar.[221] An der Existenz einer besonderen, qualitativen Berufung in die Nachfolge Jesu, die vom »allgemeinen« Christsein des getauften und gefirmten Kirchengliedes eindeutig unterscheidet, besteht für v.Balthasar kein Zweifel. Die Begrün-

---

216 Vgl. Christlicher Stand, 12.

217 Vgl. ebd. 127. Der folgende Abschnitt bezieht sich auf 125-126.

218 Vgl. Ignatius v.Loyola, Die Exerzitien, Einsiedeln, [10]1990, 39. Siehe auch Christlicher Stand, 7 und 13; Gottbereites Leben, 136; TD 2/1, 278.

219 Vgl. TL 3, 329.

220 Vgl. S 2, 443.

221 V.Balthasar benennt in S 2, 443ff »zwei Dimensionen«, in denen sich sowohl die Gemeinsamkeiten wie Unterschiede der christlichen Stände abzeichnen: Eschatologie und Inkarnation einerseits, allgemeine und besondere Berufung andererseits. Die beiden Dimensionen stehen jedoch nicht nebeneinander, sondern »das erste Spannungsfeld mündet in das zweite«: ebd. 445.

dung entzieht sich der Willkür des Theologen; sie ist biblisch fest verankert. »Nur exegetische Vorurteile (die die Nachfolgeforderung Jesu an die Jünger minimalisieren) können den Begriff der 'besonderen' (oder, wie wir sagen werden, 'qualitativen') Nachfolge als unbiblisch ablehnen.«[222]
In den neutestamentlichen Evangelien ist zwischen dem Volk, das Jesus hört, und den Jüngern, die ihm nachfolgen, unterschieden. Letztere ruft Jesus aus der Menge heraus. *»Der qualifizierte Ruf* ist, wie der allgemeine Ruf zur Kirche, eindeutig ein Herausruf nicht nur aus der 'Welt' außerhalb der Kirche, sondern auch aus der Welt innerhalb der Kirche.«[223] Es ist zwar immer zu beachten, daß sowohl der christliche Stand, der sich aus einer besonderen Berufung ergibt, als auch der Stand nicht-berufener Christen in der Kirche Formen der persönlichen Nachfolge Christi sind und daß über die Vollkommenheit in der Liebe in den verschiedenen Formen der Nachfolge an sich noch nichts ausgesagt ist. Auch ist sowohl der Weltstand wie auch der Erwählungsstand im Stand Christi begründet. In beiden Ständen geht es um den einen Willen des Vaters.[224] Trotzdem verwirklichen die qualitativ Berufenen den Stand Christi in überschwenglicher Weise.
Jede Berufung zur Heiligkeit und jede gelebte Heiligkeit in der Kirche nimmt zumindest am Geist - wenn nicht an der Form - des Rätelebens Anteil. »Die überwiegende Mehrzahl der kanonisierten Heiligen sind Ordensleute oder solche, die durch ein Gelöbnis an der Form des Rätelebens teilnahmen. Nur in Ausnahmen (Thomas Morus, Anna Maria Taigi) wurden Eheleute kanonisiert«.[225] Berufung und Sendung, welche in besonderer Weise einen Herausruf aus der Gliedschaft

---

[222] Christlicher Stand, 10. Vgl. TD 2/2, 118. Zum Berufungsverständnis insgesamt vgl. das Kapitel »Das Ereignis der Berufung«, in: Christlicher Stand, 379-413.

[223] Christlicher Stand, 116. Zum Ganzen vgl. ebd., 111-124.

[224] Vgl. ebd. 159. Siehe dazu ebd. 155: Der Stand Jesu während der Zeit der ersten 30 Jahre seines Lebens »ist das Vorbild des Weltstandes, nicht der Weltstand selbst. Denn weder ist er wie die übrigen Menschen naturhaft zu seinem Stehen gezwungen, sondern hat sich freiwillig in diese Bindung begeben, noch ist er einer natürlichen Ehe entsprossen, noch unterzieht er sich der für den Weltstand bezeichnenden Bindung der Ehe.«

[225] Ebd. 306. Zur genannten Anna Maria Taigi vgl. A. Bessières, Anna-Maria Taigi, Wiesbaden 1961; C. Salotti, Die selige Anna Maria Taigi, St. Ottilien 1928.

der Kirche bedeuten, haben zur inneren Konsequenz, daß der die Sendung annehmende und der Berufung folgende Christ meist im Stand der evangelischen Räte oder zumindest im Geist derselben zu leben hat. Einerseits kann in diesem Sinn von einer besonderen Berufung gesprochen werden, andererseits ist es allen Christen gemeinsam, berufen und gesendet zu sein.
Nach der allgemeinen Lehre der Kirche besteht die Vollkommenheit in einem Leben in christlicher Liebe. Das Gebot der Gottes- und Nächstenliebe ist kein »Rat« für einzelne Wenige, sondern es ergeht als Gebot an alle und kann auch von allen substantiell erfüllt werden. Die Lebensform der Räte ist demgegenüber ein radikaler, ausschließlicher Ausdruck der Liebe, der einer *besonderen* Berufung zu besonderer Liebe entspricht.[226] Die Differenzierung in den Geist des Rätelebens (welcher für alle christliche Liebe gilt) und in die Form der Räte als Lebensstand (welche den »Normalfall« *vollkommener* Liebe darstellt) eröffnet eine Annäherung des verheirateten Laienchristen an den Laien im Stand der evangelischen Räte (Säkularinstitut). Der verheiratete Laie kann eine *innere* Verbindung zu Sinn und Gehalt der Räte gewinnen. So betont v.Balthasar in Anlehnung an Ignatius v. Loyola: Es kann die Wahl und Sendung Gottes einem Menschen einen Posten in der Welt zuteilen, an dem dieser *aus* Gehorsam Verantwortung und *aus* Armut Besitz übernehmen soll. Im Hinblick auf Armut und Gehorsam wendet v.Balthasar diese Unterscheidung und Trennung von Geist und Form der Räte an. Im Hinblick auf die Ehe(losigkeit) dagegen nicht: Daß der Laie nicht auch *aus* Jungfräulichkeit eine Ehe übernehmen kann, liegt nach v.Balthasar an der Begrenztheit des leiblich-fleischlichen Verhältnisses des menschlichen Daseins. »Und es wäre vielleicht nicht ganz abwegig zu sagen: es liegt an den postlapsarischen, erbsündigen und nicht mehr paradiesischen Leibverhältnissen.«[227]

---

226 Vgl. Gottbereites Leben, 135. Das Folgende bezieht sich auf 136.

227 Ebd. Es ist an dieser Stelle nicht einsichtig, weshalb die postlapsarisch sündenverstrickte Natur des Menschen sich im Lebensbereich von Armut und Reichtum nicht genauso zerstörerisch auswirken sollte wie in der Frage der geschlechtlichen Beziehungen von Mann und Frau.

Eine qualitative Berufung zur (christlichen) Ehe ist somit ausgeschlossen. Eine Sendung »in« die Ehe ist unmöglich.[228] Der Ruf Gottes kann sich nicht auf die Wahl eines weltlichen Berufes oder auf eine Ehe beziehen, weil er sich gerade von den Ordnungen der Natur abhebt. Ein Christ kann und soll in seiner Ehe den Willen Gottes in seinem Leben erfüllen, er entbehrt dabei nicht der Gnade Gottes. Die Ehe gehört jedoch unlöslich der Sphäre der Natur an, aus der Gottes Ruf heraushebt. Dieser Sendungsruf Gottes läßt sich in keine weltliche Kategorie einordnen. Er ist als Akt der persönlichen, auswählenden Liebe Gottes eine einzigartige und einmalige Bevorzugung des Ausgewählten. Die Unterscheidung von Natur und Gnade wird somit in der Frage der allgemeinen und besonderen Berufung vor allem im Hinblick auf die Ehe relevant. Die Ehe wird in diesem Zusammenhang von v.Balthasar primär der natürlichen Ordnung zugerechnet und von der Gnadenordnung abgehoben.
Die Standeswahl des Christen kann demnach nicht als eine Wahl zwischen Ehestand und Priester- oder Rätestand aufgefaßt werden. Es bestehen keine zwei gleichwertigen Möglichkeiten, auf den Ruf Gottes mit dem entsprechenden Lebensstand zu antworten. Vielmehr folgt aus dem allgemeinen Ruf zum christlichen Leben für gewöhnlich der Entschluß zum Ehestand, die qualifizierte Berufung hat den Rätestand zur Folge. Das bedeutet, daß der Christ dann zum Eheleben berufen ist, wenn er *nicht* eigens und besonders zum Priester- oder Rätestand berufen wird.[229]

---

228 Vgl. Christlicher Stand, 340. Das Folgende beruht auf 341-342. Der Gedanke, daß eine christliche Ehe innerhalb der Gnadenordnung primär durch den Willen Gottes entstanden sein könnte, ist für v.Balthasar so weit entfernt, daß die »Fälle, in denen die Begegnung mit einer Frau so schicksalhaft erscheint, daß sie den Charakter einer ewigen Vorbestimmung trägt und die Deutung einer gemeinsamen Präexistenz sich nahelegt«, zwar als durch Sterndeutung und Horoskop nicht letztlich erfaßbare Phänomene beschreibt, sie jedoch auf jeden Fall »durch Kräfte und Konstellationen der 'Allmutter' Natur (Sir 40,1)« entstanden sieht: ebd. 341.

229 Vgl. dazu ebd. 343: »Kein gesunder und nicht durch Vorurteile verschrobener Christ wird je von sich sagen, daß er aufgrund einer göttlichen Wahl den Ehestand gewählt habe, einer Wahl, die mit der Wahl und dem Ruf vergleichbar wäre, die der zum Priester und zur persönlichen Nachfolge im Rätestand Berufene in sich erkennt oder verspürt. Der die Ehe Wählende wird einfach jene besondere Erwählung in seiner Seele *nicht* vorgefunden haben und mit dem besten Gewissen der Welt, ohne sich einer Unvollkommenheit bewußt zu sein, aber auch ohne sich deswegen eines besonders erwählten Weges Gottes zu rühmen, den Ehestand wählen. Er wird schlicht dem allgemeinen Willen Gottes

b) Berufung und Rat der Jungfräulichkeit

Das Verhältnis des qualitativ berufenen zum nicht-qualitativ berufenen Christen entspricht dem oben (2.) beschriebenen Verhältnis von christlicher Ehe und Jungfräulichkeit. »Das Gestelltsein in den Weltstand kann nur als ein Nichtgerufensein zu einer qualitativen Sendung beschrieben werden.«[230] Eine wirkliche Sendung erfaßt die ganze Existenz. Der qualitativ berufene Christ muß sich ungeteilt und vollkommen frei dem Werk Christi zur Verfügung stellen; und dies ist einem Verheirateten nur schwer möglich.[231] Am Lebensstand der Ehe bzw. der Jungfräulichkeit ist somit das Verbindende und das Unterscheidende einer spezifischen Sendung festzumachen.

Daher erhält der Lebensstand der Jungfräulichkeit eine herausragende Bedeutung: Die Jungfräulichkeit ist sowohl der Punkt, der das Räteleben und das Weltleben verbindet, als auch der Keim, aus dem das ganze Räteleben entspringt.[232] Sie ist in dieser Hinsicht die Quelle und Mitte der evangelischen Räte; Armut und Gehorsam leiten sich von der Grundhaltung der Jungfräulichkeit ab.[233] Durch die gegenseitige Verschränkung von Rätestand und Sendung wird so die Lebensform der Jungfräulichkeit zur conditio sine qua non jeder besonderen Berufung und Sendung eines Menschen. Da sich gerade an der Leibsphäre die Stände scheiden[234], entscheidet sich ein Leben, das einer

---

mit seinem Geschöpf gehorchen: 'Mein Sohn, ... suche im ganzen Gefild einen fruchtbaren Acker dir aus und säe getrost deinen Samen' (Sir 26,20).« In anderem Kontext und mit anderer Zielsetzung wird demgegenüber die Wahl des Rätestandes mit der Wahl des Ehestandes verglichen. So z.B. in: S 2, 452: »Der Ordensmann (und der Priester) wählen beide Christus so, wie der Weltchrist eine Frau wählt.«

230 Ebd. 133. Eine entsprechende Parallele findet sich im Zusammenhang mit Apostolat und (gemeinsamen) Priestertum des Laien: Gottbereites Leben, 47-48.

231 Vgl. Gottbereites Leben, 49, mit Verweis auf 1 Kor 7,33.

232 Vgl. Christlicher Stand, 292.

233 Diese Hervorhebung der Jungfräulichkeit, die v.Balthasar der Armut und dem Gehorsam gegenüberstellt, ist nur *eine* Sichtweise in der Beziehung der drei Räte zueinander. Im Kontext der Theodramatik und deren Christologie zum Beispiel ist die Lebenshaltung des Gehorsams (Christi dem Vater gegenüber) das zentralere Motiv, aus welchem sich Armut und Jungfräulichkeit herleiten. Im Kontext unserer Fragestellung nach der Ehe jedoch läßt v.Balthasar die Räte des Gehorsams und der Armut hinter den Stand der Jungfräulichkeit zurücktreten.

234 Vgl. S 2, 456. Siehe ebd.: »Das Exklusive der Nachfolge« tritt »erst in der leiblichen Sphäre hervor«.

qualifizierten Sendung folgt, an der Realisierung des evangelischen Rates der Ehelosigkeit.
Ein Entwurf der evangelischen Räte, der vom Rat des Gehorsams ausgeht, würde eine andere Setzung der Schwerpunkte im theologischen Verständnis von Berufung und Sendung ermöglichen. Ehe und Ehelosigkeit müßten dann nicht in so scharfer Weise voneinander getrennt bleiben. Für v.Balthasar ist aber die Keuschheit (im Sinne des evangelischen Rates der Jungfräulichkeit) wie kein anderer Rat »klar und unteilbar«.[235] Zur Begründung dieser Überzeugung greift er auf den Urstand des Menschen zurück. Die erst durch die Sünde entstandene Differenz zwischen Jungfräulichkeit und Fruchtbarkeit läßt sich innerhalb der postlapsarischen Natur nicht mehr überbrücken.

Die »absolute Keuschheit« weiß, »daß wahre Liebe im Geist ihren Mittelpunkt hat, und der Leib nur deren Ausdrucksfeld ist. So leben die Triebe zwar im paradiesischen Menschen, aber wie das selbstverständlich Dienende und untergeordnet Mithelfende. Wie der Verstand und der Wille in ihm ihre königlichen Funktionen nur innerhalb des umgreifenden Glaubensgehorsams ausüben, so üben auch die leiblichen Triebe und Funktionen ihre Rolle nur innerhalb der umgreifenden seelisch-geistigen Liebe aus. Die ersten Menschen hatten wohl den Befehl empfangen, fruchtbar zu sein und sich zu mehren. Aber die Fruchtbarkeit der menschlichen Liebe wäre im Paradies - wenn der Mensch darin ausgeharrt hätte - eine andere gewesen, als sie nach dem Sündenfall wurde. Wie die seelischen Kräfte sich durch die Sünde unselig aus dem liebenden Glaubensgehorsam emanzipierten, so lösten sich die leiblichen Möglichkeiten aus der Fruchtbarkeit der Liebe los, die ihrerseits durch den Ungehorsam verstört worden war, und rissen in der geschlechtlichen Liebe die Macht an sich. Erst dadurch entsteht eine *Differenz zwischen Jungfräulichkeit und Fruchtbarkeit*. Evas Jungfräulichkeit wäre innerhalb des Paradieses durch ihre Mutterschaft nicht gefährdet worden. Denn die Liebe von Mann und Frau wäre das Keuscheste gewesen, eine Liebe, die den Ausgang ihrer Fruchtbarkeit vom Geiste genommen und den Leib nur dienend in diese Keuschheit der Liebe einbezogen hätte. Was diese Fruchtbarkeit des Paradieses gewesen wäre, davon können wir uns so wenig eine Vorstellung machen wie von den meisten anderen Lebensbedingungen des ursprünglichen Menschen.«[236]

---

[235] Gottbereites Leben, 88. Siehe auch S 4, 158: »Jungfräulichkeit ist mit Eheleben nicht vereinbar«. Oder die schon zitierte Stelle in S 3, 165.

[236] Christlicher Stand, 74-75.

c) Konsequenzen für Liebe und Ehe

Die Konsequenzen, die sich aus dieser protologischen Herleitung des spannungsgeladenen Zueinander von Jungfräulichkeit, Keuschheit und Fruchtbarkeit für Liebe und Ehe im Hinblick auf Berufung und Sendung ergeben, prägen das gesamte Eheverständnis v.Balthasars.
Für die Liebe hat es zur Folge, daß der Scheidepunkt der Stände die Entscheidung ist, »ob man die Menschen ausschließlich in Gott (durch Christus hindurch) lieben will (im Weg der Nachfolge und der Räte) oder Gott und Kirche liebt im Rahmen der mitmenschlichen Liebe (in der Ehe).«[237] Eine mitmenschlich-eheliche Liebe kann als solche nicht mit der Grundhaltung der evangelischen Räte auf eine Stufe gestellt werden. Die Liebe in der Ehe muß von der Liebeshingabe, die eine Berufung Gottes voraussetzt, unterschieden werden.
Für die Ehe entsteht die Konsequenz, daß sie dem Besitz und der Selbstbestimmung zugeordnet und so den evangelischen Räten gegenübergestellt wird. Die Betonung von Eigenbesitz, triebhafter Fruchtbarkeit und Eigenwillen und deren faktische Trennung vom Gnadenstand ist ein Charakteristikum der gefallenen Natur.[238] Die Werte sind an sich gut, in ihrer Isolation aus dem Gesamt der Urstandseigenschaften jedoch unvollständig und es bedarf deshalb des Verzichts auf Besitz, Fruchtbarkeit und Eigenwillen, um die Integrität des Paradiesstandes in dieser Welt darzustellen und wiederzuerlangen.[239] Der Laie »besitzt« Familie und soll, wenn er als Christ leben will, seine »Herrschaft« im Dienst und zum Wohl der Familie einsetzen. Er soll seine Freizeit der Familie widmen, Interesse an der Erziehung der Kinder zeigen, »seine seelische Bereicherung vom Umgang mit seiner Frau erwarten«, aber vom Laien »kann man nicht verlangen, daß er sich *neben* seiner Beschäftigung mit den Seinen noch einer andern

237 S 2, 468. Vgl. die Anmerkung zur Stelle: »Natürlich wird hier nur von der christlichen Wahl gesprochen und nicht von Ehelosigkeit aus christlich neutralen, weltlichen Gründen; sei es einem eigenen Entschluß um irgendwelcher Vorteile oder Pflichten willen, sei es weil die Heirat sich nicht 'gegeben' hat. Theologisch gibt es in der Kirche keinen 'dritten Stand', wenn man auch praktisch noch in viele Kategorien und Gruppen einteilen kann.«

238 Vgl. Christlicher Stand, 132. Siehe auch S 2, 452: »Mit der Ehe ist innerlich gegeben die Notwendigkeit von Besitz und die Notwendigkeit freien Planens«.

239 Vgl. S 4, 380.

Aktion mit vollem Einsatz zur Verfügung stelle.«[240] Schon allein der Gedanke der Zeitaufteilung in Beruf und Freizeit bedeutet für v.Balthasar, daß ein Verheirateter nicht in der Lage ist, seine ganze Existenz für Berufung und Sendung einzusetzen. Fällt die Bindung an Ehe bzw. Familie, Besitz und Selbstbestimmung weg, so wird der Mensch frei für eine Sendung: »Die Zeit, die der verheiratete Laie seiner Familie oder der Erwerbung und Verwaltung seiner Güter zuwenden muß, wird frei und kann für Gott, für Gebet, Buße und Kontemplation gebraucht werden.«[241] Folgenreich ist in diesem Gedankengang v.Balthasars Zuordnung der Ehe des Christen (vom Mann aus gedacht) zu dessen Freizeit. Die Ehe ist etwas, von dem »Gebrauch« gemacht werden kann und soll.[242] Fällt die Ehe weg, entsteht ein Freiraum, der für und von Gott genutzt wird.
Berufung und Sendung sind somit ein wesentliches Moment des Standes der evangelischen Räte. Es geht dabei nicht um geistliche Selbstentfaltung, sondern um die christliche Sendung, die die ganze Persönlichkeit einfordert[243], was die Lebensform sowie den Umgang mit Besitz, Selbstbestimmung und Leib miteinschließt. Der Mensch, an dem das Zueinander von Sendung und Lebensstand am stärksten sich zeigt, ist Maria. An ihr macht v.Balthasar immer wieder deutlich, worum es ihm geht.

4. Jungfräuliche Mutterschaft Marias

Maria ist Jungfrau und Mutter. Deshalb hat sie eine einzigartige Rolle in der Heilsgeschichte. Sie vereint in ihrem Leben die Standesformen, die sich sonst unvereinbar gegenüberstehen: Jungfräulichkeit und Mutterschaft, Räte- und Ehestand.[244] Diese Einheit der sonst getrennten Stände spielt sich nicht auf einer »übermenschlichen« Ebene, also nur in der Sicht Gottes ab, sondern in Maria erweist sich, wie tief

---

[240] Gottbereites Leben, 47. Diese Aussage steht im Kontext der Auseinandersetzung mit der »Katholischen Aktion«.

[241] Ebd. 80. Vgl. ebd. 134: Der Unverheiratete »braucht seine 'Freizeit' nicht für die Familie zu verwenden«.

[242] Vgl. ebd. 146: »Der Gebrauch der Ehe, die Verwendung der zeitlichen Güter, die Mitarbeit an Gesellschaft, Kultur, Fortschritt [ist] ein Naturgebot«.

[243] Vgl. ebd. 55-56.

[244] Vgl. S 1, 240. Zum Folgenden vgl. ebd.

die Stände verbunden sind und deshalb nicht gegeneinander gewendet werden dürfen. Es ist das Geheimnis des Marianischen, welches eine »Zirkuminzession« der Stände und Standesformen bewirkt. Insofern Maria sowohl den Stand der Jungfräulichkeit als auch den der Ehe umgreift, ist sie auch für das Verständnis der Ehe bedeutsam.
Maria stellt als Urbild der Kirche den Stand des (begnadeten) Menschen vor Gott überhaupt dar. Durch ihre Haltung der evangelischen Räte empfängt sie die Fruchtbarkeit der Mutterschaft.[245] Ihre Jungfräulichkeit ist reine Entgegennahme des Wortes Gottes mit Leib und Seele.[246] Maria erlebt am eigenen Leib die Fruchtbarkeit des Wortes Gottes, auf welches sie hört und welches sie mit ihrer ganzen Existenz empfängt. Marias fruchtbare Jungfräulichkeit ist das leibhaftige Zeichen dafür, daß die göttliche Liebe in der geschöpflichen Welt Wohnung genommen hat.
Die Zugehörigkeit Marias sowohl zum Stand der Ehe als auch zu dem der Jungfräulichkeit bedeutet nicht, daß Maria einem der Stände unterzuordnen sei. Sie steht vielmehr »über« beiden, ist somit keinem auf Dauer zuzuordnen.[247] Im Stand Marias wird das Zueinander der christlichen Räte gespiegelt. In ihr wird auch der Vorrang des Erwählungsstandes über den Weltstand ablesbar. Entscheidend ist, daß Maria vollständige und ganze Jungfrau war und zugleich in einer wahren und nicht nur scheinbaren Ehe mit Josef lebte. Der Stand Marias und Josefs ist nicht etwas Drittes neben Ehe und Jungfräulichkeit, sondern wahre Ehe.

> »Auch die Mutter durchlebt, wie der Sohn, den *Ablauf der beiden Stände*, in dem sie zuerst durch das Gesetz des Alten Bundes in die natürliche Gemeinschaft mit Joseph, dann durch das Geheimnis des gekreuzigten Sohnes in die übernatürliche Erwählungsgemeinschaft mit Johannes gewiesen wird. Aber wie der Sohn den Weltstand nicht nur im Geist, sondern in der Wahrheit des Gelöbnisses an den Vater durchlebt und so darin den spätern Stand der Erwählung vorzeichnet, so lebt Maria die Ehe nicht nur so, 'als wäre sie nicht verheiratet' (1 Kor 7,29), sondern in der vollen Wahrheit von Armut, Jungfräulichkeit und Gehorsam. Und doch ist dieses Leben und die nachfolgende Zeit des Witwenstandes,

---

245 Vgl. Christlicher Stand, 12.

246 Vgl. S 3, 164. Zum Folgenden vgl. ebd.

247 Vgl. Christlicher Stand, 160. Das Folgende bezieht sich auf 163-164.

vom Tode Josephs bis zum Kreuz, noch echtes Weltleben. Es ist Leben innerhalb der Gesetze und Bindungen der Familie, des Haushalts, der Kindererziehung, der tausend kleinen Sorgen, die eine arme Familie kennt. Arm waren sie, schon darum, weil der Ruf des Herrn sie immer neu aus ihrem Besitz vertrieb und sie anderswo ihr kleines Handwerk neu einzurichten zwang; jungfräulich, weil die zarte Liebe, die Maria mit Joseph verband, für diesen einen wahren Verzicht innerhalb einer wahren und nicht nur scheinbaren Ehe einschloß; gehorsam, weil Maria die Botschaften Gottes an ihren Gatten ebenso unmittelbar befolgte, wie die an sie persönlich ergangene Stimme des Engels. Die Gelübde stehen in dieser Familie nicht neben dem Familienleben, sondern sind ganz seiner Mitte eingepflanzt.«[248]

Die *jungfräuliche* Mutterschaft, die Jungfrauengeburt, ist eine heilsgeschichtliche Notwendigkeit, die Bedingung der Möglichkeit für die Gottessohnschaft Jesu.[249] Eine leibliche Vaterschaft Josefs ist theologisch ausgeschlossen. Im Stand Marias erweist sich die christliche Jungfräulichkeit als solche in aller Leibhaftigkeit als fruchtbar.
Die durch Jesus Christus ermöglichte und in Maria verwirklichte Einheit von Jungfräulichkeit und Fruchtbarkeit, die durch die Sünde entzweit war, sprengt den Kreislauf von Zeugung und Tod. In Maria ist die im Urstand bestehende Fruchtbarkeit des Menschen überhöhend

---

[248] Ebd. 166.

[249] Vgl. Klarstellungen, 68-69: Josef muß »beiseite stehen und der göttliche Gemahl Israels im Menschwerdungsereignis an seine Stelle treten. Das Wort Gottes ... wäre in seinem Wesen und seiner Kundgabe völlig verunklärt, wenn dieser Mensch zwei Väter hätte, sich zweien verdanken müßte, einem im Himmel und einem auf Erden. er wäre nicht mehr *der* Sohn, der *als solcher* identisch ist mit *dem* Wort.« Oder Christlicher Stand, 188: Christus konnte »nicht aus einer Verbindung von Mann und Frau, wie sie nach dem Fall geübt wird, hervorgehen. Was wesentlich mit der *sarx*, der Verfallenheit in Zusammenhang steht: der das jungfräuliche Wesen der Gatten zerstörende Akt, kann nicht Ursprung dessen sein, der gekommen ist, die Macht der Sünde zu brechen.« Siehe dazu M. Scheuer, Die Evangelischen Räte, 192: »Die Klammer zwischen Jungfräulichkeit und Gottesmutterschaft ist bei Rahner nicht von vornherein Bedingung der Möglichkeit für die Gottessohnschaft Jesu, wie es bei von Balthasar der Fall ist.« V.Balthasar ist in seinem Verständnis der aus dogmatischen Gründen ausgeschlossenen Vaterschaft Josefs von den Kirchenvätern und einer langen theologischen wie geistesgeschichtlichen Tradition geprägt. I. Baumer nennt neben den Kirchenvätern P. Claudel und A. v.Speyr, die v.Balthasar in seiner Eheauffassung beeinflußt haben. Vgl. dazu die Kritik I. Baumers in: Vermittler des Unzeitgemäßen, in: Hans Urs von Balthasar - Gestalt und Werk, 85-103, hier 91.

erfüllt, da sie in Jesus Gott selbst zur Welt bringt.[250] Diese Fleischwerdung des Wortes Gottes ist die Mitte der ganzen Heilsgeschichte. Deshalb ist der Stand Marias von so weitreichender Bedeutung. Ihre Jungfräulichkeit und ihre Ehe sind ein Schlüssel zum Verständnis beider Stände.

5. Der Stand der christlichen Ehe

Die Ehe ist ein christlicher Stand. Daran läßt v.Balthasar keinen Zweifel, auch wenn er nicht müde wird, die größere Bedeutung der christlichen Ehelosigkeit darzulegen.[251] Für den Stand der christlichen Ehe gilt dieselbe Begrenzung, die oben (II. 4.) im Hinblick auf die Sakramentalität der Ehe angesprochen wurde. V.Balthasar sieht die Möglichkeit, im Lebensstand der Ehe das Christsein in Heiligkeit zu verwirklichen, als einen Grenzfall an, der nur selten erreicht wird. Tritt dieser Grenzfall ausnahmsweise ein, so geschieht dies im Geist der Räte und deren dreifacher Entsagung.[252] Was zum Stand der christlichen Ehe zu sagen ist, steht unter dieser generellen Einschränkung.

a) Ehestand im umfassenden Kontext

Das Verständnis der Ehe als christlicher Stand, welches v.Balthasar vor allem in »Christlicher Stand« darlegt[253], stellt eine Bündelung des christlichen Eheverständnisses insgesamt dar. Die theologischen The-

---

[250] Vgl. Christlicher Stand, 94 und 75.

[251] Z.B. im Kontext einer kurzen und knappen Ausführung zur Ehe in: Neue Klarstellungen, 107: »Wenn (wie Augustin ausdrücklich sagt) der Jungfräuliche nicht schon als solcher vollkommener ist als der Verheiratete, so ist doch Jungfräulichkeit als solche vollkommener als Eheleben«.

[252] Vgl. Christlicher Stand, 306, Anm. 12. Die dafür erforderliche »Anstrengung kann kraft der Gnade Christi und der sakramentalen Gnade im besonderen zum Ziel führen, nicht ohne vielerlei Verzicht, der ebenso von der Sphäre der Reichsverkündigung in diejenige des Kreuzes hinüberführt«: Neue Klarstellungen, 108. In »Wer ist ein Christ?« setzt sich v.Balthasar mit der Frage nach statistischem Durchschnitt und wahrem Leitbild von Christsein zum Teil polemisch auseinander. Siehe z.B. 57: »Betrachtet man die Stufenleiter der möglichen christlichen Haltungen, vom untersten Kompromiß, dem gerade noch ein Anteil am Christsein zugestanden werden kann, bis zur obersten, kompromißlosen Form, dann sieht jeder, daß die Idee, ihre Leuchtkraft und ihre Evidenz, desto klarer aufstrahlt, je durchgehender die christliche Form ein Leben beherrscht.«

[253] Im Kapitel »Der Ehestand«, a.a.O. 180-202.

men von Schöpfung und Erlösung, Liebesbeziehung Christi zur Kirche, Lebensform der Jungfräulichkeit, Fruchtbarkeit, Trinität und Sakramentalität werden dabei zusammengefaßt. Nur in diesem umfassenden Kontext ist das Spezifische des christlichen Ehestandes deutlich zu machen.[254]

Die christliche Ehe steht in besonderer Weise im Spannungsfeld von *Schöpfung und Erlösung*. Sie ist, wie jeder christliche Stand, ein Stand der Gemeinschaft. Die sakramentale Gnade macht aus der Schöpfungsgemeinschaft der Ehe eine christliche Gemeinschaft. Die schöpfungsgemäße Ehe ist Vorbild und Gleichnis für die menschgewordene *Liebesbeziehung Christi zur Kirche*. Die Beziehung zwischen Christus und der Kirche im Erlösungsgeschehen und die Beziehung zwischen Mann und Frau in der Ehe sind so eng, daß man beide Geheimnisse nur noch gegenseitig verschränkt verstehen kann. Das Geheimnis der Erlösung gleicht sich dem Geheimnis der ursprünglichen Schöpfung an, wobei sich die Schöpfung wiederum der Erlösung anzugleichen hat, um ihre letzte Wahrheit zu erhalten. Das Geheimnis der Erlösung ist vollendet in der menschgewordenen Liebe, welche die *Lebensform der Jungfräulichkeit* eingeht und so die Ordnung der Stände grundlegt. Auch wenn die Jungfräulichkeit demnach der Ehe vorzuziehen ist (»melius ac beatius«), wird die Lebensform der Ehe von Jesus nicht nur nicht verurteilt, sondern als von Gott stammend bestätigt und vom Kreuz her erlösend geheiligt. Die *Fruchtbarkeit* des Menschen ist dabei entscheidend. Die leibliche Verbindung von Mann und Frau ist für das Menschsein nicht akzidentiell, sondern wesentlich und zentral. Die Scheidung des Menschen in Mann und Frau gehört zum »Gleichnis Gottes«; die Fruchtbarkeit des Sich-Mehrens ist Abbild des Wesens Gottes. Und Gottes Wesen ist unendliche Fruchtbarkeit in der *Trinität*, Fruchtbarkeit, an der alle Schöpfung Anteil hat. Diese Sicht schließt eine gnostisch-dualistische Trennung von Körper und Geist aus. Die schöpfungsgegebene Geschlechtlichkeit des Menschen (als Mann und Frau) prägt den ganzen Menschen. Es geht nicht an, den Urstand der Schöpfung einer abstrakten, »reinen« Natur zuzuordnen und ihm jegliche Begnadung abzusprechen. Die Gottes-Abbildlichkeit des Menschen in der Schöpfung ist natürlich und gnadenhaft zugleich. Natur und Gnade, Geschaffenheit und Begnadung sind im Urstand nicht zu tren-

---

254 Das Folgende beruht auf ebd. 180-185.

nen. Die Ehe ist - auch postlapsarisch - ihrer Herkunft und ihrem Ziel nach mehr als eine bloß natürliche Gemeinschaft.[255] So war sie alttestamentlich[256] zwar der einzige normative Stand des Menschen, befand sich jedoch in der Schwebe zwischen paradiesischer Herkunft und messianischer Zukunft.[257] Neutestamentlich wird die Ehe christlich zum *Sakrament*. Christus, der neue Adam, bricht die Macht der Sünde. Jesus stellt nicht einfach das Urbild der Ehe wieder her, sondern er wird selbst zu ihrem Urbild, indem er die alte Schöpfungsordnung vertiefend über-erfüllt. Die Liebesbeziehung zwischen Christus und Kirche wird zum Urbild und Maßstab der ehelichen Beziehung zwischen Mann und Frau. Gott selbst und das ganze Volk Gottes, Christus, der neue Adam, und die Kirche sind die das Männliche und das Weibliche in der Schöpfung vollendenden Liebenden. Die Lebensform der Ehe, in der die Liebe so, wie sie im Urstand war, zum Ausdruck kommt, findet in Christus die entgrenzte, überhöhte Form der Jung-

---

[255] Nicht nur die Fruchtbarkeit des Menschen in der zweigeschlechtlichen Einigung ist Abbild der ewigen fruchtbaren Trinität (gemäß Gen 1), sondern schon die Entstehung des Menschen (aus dem Mann die Frau) ist Abbild des innertrinitarischen Hervorgangs des Sohnes aus dem Vater (in Deutung von Gen 2). Vgl. Klarstellungen, 135-136: Schon die geschöpfliche Ehe steht unter der »Norm der Liebe Christi zu seiner Braut, der durch ihn erlösten Menschheit. Der Mann, gerade auch im Geschlechtsakt, ist vollkommene liebende Hingabe, die zugleich die Hingabe des Weibes auffängt und ihr Gestalt gibt; die Frau ist sich-gestaltenlassend, ohne die empfangene Liebe innerlich zu begrenzen. In der Opposition der Geschlechter, die ja nichts rein Fleischliches ist, sondern personale Haltungen prägt, liegt die Möglichkeit des vollkommenen Ineinandergreifens in einer die Partner übersteigenden Liebeseinheit und Fruchtbarkeit. ... (Eph 5,25-32). Nun ist nicht mehr bloß der einzelne Christ in seiner Leiblichkeit expropriiert (...), es ist auch nicht mehr bloß so, daß in der Ehe der Mann dem Weib, das Weib dem Mann angehört und keines mehr Verfügungsgewalt über den eigenen Leib hat (1 Kor 7,4), vielmehr sind jetzt beide im Zusammenschlag ihrer Liebe nochmals expropriiert in die absolute Liebe Gottes (in Christus) zur Menschheit ('Kirche'), und diese Liebe ist eine hochzeitliche. Die menschliche Geschlechtlichkeit ist geradezu von ihr her geschaffen und auf sie hin ausgerichtet.«

[256] V.Balthasar verweist hier neben dem Buch der Sprüche, Kohelet und Jesus Sirach auf Tobit, wobei sich die zitierten Verse Tob 6,18 und 8,5-9 nach der Vulgata richten, welche sich im entscheidenden Punkt (Betonung der durch die Ehe ermöglichte Nachkommenschaft) von der überlieferten griechischen Fassung unterscheidet. Die prophetische Überlieferung (Hos, Jer, Ez u.a.) - mit deren Bildern der Bundestreue Gottes zu seinem Volk in der Liebe und Treue zwischen Mann und Frau - wird nur am Rande erwähnt. Insgesamt klammert v.Balthasar die Theologie des Alten Testaments in »Christlicher Stand« bewußt aus. Siehe dazu ebd. 14. Vgl. zum alttestamentlichen Eheverständnis: S 5, 125, wo die Ehe der Bundestreue Gottes zum Volk Israel zugeordnet wird.

[257] Das Folgende beruht auf ebd. 186-189.

fräulichkeit. Die Jungfräulichkeit Jesu, die in der Hingabe am Kreuz gipfelt, ist somit die Übererfüllung (auch) der Ehe. Die Fruchtbarkeit Gottes findet dadurch die ihr adäquate Form in der Schöpfung. Das Christusereignis ist nicht nur ein geschöpfliches Abbild der trinitarischen Fruchtbarkeit, sondern die unmittelbare Ergießung der innergöttlichen Fruchtbarkeit selbst. Das Kreuzesgeschehen als die größtmögliche Liebeshingabe Jesu bedeutet für jeden christlichen Stand größtmögliche Fruchtbarkeit. Die geschöpfliche Ehe wird zu einer sakramentalen Wirklichkeit im Hervorströmen aus der Kreuzesgnade.

b) Spezifische Aspekte des Ehestandes

Auf dem Hintergrund dieser Zusammenhänge[258] legt v.Balthasar dar, daß es in der Kirche genau zwei christliche Stände gibt: Ehe und Jungfräulichkeit.[259] Die Ehe als kirchlicher Stand bedarf dabei der Ergänzung durch die christliche Jungfräulichkeit. Nur die gehorsame und arme Jungfräulichkeit kann, was an der natürlich-übernatürlichen Ehe vollkommen ist, zugleich überbieten und vollenden. Der Ehestand realisiert sich in der gegenseitigen Hingabe der Ehepartner. Standesbegründend ist die Hingabe insofern, als sie den Geist der Armut, der Keuschheit und des Gehorsams verwirklicht. Schon auf der Ebene der Schöpfung, in der natürlichen ehelichen Begegnung von Mann und Frau, liegt in der Ausschließlichkeit ihrer Hingabe ein Geheimnis, das über die Natur hinaus weist.[260] Im Christlichen muß die Hingabe, die sich sowohl im Ehegelöbnis als auch im Gelübde der Räte manife-

---

[258] Eine entsprechende dichte und gedrängte Charakterisierung des christlichen Ehestandes findet sich z.B. in Cordula oder der Ernstfall, 37: »Der Ehestand (und der damit verbundene Stand weltlichen Besitzens und Verfügens) ist *an sich* Schöpfungsstand und damit ein Stand in der rinnenden Zeit; er wird zu einem Stand des Zeugnisses für Christus in dem Maße, als er innerhalb seiner Lebensform (und nicht sie verkürzend 1 Kor 7, 2-5) den Geist des Christus-Maria-Standes verwirklicht: durch das Sakrament und durch personale Gesinnung. Auch das Sakrament segnet vom Kreuz und vermittelt Gnaden von der Todesgrenze her: Gnaden der verzichtenden Liebe für alle Tage der Zeitlichkeit. Die Gatten sind der Verfügung über ihren Leib zugunsten des Partners enteignet (1 Kor 7,4), die Frau ist des Mannes 'eigenes Fleisch', seine Selbstliebe aber ist hinüberverlagert in den Partner (Eph 5,28); Regel und Norm für beide ist das jungfräuliche Leibgeschehen zwischen Christus und der Kirche.«

[259] Das Folgende bezieht sich auf Christlicher Stand, 190-193.

[260] Vgl. Einfaltungen 49, Anm. 4.

stiert, der bedingungslosen Auslieferung Jesu am Kreuz entsprechen.[261] Die Ehe untersteht, um christlich zu sein, der Form der Liebe Christi.[262] Sie lebt aus Geist und Gesinnung Jesu. Der »Kanon« jeder christlichen Liebe - die Liebe zwischen Christus und seiner Kirche - ist auch der Maßstab für eheliche Liebe und Treue. Die Sakramentalität der Ehe begründet sich nur darin, »daß dem Geheimnis der leiblichen Fruchtbarkeit durch Christus von oben her das unendlich tiefere Geheimnis der geistigen Fruchtbarkeit von Glaube, Liebe, Hoffnung eingesenkt wird und somit auch der Geist von Armut, Keuschheit und Gehorsam«.[263] Die Ehe muß also sowohl an der Fleischwerdung der göttlichen Gnade als auch am Kreuz Jesu teilnehmen. Nur in der Gesinnung des Kreuzes und in der Selbstlosigkeit der Hingabe ist sie christlich.

So ist die Ehe schon im Urstand mehr als bloß ein natürliches Geheimnis. Christliche Ehe ist nicht als eine rein natürliche Institution zu denken, die nachträglich zum Sakrament gemacht wird. Sie ist von vornherein als von Gott in Christus grundgelegte Lebensform zu verstehen.[264] Im Neuen Bund wird die schon in der Schöpfungsordnung bestehende, allgemeine Übernatürlichkeit der Ehe zur konkreten, geformten Übernatürlichkeit der Gnade Christi am Kreuz. Je mehr eine menschliche Liebe der göttlichen gleicht, desto mehr nimmt sie die Gestalt von Armut, Jungfräulichkeit und Gehorsam an. Der christliche Ehestand nimmt Anteil an dieser übernatürlichen Fruchtbarkeit. Der tiefste Grund für diese Anteilnahme an der Frucht der Gnade, also für ihre Sakramentalität, ist der *Glaube* (in Liebe und Hoffnung), in dem das Eheversprechen abgelegt wird. Der die christliche Ehe grund-

---

[261] Vgl. Christlicher Stand, 192: »Im Stand der Erwählung gibt der Christ seine Seele und seinen Leib Gott, und Gott verteilt die Frucht des Opfers an seine Brüder und schenkt dem Geopferten eine Sendung innerhalb der Kirche. Im Ehestand schenkt der Christ seinen Leib und seine Seele im sakramentalen Jawort dem Gatten, aber in Gott, aus dem Glauben an Gott und in der Hoffnung auf die erfüllende Treue Gottes, die seiner Hingabe die verheißene leibliche oder geistige Frucht nicht vorenthalten kann.«

[262] Zum Folgenden vgl. ebd. 197-201.

[263] A.a.O. 197.

[264] Demgegenüber legt v.Balthasar an anderen Stellen genau diesen Schluß nahe: daß die natürliche (und in den Gattungs-Endlichkeits-Todes-Zirkel verstrickte) Ehe erst in einem zweiten Schritt (durch die jungfräuliche Fruchtbarkeit Christi) ihre Rechtfertigung erhält und so erst zum Sakrament werden kann. Vgl. oben Anm. 142.

legende Glaubensakt ist zunächst eine Gelöbnis der Treue zu Gott; der Glaube bezieht sich direkt und unmittelbar auf Gott.[265] Die Ehepartner legen ihr gegenseitiges Treuegelöbnis so ab, daß es vom Gelöbnis der Treue an Gott umgriffen ist. Eine Unterscheidung der Ehezwecke der gegenseitigen Hingabe und der Zeugung von Nachkommen oder eine Rangfolge in deren Bedeutung ist nicht mehr möglich. Wird die Ehe als Glaubensakt verstanden, so wird eine solche Unterscheidung hinfällig.

> Die christlichen Gatten haben in ihrem Glauben teil »an der Gnade des Kreuzes, dessen Fruchtbarkeit sich ins Unendliche öffnet. Ihre Liebe, äußerlich eine Angelegenheit, die sich zwischen zweien erschöpft, nimmt verborgenerweise teil an der unbegrenzten, immer katholisch und eucharistisch geöffneten Liebe des Herrn, deren Fruchtbarkeit sich stets über alles Geschlossene hinaus zu Weiterem ergießt. Und dies, weil in dieser Fruchtbarkeit der Kreuzesliebe des Herrn *das Gesetz der trinitarischen Liebe selber offenbar geworden* ist, die sich nicht zwischen Vater und Sohn erschöpft, sondern zur Frucht den Dritten, den Geist hat, dem darum die Liebe in Gott in besonderer Weise zugehört.«[266]

Durch die Menschwerdung der Gnade wird die geistige Liebe (des Standes der Erwählung) zu einer notwendig inkarnierten und die leibliche Liebe (des Ehestandes) zu einer auch im Leibe gerechtfertigten und vom Geiste durchwirkten. Die christliche Ehe ist neben der Jungfräulichkeit eine in der Offenbarung begründete Form der Liebeshingabe und darin standesbegründend.

Auch wenn sowohl der Ehestand als auch der Stand der Erwählung die *eine* Liebe Christi darstellen und die beiden Stände nicht als Stand der leiblichen und Stand der geistigen Liebe einander entgegengesetzt werden können, so bleiben christliche Eheleute doch Laien und befinden sich nicht im Stand der qualitativ Berufenen. Zwar erreicht der Laienstand seine Fülle im Ehestand, doch bleibt der Verheiratete an die schon zitierte »Form der fleischlichen Hingabe« gebunden. Ver-

---

265 Dieser unmittelbare Gottesbezug steht in gewisser Spannung zu den Aussagen, die die Ehe im Unterschied zur Jungfräulichkeit nur indirekt im Kreuz begründet sehen. So z.B. 197: »Wenn der Stand der Erwählung *unmittelbar* im Kreuz gründet und seine ganze Ermöglichung und Kraft aus ihm gewinnt, schöpft die christliche Ehe ihre letzte Bestätigung und Vollendung *indirekt* ebenfalls aus dem Kreuz.« (Hervorhebung von mir.)

266 A.a.O. 200.

wirklicht sich jedoch das seltene Eheideal, dann vollzieht sich in ihr der übernatürliche Sinn der sakramentalen Gnade.[267] »Eine heilig geführte christliche Ehe bringt Kirche für die Welt zum Leuchten.«[268]

---

[267] Vgl. a.a.O. 182. V.Balthasar trennt an dieser Stelle scharf zwischen einem Leben »nach dem übernatürlichen Sinn und Gesetz der sakramentalen Gnade oder eines Verfehlens des wahren Sinnes der Ehe überhaupt.« Diesem düsteren Grundton entspricht die Beobachtung v.Balthasars, »daß so viele Künstler unverheiratet bleiben, so viele Künstlerehen gerade auch unter den neueren katholischen Dichtern tiefste Tragik aufweisen und ihre Schatten durchaus nicht zum Vorteil ihrer Dichtung und ihrer religiösen Sendung, über ihr ganzes Werk werfen«: Gottbereites Leben, 84. Vgl. dazu v.Balthasars Nachwort zur deutschen Übersetzung, in: P. Claudel, Der seidene Schuh, Salzburg [7]1953, 441: »Es gibt im ganzen Lebenswerk Claudels keine Darstellung einer glücklichen Ehe. Ehe ist nur als heiligendes Band, als eiserner Ring um das Sakrament der Unmöglichkeit geschlungen; Ehe ist nicht zufällig und gelegentlich ein Kreuz, sie ist es wesentlich, weil sie zwei Endlichkeiten, die beide ein Unendliches wollen, ineinanderkettet, die eine in das Nichts der anderen gekreuzigt.« Diese Aussagen v.Balthasars wiegen deshalb schwer, weil für ihn einerseits die Ehe der Lebensstand ist, der dem Laien voll entspricht, andererseits gerade der christliche Künstler (z.B. »die Reihe der großem katholischen Dichter des neueren Frankreich«: S 2, 432) als »Urbild des Laien« (ebd. 334) gelten kann.

[268] A.a.O. 287.

Fünftes Kapitel

Trinitätstheologischer Zugang

Die göttliche Trinität gehört zum unverzichtbaren Wesenskern christlicher Offenbarung. In Schöpfung, Inkarnation, Kreuz und Auferstehung, Geistsendung und Vollendung erschließt sich das trinitarische Wesen und Geheimnis Gottes. V.Balthasar entwirft seine Theologie auf dem Boden dieser in Jesus Christus geoffenbarten Trinität Gottes. Die Trinität steht im Hintergrund jedes seiner theologischen Gedanken. Sein Verständnis von Menschwerdung, Kreuz und Auferstehung Jesu ist ohne die trinitarische Dimension der göttlichen Offenbarung nicht angemessen zur Sprache zu bringen.[1]

Wir kamen sowohl im schöpfungstheologischen als auch im christologischen und ekklesiologischen Zugang zum Eheverständnis v.Balthasars immer wieder auf die Trinität zu sprechen. Dieser durchgängige Bezug erklärt sich darin, daß nach v.Balthasar alle Glaubenswahrheiten und also auch die Aussagen über die Sakramente letztlich im Mysterium der Trinität begründet sind:

> »Das Mysterium der Trinität wird zur unabdingbaren Voraussetzung dafür, daß es Welt gibt, daß *zwischen* Gott und Welt das Drama der Liebe sich spielt und dieses Drama die Welt *innerlich* erfüllt als Begegnung von Ich und Du. Eine solche Begegnung ist ontologisch nicht anders möglich, als indem sie die christliche Tatsache (und darin die gesamte christliche Dogmatik) impliziert. Jede solche Begegnung ist Anamnesis der Tat Gottes in Christo und praktische Rekapitulation der christlichen Gotteslehre, Christologie, Ekklesiologie, Mariologie und sogar Sakramentenlehre.«[2]

Auch die Sakramente stehen im Kontext von Schöpfung, Erlösung und dramatischer Geschichte zwischen Gott und Welt. Die Trinität ist die

---

1 Vgl. W. Löser, Unangefochtene Kirchlichkeit - universaler Horizont, 474.

2 S 3, 275. Vgl. dazu TD 3, 297-309.

Bedingung ihrer Möglichkeit.[3] In entsprechender Weise sind alle theologischen Zugangswege zum Verständnis der Ehe in der Trinität Gottes verwurzelt. Die Trinität ist dabei keine Größe, die es zu begreifen gilt. Gottes Trinität ist ein unbegreifliches Geheimnis, das nur zögernd angenähert werden kann, aber immer unfaßbar bleiben wird. Gott birgt in sich selbst in seinem trinitarischen Leben das Moment der Überraschung der Liebe.

Im Folgenden werden diejenigen Aspekte der Trinitätstheologie zusammengestellt, die für eine Theologie der Ehe von unmittelbarer Bedeutung sind: Der Mensch als Abbild des trinitarischen Gottes, die Fruchtbarkeit und die Liebe.

I. Der Mensch als Imago Trinitatis

V.Balthasar spricht den Gedanken der Imago Trinitatis schon in frühen Werken an[4], breit entfaltet wird er erst in den späten Schriften.[5] Die Grundlagen und Voraussetzungen für diese Entfaltung sind die Beschäftigung mit der Realdistinktion und der ontologischen Differenz des Seins einerseits[6] und die Bejahung der positiven Bewertung des Endlichen, des Anders-Seins und des Zeit-Materie-Seins andererseits. Die Differenz zwischen dem einzelnen, begrenzten Wesen, das Anteil am absoluten Sein hat, aber nie mit ihm identisch ist, wird auf die Differenz in Gottes einem, gemeinsamen Wesen bezogen. Auch das innerweltliche Entstehen und Werden wird in Verbindung mit Gottes

---

3 Vgl. W. Löser, Unangefochtene Kirchlichkeit - universaler Horizont, 477.

4 Vgl. z.B. die im zweiten Kapitel zitierten Stellen aus Christlicher Stand, 182ff.

5 V.Balthasar beginnt mit TD 4, seiner 1983 erschienenen »trinitarisch-christologischen Eschatologie« (463), die Imagines Trinitatis breit zu entfalten, was er vor allem in den Bänden 2 und 3 der Theologik fortsetzt. »Es muß allen Ernstes nach der Imago Trinitatis in ente creato gefragt werden, auch wenn diese Frage in der Theologiegeschichte bisher nicht oft gestellt worden ist«: TL 2, 159. Die Grundlage für das Bedenken des Geschehens »zwischen Himmel und Erde« ist die »Urbildlichkeit des trinitarischen Seinsgeschehens für das geschöpfliche Werdesein«: TD 4, 104. »Innerweltliches Werden ist ein Abbild des ewigen Geschehens in Gott«: Ebd. 59.

6 Vgl. TD 4, 59 ff, 425, TL 2, 77. Vgl. auch P. Henrici, Zur Philosophie Hans Urs von Balthasars, 257.

ewigem Geschehen gesetzt. Das Geschöpfliche ist so Abbild der Trinität und darin gründet die Berechtigung jener Versuche menschlichen Denkens, »von sich her etwas Trinitarisches im weltlichen Sein aufzuspüren«.[7] Alle Entwürfe, die den Weg ausgehend von der Schöpfung auf die Trinität Gottes rückschließend beschreiten - ausdrücklich genannt werden Augustinus, Richard v.St.V. und M.J. Scheeben[8] - , bleiben zwar unzulänglich und sind im vergleichenden Überblick nicht miteinander zu verbinden. Der gemeinsame Schnittpunkt, die Trinität Gottes selbst, bleibt unkonstruierbar. Der Mensch kann sich selbst keinen Zugang zur trinitarischen Wirklichkeit eröffnen. Dennoch schließt die Inkarnation des Logos eine völlige Unvergleichlichkeit und unüberbrückbare Verschiedenheit von Welt und trinitarischem Gott aus. Es muß »im weltlichen Bereich eine Abbildlichkeit des Trinitarischen geben, an die der sich auslegende Logos zu seinem Selbstausdruck wird anknüpfen können und müssen.«[9] Diese Imagines Trinitatis durchziehen die gesamte Wirklichkeit des Menschseins.

1. Zur Spannung zwischen Individuum und Gemeinschaft

Der Mensch lebt in der Spannung zwischen Individuum und Gemeinschaft. Das Personsein des Menschen wirkt sich sowohl individuell als auch gemeinschaftlich aus. Eine Person, die in sich selber ruht und nicht auf ein Gegenüber ausgerichtet ist, kann es überhaupt nicht geben. Personsein ereignet sich immer im Verhältnis zwischen Ich und Du. Die Individualität und Sozietät des Menschen findet ihren Sinn und ihre Vollendung im trinitarischen Person-sein Gottes. Gott ist personales Ich, Du und Wir. Deshalb ist das Ausgespanntsein des Menschen zwischen Ich und Du im christlichen Sinn eine personale Imago Trinitatis.[10] »In der Reziprozität von Einmaligkeit der Person

---

[7] TL 2, 33 ff, wo Augustinus, Richard v. St. V., Hegel, Claudel und die Dialogiker (Rosenzweig, Buber, Ebner) behandelt werden. Vgl. die Darstellung von Kaliba (mit Siewerth), Moock und Hemmerle in TD 4, 60-65. »Neuere Denker haben auf verschiedene Weise versucht, aus der weltlichen Werdewelt im Licht des Glaubens auf das trinitarische Urgeheimnis hindurchzublicken«: Ebd. 60.

[8] TL 2, 61. Vgl. TL 3, 127.

[9] TL 2, 33. Das Folgende baut auf das im schöpfungstheologischen Zugang (zweites Kapitel, I.) Dargelegte auf.

[10] Vgl. S 5, 99. Siehe auch S 3, 275: Gott ist »in sich selber ewig Ich und Du und die Liebeseinheit beider«. Und vgl. ebd. 132.

und Einmaligkeit ihrer Hingabe an die Gemeinschaft wird der christliche Rhythmus zwischen Individuum und Gemeinschaft zu einem realen Gleichnis des innergöttlichen trinitarischen Lebens, eingezeichnet in die Strukturen der geschöpflichen Individuum-Gattung-Spannung.«[11] Der Mensch ist als Individuum auf die sein Personsein ermöglichende Gemeinschaft verwiesen, weil Gott selbst Drei-Einheit ist.

2. Sprache als Imago Trinitatis

Ein zweites Moment des Menschseins, das einen Widerhall der Trinität im Geschöpflichen darstellt und das sich auf das Eheverständnis entscheidend auswirkt, ist die Sprache. Wenn wir im Unterschied zum zweiten Kapitel die menschliche Sprache hier nicht im Kontext der Schöpfung, sondern aus der Perspektive der Trinität angehen, so sprengt dies jeden enggeführten Sprachbegriff. Sprache als Imago Trinitatis ist nicht nur eine Fertigkeit, die der Mensch beherrscht, Sprache ist eine Grundstruktur des geschaffenen Seins, ja das geschaffene Sein als solches ist »sprechend«.

> »Gott hat ja die Kreatur nach seinem Bild und Gleichnis geschaffen, damit sie durch seine Gnade von innen her fähig würde, ihm gleichsam als Klangkörper zu dienen, durch den er sich ausdrücken und verständlich machen kann. Es geht jetzt somit nicht mehr bloß um die Strukturen der menschlichen Sprache, sondern um die in der Struktur des weltlichen Seins selbst liegende 'Sprache', die jeder als Geschöpf Lebende irgendwie kennt, ohne daß er sie ausdrücklich zu formulieren braucht.«[12]

Sprache im Sinn einer Abbildlichkeit des innertrinitarischen Geschehens umfaßt somit mehr als nur die akustischen Laute menschlichen Sprechens. Das Urbild der Sprache ist in Gott. Gott ist zugleich er selbst und sein »Wort«. Er ist ein freies Ich und Du und zugleich deren vor- oder übersprachlicher Horizont. Er ist Freiheit, Begegnung,

---

[11] TD 2/1, 381; wobei das Grundgesetz der Analogie gilt: »Diese noch 'so große Ähnlichkeit' zwischen Gott und Geschöpf in der christlichen Ordnung hebt die 'größere Unähnlichkeit' nicht auf«: Ebd. 382.

[12] TL 2, 76. Vgl. ebd. 78: »Die Sprache des Kreaturseins als solche(n)« und »nicht nur das galiläische Aramäisch, das das Kind in Nazaret lernt,« ist das »Eigentum«, in welches das fleischgewordene Wort kam (nach Joh 1,11). Zum Folgenden vgl. TL 3, 333.

Überraschung, Austausch, Wort und Antwort, Gabe und Annahme in Einheit. Insofern ist das innergöttliche, trinitarische Geschehen sprachlich, und deshalb ist die menschliche Sprache (im umfassenden Sinn des Wortes) Imago Trinitatis.
Die Gottentsprechung der geschöpflichen Sprachlichkeit hat ihren Grund und ihr Ziel in der Inkarnation des Logos. Gott spricht sich im Menschsein Jesu aus und insofern ist die menschliche Sprache »adäquater Ausdruck«[13] des göttlichen Wortes. Gott redet mit allem, was Menschsein ist. Es gibt in Jesus nichts Menschliches, das nicht Sprache und Ausdruck des Göttlichen wäre. Alles, was der Mensch ist, wird Organ für Gott. Es ist die Sprache des vergänglichen Menschen, in die Jesus Christus eingeht. »Die Sprache des Fleisches, die auch Jesus spricht, ist die Sprache des leiblich-geistigen Menschen, der als vergängliches, allseits bedürftiges und bedrohtes Geschöpf die Mitte der Schöpfung Gottes bildet und der zu anderen Menschen spricht. Seine Sprache hat, wie er selbst, Anteil an all den kosmischen Sphären, an denen er teilhat und die er als Mikrokosmos in sich eint.«[14] In Jesus Christus, dem fleischgewordenen Wort Gottes, spricht Gott sich in seiner Schöpfung selbst aus.
Das hat auch Konsequenzen für die Ehe, die v.Balthasar jedoch selbst nicht zieht: Das Wesen der Ehe kann als ein umfassender Sprach- und Kommunikationsprozeß zwischen Mann und Frau verstanden werden und erhält als Sprache Anteil an der Gott-menschlichen Kommunikation.

II. Fruchtbarkeit Gottes und des Menschen

Daß es im Kosmos überhaupt Fruchtbarkeit gibt, ist ein Wunder. Und »daß das Wunder kosmischer Fruchtbarkeit das Abbild des Urgeheim-

---

13 TL 2, 246; wobei die Nicht-Identität von Geschöpf/Mensch und Schöpfer/Gott zugleich betont wird. V.Balthasar fährt fort: »...ein adäquater Ausdruck, der dennoch die Distanz nicht aufhebt, und damit den Unterschied zwischen Idol und Ikone aufrechterhält.« Das Folgende beruht auf TL 3, 343 und S 1, 59 und 90.

14 TL 2, 225. Vgl. ebd. 229: »Der menschliche Körper ist eben schon vom Geist informiert, weshalb dieser ... auch nichtmenschliche Ausdrucksphänomene in die Sphäre des körperhaften Wortes erheben kann.«

nisses des Seins schlechthin, seiner trinitarischen Verfaßtheit sei«[15], legt v.Balthasar vor allem in den Bänden der Theologik dar. Er entfaltet dabei den Gedanken der Fruchtbarkeit als Moment einer »echten« Imago Trinitatis in Absetzung bzw. Ergänzung zur neuzeitlichen Philosophie einerseits und zur theologischen Reflexion andererseits.[16]

1. Analogie von menschlichem und göttlichem Zeugungsgeschehen

Die immanent-trinitarische Vater-Sohn-Geist Beziehung wird - immer wieder mit Verweis auf A. v.Speyr[17] - als eine fruchtbare Liebesbeziehung beschrieben, der das menschlich-natürliche Zeugungsgeschehen (analog) entspricht. Gott hat uns »gezeigt (was der geschaffene Mensch als solcher nicht wissen kann), daß er in sich selber absolute Liebe ist, weil er als ewiger Vater immer am Zeugen des einziggeliebten Sohnes ist, der sich wiederum in ewiger Bewunderung und Hingabe dem Vater zur Verfügung stellt und daß ein ewiger Austausch von Liebe im Heiligen Geist zwischen Vater und Sohn stattfindet«.[18] Die Erkenntnis, daß Gott als trinitarische Liebe einen (innertrinitarischen) Prozeß von Zeugung, Hingabe und Austausch ist, ist dem Menschen durch die Offenbarung zugänglich. Die Bezeichnung »Gott Vater« wird dabei primär im Hinblick auf die Zeugungskraft Gottes bezogen. In keiner Aussage der christlichen Tradition läßt sich erkennen, »daß der Vater etwas anderes ist als der Vater, ganz und gar und ewig mit dem Akt der Zeugung befaßt; alle Aussagen weisen darauf, daß der Vater

---

15 Epilog, 87. Vgl. die Fortsetzung des Zitats, wo v.Balthasar nicht auf die Ehe, sondern auf die Jungfräulichkeit als menschlich-leibliche Form der trinitarischen Fruchtbarkeit hinweist: »Aber wenn in Jesus Christus dieses Urgheimnis sich in weltlicher Sprache ausdrückt und hinschenkt, und wenn in dieser Sprache der Tod eine ganz neue Bedeutung erhält, dann muß der Ausdruck der absoluten dreieinigen Fruchtbarkeit aus dem naturhaften Zirkel von Zeugung und Sterben heraustreten und eine andere, nicht minder leibliche Form annehmen.«

16 Vgl. TL 2, 54: Für »die neuzeitliche Philosophie, sei sie rationalistisch-idealistisch oder empiristisch,« gehört das Geschlechterverhältnis ganz zur Naturseite des Menschen. »Weder die mann-männlichen Griechen haben es [das Verhältnis der Eltern zum Kind] bedacht ... noch die jungfräulichen christlichen Mönchstheologen, für die die Ehe vielleicht überhaupt erst ein nachparadiesisches Phänomen, auf jeden Fall ein der Jungfräulichkeit werthaft unterlegener Stand ist«. V.Balthasar verweist in diesem Zusammenhang auf sein schon früh entworfenes Werk »Christlicher Stand«.

17 Zum Beispiel TD 4, 77; ebd. 435; TL 3, 225; u.ö.

18 S 3, 313-314.

aus Liebe den Sohn zum Du seiner Liebe zeugt und daß der Sohn sich niemals anders versteht und auslegt, denn als die Frucht, das Zeugnis, den Beweis für die Liebe des Vaters.«[19] Zeugung und Fruchtbarkeit bezeichnen tiefste Vorgänge in Gott selbst. Die Begriffe des menschlichen, personalen Zeugungsgeschehens haben also eine Beziehung zum innersten Mysterium Gottes.

In einigen Extremaussagen geht v.Balthasar so weit, die Sendung Gottes und die Zeugung des Menschen (durch den Mann) parallel zu setzen: »Wie der Zeugende [der Mann] seinen Samen dahingibt, so gibt Gott seinen Sohn dahin: in den dunklen, gefährlichen, mächtigen Schoß der Welt.«[20] Demgegenüber wird an anderer Stelle die unüberbrückbare Unterschiedenheit von menschlichem und göttlichem Zeugungs- bzw. Sendungsgeschehen betont.[21] So entsteht ein Spannungsverhältnis zwischen Gemeinsamkeit und Unterschiedenheit, welches am treffendsten mit dem Begriff der Analogie erfaßt ist.

Die Analogie gilt in beide Richtungen: vom Menschen auf Gott hin und von Gott auf den Menschen hin.[22] Von Gott her gedacht erhält

---

19 S 5, 292.

20 Ebd. Vgl. dazu M. Scheuer, Die Evangelischen Räte, 149: »Und doch mutet es fremd an, wenn von Balthasar die Eucharistie teilweise wie einen Geschlechtsverkehr (Samenerguß) beschreibt.«

21 Z. B. im Zusammenhang mit 1 Kor 6: »Man sieht hier, wie das Bild des Gegenüberseins von Mann und Frau sich selber übersteigt in das Bild des einen Leibes und Geistes, das seinerseits inadäquat bleibt, weil es den dreieinigen Prozeß einerseits und die Differenz Gott-Kreatur andererseits nicht einzufangen vermag«: S 4, 195. Es fällt auf, daß v.Balthasar die Gemeinsamkeit der Analogie in der Fruchtbarkeit verankert, eine klare Trennungslinie jedoch hinsichtlich der geschlechtlich-sexuellen Fruchtbarkeit bzw. gattungshaften Vermehrung sieht. Vgl. ebd. 380: »Die Fruchtbarkeit, die Gott dem menschlichen Wesen im Paradiese verliehen hatte, war gewiß *mehr* als eine nur geschlechtliche. Sie barg diese in einer uns unvorstellbaren Weise in sich, aber sie beschränkte sich keinesfalls darauf. Erst da diese höhere, gnadenhafte Fruchtbarkeit mit der Abkehr von Gott von den Menschen abfällt, sehen sie, daß sie nackt sind, tritt die im Umgreifenden geborgene, beinah verborgene sexuelle Fruchtbarkeit grell hervor. Sie ist ein zwar guter, aber in seiner Isolierung defizienter Aspekt der eigentlich gemeinten Fruchtbarkeit des begnadeten Menschen.« Der Gedanke wird breiter entfaltet in »Christlicher Stand«. Vgl. auch die Deutung von Mt 22,29f und Off 14,1-5 in TD 4, 434: »Noch gründlicher [als das Nahrungsbedürfnis des Leibes] wird die Ausübung der geschlechtlichen Funktionen im ewigen Leben durch Jesus selbst abgelehnt.«

22 »Es besteht eine aufsteigende Analogie, die vorausbildend ausgerichtet ist auf die absteigende Analogie, die vom dreieinigen Gott durch die Menschheit des Sohnes hinabreicht bis in die Sterbliche, vorläufige Verfaßtheit des irdischen Menschen«: TD 4, 434.

das Gegenüber von Mann und Frau als ein Bild innergöttlichen, trinitarischen Lebens (in der Opposition der Hypostasen) einen neuen Sinn.[23] Diese neue Sinngebung bzw. Überhöhung der gegenseitigen männlich-weiblichen Geschlechtlichkeit wird auch in ökonomisch-trinitarischer Hinsicht deutlich: Das Geschlechtliche gelangt in Christus und der Kirche zu einer übernatürlichen Sinnhöhe (mit Verweis auf Eph 5,21-33). Denn durch die Hingabe Christi findet die wechselseitige Beziehung von Mann und Frau ihre Mitte in der selbstlosen Hingabe ohne jegliche Unter- oder Überordnung von Mann oder Frau.[24] Darum sind auch spezifisch männlich (-aktive) und spezifisch weiblich (-passive) Formen des Zeugungsgeschehens gleichwertig, insofern sie Ausdruck von selbstloser, sich hingebender Liebe sind. Diese absolute Gleichwertigkeit von aktiven und passiven Anteilen liegt letztlich im trinitarischen Zeugungsvorgang begründet: »Die Trinitätslehre zeigt uns unwiderleglich, daß es in Gottes dreieiniger Lebendigkeit eine doppelte Form der liebenden Hingabe gibt: eine rein-aktiv schenkende und eine passiv-aktiv empfangende und antwortende, beide Formen gleichwertig und sich gegenseitig voraussetzend.«[25] Dieses Zueinander von aktivem und passivem Geschehen umschreibt v.Balthasar in Anschluß an A. v.Speyr auch in Bildern des Spieles. Im innertrinitarischen Spiel »zwischen aktivem Hervorbringen und passivem Gezeugt- und Gehauchtwerden, zwischen prägender Liebe und liebendem Geschehenlassen« sind dabei die verschiedenen Spannungspole in der Schöpfung (Akt und Potenz, Aktion und Kontemplation, Mann und Frau) schon vorgebildet.[26] Somit spiegelt sich

---

23 Vgl. TD 2/2, 312-313.

24 Vgl. S 5, 137.

25 Ebd. 138. Vgl. ebd. 139: »Die Archetypen der beiden Geschlechter sind im Sohn gleichewig und gleich würdig«. Und TD 4, 425-426: »Die endgültige Dignität und Relevanz des weiblichen Prinzips [wird] ... von unserer früher entwickelten Theologie der Geschlechter (TD 2/1, 334-350; 2/2,269-330), sowie von der oben entwickelten Gleichwürdigkeit einer 'aktiv'-zeugenden und einer 'passiv'-empfangenden und gebärenden Liebe in Gott und abbildlich im Geschöpf (TD 4, 74-80) hier abschließend erwiesen und bestätigt.«

26 TD 4, 77. In TL 2, 77, weist v.Balthasar nochmals eigens auf diese Stelle hin: »Wenn in Gott aufgrund der Je-Andersheit der Hypostasen der Empfang ebenso positiv ist wie das Geben, das Geschehenlassen ebenso positiv wie das Wirken, dann können die verschiedenen Formen geschöpflicher Potentialität nicht als bloße 'dissimilitudines' dem göttlichen reinen Akt gegenübergestellt werden. Auch die Differenz zwischen Aktion und Kontemplation, sogar die Differenz der

die trinitarische Fruchtbarkeit - ähnlich wie die Sprachlichkeit - in der Grundstruktur der geschaffenen Welt insgesamt wider.
Auch in der entgegengesetzten Blickrichtung - vom Menschen ausgehend - weist die Analogie des göttlich-menschlichen Zeugens und Fruchtbarseins auf die Imago Trinitatis des Menschen hin. Weil dem Endlichen das Bild der trinitarischen Fruchtbarkeit eingeprägt ist, kann es nur in einem »transeunten« Verhältnis zu anderen Personen selber Person werden und sein. Schon die Betrachtung zwischengeschöpflicher, menschlich-geschlechtlicher Fruchtbarkeit läßt auf die Freiheit des Geschöpfes und des Schöpfers schließen.

> »Sowenig eines Mannes Geschlechtskraft ihre Fruchtbarkeit gewinnt außer in ihrem Überstieg zur Frau, sowenig kann eine menschliche Freiheit zu sich finden, es sei denn innerhalb einer mitmenschlichen. Hierin liegt ein schattenhaftes Bild der gnadenhaften Bestimmung des Menschen, seine Freiheit innerhalb des ewigen trinitarischen Liebesaustauschs zu verwirklichen, worin die absolute Freiheit einer Hypostase immer sowohl der andern gegeben wie von ihr erhalten wird.«[27]

Es ist somit das Themenfeld von Freiheit und Gnade angeschnitten. In der Auseinandersetzung mit der Philosophie und Theologie der Dialogiker (F. Rosenzweig, M. Buber, F. Ebner) fordert v.Balthasar, daß eine Mitwirkung der gnadenvollen Stiftung des göttlichen Logos auch bei der Fruchtbarkeit der geschlechtlichen Begegnung mitzubedenken sei. Als Argument fügt er an, daß auf menschlicher Ebene die Hervorbringung eines Geistsubjektes mehr ist als ein Naturprozeß.[28] Menschliche Fruchtbarkeit darf somit nicht dualistisch in ihrem sexuellen Vollzug als von Gott getrennt gedacht werden. Das entstehende Kind kann, da es Geistsubjekt ist, nicht nur innergeschöpflich im Sinn

---

Geschlechter und ihrer spezifischen Rollen können in ihrer 'major dissimilitudo' nicht jeder Begründung in der Lebendigkeit Gottes entbehren.«

27 TD 4, 275. Vgl. die Fortsetzung der in Anmerkung 22 angeführten Stelle TD 4, 434: »Beide Aussagen sind kategorisch, da der menschliche Leib nicht mehr naturhaften Trieben unterworfen sein wird, die teils zur Erhaltung, teils zur Fortpflanzung innerhalb der Sterblichkeit dienen. Aber trotz der Endgültigkeit dieser Feststellungen liegt in beiden körperlichen Funktionen ein Moment, das ihren Sinn transzendieren und sie partizipieren läßt an der *imago trinitatis* im Menschen.«

28 Vgl. TL 2, 56. V.Balthasar spricht den Gedanken auch im Zusammenhang mit neutestamentlicher Theologie an: »Der Gedanke der Fruchtbarkeit durchzieht und beherrscht das ganze Neue Testament«: H 3/2,2: 389.

eines Artefakts gebildet sein. Die geschlechtliche Fruchtbarkeit wird als die sprechendste dem Geschöpf eingestiftete Imago Trinitatis bewertet. Damit geht v.Balthasar einen Schritt weiter als in früheren Schriften und betont die Anteilnahme des Menschen an der Fruchtbarkeit Gottes.

Wichtig für unsere Frage nach dem Eheverständnis ist, daß auch in diesem Zusammenhang die Ehe der menschlich-natürlichen Ebene zugeordnet und von der Räte-Jungfräulichkeit auf der christlichen Ebene unterschieden wird. »Die zum heiligen Charakter der Ehe korrelative Wirklichkeit ist im Christlichen die leibliche Fruchtbarkeit der vom Geist überschatteten Jungfrau, in welcher alle nachfolgende (realleibhaftige) Fruchtbarkeit christlicher Jungfräulichkeit gründen wird.«[29] Zwar weist v.Balthasar darauf hin, daß die übernatürliche Fruchtbarkeit eine »gewisse Vorschattung im Natürlichen« hat. Es besteht eine Beziehung zwischen Ehe und Jungfräulichkeit. Die christliche Entsprechung zum innertrinitarischen Zeugungsgeschehen sieht er aber nicht in der menschlich-ehelichen Fortpflanzung, sondern in der leibhaftigen Fruchtbarkeit christlicher Jungfräulichkeit.

2. Eltern-Kind - Analogie

Neben dem Zeugungsgeschehen ist die Eltern-Kind-Analogie vor allem in den späten Schriften ein breit entfaltetes Beispiel der Imago Trinitatis im Geschöpf. »Man kann sich darüber wundern, daß, wenn von trinitarischer Logik in der Welt die Rede ist, das Verhältnis der Eltern zum Kind immer leichter Hand beiseite geschoben wird.«[30] Diesem Mißstand stellt v.Balthasar ein intensives Bedenken gerade dieses Beziehungsgeflechts entgegen.

Im dritten Band der Skizzen zur Theologie (»Spiritus Creator«) kommt er auf die Bedeutung des Kindes zu sprechen. Aus der Liebe von Mann und Frau entsteht ein Kind. Es ist Frucht der Liebe und Konsequenz der leiblichen Vereinigung. Wenn nun schon aus menschlicher Liebe solche lebensspendende Fruchtbarkeit entspringt, um wieviel mehr muß dies für die ewige, göttliche Liebe zutreffen.[31] In der Lie-

---

29 TL 2, 56. Das Folgende beruht auf ebd.

30 TL 2, 54.

31 Vgl. a.a.O. 314.

besbeziehung des dreieinigen Gottes ist es vor allem der Heilige Geist, der aus dem Vater und dem Sohn hervorgeht und als Schöpfergeist zur »Liebeseinheit von Braut-Bräutigam«[32] öffnet. Diese Öffnung läßt Neues entstehen: So wie aus Mann und Frau das Kind hervorgeht, entsteht aus Gott die Schöpfung.

> »Die Liebe, in welcher Gott, als Zeugender, Vater ist und, als Gezeugter, Sohn und Wort, versteht sich im Zusammenschlag beider als eins. ... Diese einigende Liebe hat zwei Seiten, die in fernem 'Nachhall' (vestigium) menschlicher Beziehungen fortklingen: ein Vater und ein Sohn lieben einander in der Einheit ihrer Menschennatur und ihrer unfaßlichen Kontinuität von Fleisch und Blut, aber ein Mann und eine Frau lieben einander auch so, daß ihrer Kontinuität in Fleisch und Blut das unfaßliche Wunder des gemeinsamen Kindes entsteigt, das als der leibhaftige und geisthaftige Beweis ihres Eins(gewesen)seins vor ihnen und vor aller Welt dasteht, behaftet mit den Zügen eines Jeden, die doch in eine neue, unzertrennbare, dritte Einheit eingegangen sind. Gott ist als Einheit von Vater und Sohn ein einiger Geist, das heißt die Liebe, die den Vater zum Vater als Zeugenden macht, und die Liebe, die den Sohn zum Sohn als ausdrückendem Wort macht, sind eine einzige, konkrete Geist-Wesenheit, und doch entsteigt dieser Gemeinsamkeit als das Wunder ewiger Fruchtbarkeit der Gottgeist als 'dritte Person', nicht erzeugt aus beiden (wie das Kind aus Mann und Frau), sondern unsagbar dem gemeinsamen 'Atem' (*pneuma*) ihres Ineinanderseins enttauchend. Liebe im Absoluten ist das ewige Wunder, das sich selber in Ewigkeit Wunder bleibt«.[33]

Die Analogie der fruchttragenden Liebe gilt somit nicht nur in der Beziehung Gottes zur Welt als der aus Liebe hervorgegangenen Schöpfung, sondern ebenso und primär für die innertrinitarischen Prozesse.

---

[32] Ebd. 9.

[33] Ebd. 96. Vgl. auch ebd. 115: »Höchstes kreatürliches Abbild dieses Überstiegs ist das aus der Einigung von Mann und Frau entsteigende Kind, aber auch zum Beispiel das gemeinsame Werk zweier Freunde, die darin die Frucht ihres Wirseins hinstellen. Das Kind jedoch ist in der Weise 'subjektiver Geist', daß es den objektivierenden Wir-Akt der Eltern nur als Vergangenheit in Erinnerung bringt, und dem 'objektiven Geist' des Werkes fehlt die freie Subjektivität des Wirkens, die das Kind hat. Das Geheimnis der ökonomischen Trinität aber, das zuletzt den Geist als 'Ergebnis' und 'Freiheit' zugleich freigibt, eint in unfaßbarer Weise beide Aspekte und öffnet damit den Blick in die Tiefen des innergöttlichen Geheimnisses, wo der Geist als personhaft 'Wir' jenseits des Ich-Du von Vater und Sohn als Produkt der Einigung, als ihre Frucht und Bezeugung in göttlich-souveräner Freiheit entsteigt.«

Die fruchtbare Liebe zwischen Mann und Frau, aus der das Kind hervorgeht, bildet die fruchtbare Liebe von Vater, Sohn und Geist ab. Besonders in »Theologik« 2 und 3 wird die menschlich-leibliche Fruchtbarkeit in ihrer Analogie zur trinitarischen Fruchtbarkeit Gottes reflektiert. Dabei verschiebt sich der Schwerpunkt von der Mutter-Kind-Beziehung, wie sie oben (im zweiten Kapitel) beschrieben wurde, auf die Eltern-Kind-Beziehung.[34] Die aufsteigende Analogie von der menschlichen Wirklichkeit ausgehend zur Trinität Gottes hin wird dabei deutlicher und gewichtiger gezeichnet als im Zusammenhang der geschlechtlichen Zeugung.[35] Da, wo geschöpfliche Liebe zwischen Mann und Frau (aus der ein Kind hervorgeht) als Abbild der fruchtbaren Liebe Gottes gesehen wird, kann der sexuelle Vollzug menschlich-geschlechtlicher Liebe nahezu ausgeblendet werden.

> »Würde man sich aus dem Liebesakt zwischen Mann und Frau die neun Monate Schwangerschaft und damit die Zeitlichkeit wegdenken, so wäre in der zeugend-empfangenden Umarmung das Kind schon unmittelbar gegenwärtig; dieses wäre zugleich die gegenseitige Liebe in ihrem Vollzug und mehr als sie, ihr darüberhinausliegendes Ergebnis. Es sollte hier nicht eingewendet werden, die beschriebene Diastase hänge nur mit dem gattungshaften Wesen des Menschen zusammen, in einer höheren Form der Liebe würde das Moment der Fortpflanzung wegfallen (...), denn man wird sagen müssen, daß zu jeder Liebe, gerade auch zur höheren, diese Form des Überschwangs und damit der Frucht gehört (die ja geistig sein kann), und insofern gerade vollkommene geschöpfliche Liebe eine echte *imago trinitatis* ist.«[36]

---

34 Vgl. M.Scheuer, Die Evangelischen Räte, 143: »Im Bedenken der geschöpflichen Analogie tritt bei von Balthasar mehr und mehr das Verhältnis der Eltern zum Kind in seiner triadischen Struktur als Gleichnis der trinitarischen Logik hervor - davor war eigentlich nur das Verhältnis zwischen Mutter und Kind theologisch relevant.«
Eine Art »Übergangstext« stellt S 3, 39 dar: »Das also, was im natürlichen Liebesereignis zwischen Mutter und Kind (und dann wieder zwischen Mann und Frau) sich durch die Opposition der Personen innerhalb der Einheit der Menschennatur vollzog und nur so die kernhafte Erweckung des Du durch den Liebesanruf des Ich ermöglichte, übersetzt sich jetzt in eine Opposition der Personen innerhalb des gegenseitigen Austausches der verschiedenen Naturen, deren jede der andern im Gnadenvorgang vertraut (konnatural) gemacht wird.«

35 Vgl. TD 4, 434 und S 3, 314.

36 TL 3, 146-147. Vgl. die kritiklose Darstellung Bonaventuras in TL 2, 154: »Für die gemeinsame Hervorbringung des Geistes durch Vater und Sohn wird ausdrücklich auf die Liebe zwischen Mann und Frau reflektiert«, mit Anm. 37 dazu: »Wenn das Kind durch bloße gegenseitige Liebe von Mann und Frau (ohne

Die Leiblichkeit ist ein wesentlicher und unverzichtbarer Bestandteil des Menschen und auch der menschlichen Fruchtbarkeit. V.Balthasar betont die Positivität des Endlichen, Geschaffenen immer wieder. Alles andere widerspräche dem Inkarnationsprinzip christlicher Theologie. Das vollendete Beispiel menschlich-leiblicher Fruchtbarkeit ist das der Jungfrau-Mutter Maria. In ihrer leiblichen Fruchtbarkeit wird gnadenhaft die Berufung und Sendung des Menschseins überhöhend erfüllt.

Den Hintergrund für die Betrachtung der ehelichen Hingabe im Hinblick auf die in ihr enthaltene inkarnatorische Dimension bildet die Pneumatologie.[37] Die Gleichzeitigkeit der Subjektivität und der Objektivität des Geistes bildet hier den Ausgangspunkt, von dem aus auf die Eltern-Kind-Analogie zurückgegriffen wird: »Der Geist, als Geist Christi und des Vaters, als Band ihrer vollkommenen Liebe ist untrennbar beides: subjektive Heiligkeit als ihre gegenseitige Hingabe, objektive Heiligkeit als die Frucht dieser Liebe (entsprechend wie das Kind Frucht der Liebe von Mann und Frau ist).«[38] Der Heilige Geist ist einerseits die Frucht der Liebe von Vater und Sohn, andererseits (und zugleich) ist er jedoch der Prozeß der Liebe selbst. So ist er »als

---

physischen Akt) zustande kommen könnte, wäre die Ähnlichkeit mit der Hervorbringung des Geistes aus Vater und Sohn noch vollkommener.«

37 Vgl. S 4, 214: »Dies zeigt, wenn wir auf die gegenseitige Hingabe der Gatten zurückblicken, nochmals deutlich, daß das gemeinsame Gesetz ihrer Liebe sowohl (christologisch) ihrer eigenen Haltung willentlicher Übereignung entspringt (also kein von außen auferlegtes Gesetz ist), wie wirklich als ein schöpferisches, fruchtbares Drittes (pneumatologisch) beide überragt und sie zu den Akten ihrer Hingabe inspiriert. Der Person- und Freiheitscharakter dieses objektiven Dritten wird, um es nochmals zu sagen, demonstriert an der möglichen leiblichen Frucht der Einigung, dem Kind, das mehr ist als die Summe des Zusammengetanen, nämlich das unverhoffte Produkt ihrer transzendentalen Hoffnung, und das, einmal vorhanden und heranwachsend, ihre elterliche Liebe unerbitterlich in Dienst nimmt, sie aber auch immer wieder von Grund auf erneuert, denn es ist selbst die Enthüllung und Demonstration dieses Grundes, der in seinem Selbstsein leibhaftig aufgetaucht ist.«

38 S 5, 164. Vgl. TL 3, 129: Der Ort der Personalität des Geistes, nach dem die Neuzeit fragt, ist »die Stelle, an der die gegenwärtige Liebe zwischen Vater und Sohn zwar 'nach Analogie der Wir-Vereinigung' betrachtet werden kann, aber *als solche* noch nicht die Person des Geistes *ist*, so wenig - wenn man das Bild aus der Schöpfung gebrauchen will - die Vereinigung der Eltern schon das Kind ist ... Für die Person des Geistes besagt das, daß er gleichzeitig beides ist: die Liebe zwischen Vater und Sohn, die (nach Thomas) primär naturhaft ist, weil hier keine relative Opposition stattfindet - und die davon abgehobene Frucht und Bezeugung dieser Liebe (wie das Kind der Beweis dafür ist, daß Vater und Mutter in Liebe vereinigt waren).«

der innerste Brand der Liebe von Vater und Sohn ... die absolute Kenntnis der Liebe von innen, aber als Produkt, die Frucht dieser Liebe ist er - als Liebe - gleichzeitig das objektive Zeugnis dafür, daß diese Liebe ewig stattfindet«.[39] So wie der Heilige Geist als Liebe zugleich subjektive Hingabe und objektive Frucht der Liebeshingabe ist, so wird die subjektive Liebe von Mann und Frau durch die Entstehung eines Kindes über ihre Subjektivität hinaus verwiesen. Das Kind ist das Zeugnis des stattgefundenen Liebesaktes der Eltern und gibt der Beziehung von Mann und Frau die Objektivität des den Zeugenden entzogenen Dritten.

Dieses blasse Abbild, die menschlich-elterliche Liebesfrucht, ist jedoch in zweifacher Hinsicht nicht direkt auf die göttlich-trinitarischen Prozesse übertragbar: Zum einen verknüpft v.Balthasar die Mutter-Kind Beziehung an anderer Stelle mit der trinitarischen Vater-Sohn Beziehung: Im Gegensatz zum menschlichen Kind, das sich aus der Elternbindung lösen und er-wachsen muß, verbleibt das »göttliche Kind« bzw. der Sohn immer in seiner »kindlichen« Bezogenheit zum Vater. Der Sohn ist Gott im immerwährenden Gezeugtwerden durch den Vater aus Liebe.[40] Zum zweiten gilt auch hier die je größere Unähnlichkeit der Analogie: »Die Konvergenz beider Annäherungen kann gewiß von der Vater-Mutter-Kind-Analogie her 'erhellt' werden; aber das Kreatürlich-Gattungshafte kann doch nur ein fernes Gleichnis für das Mysterium der inneren Fülle der absoluten göttlichen Einheit sein.«[41] Es gilt das hermeneutische Prinzip, daß innertrinitarische Prozesse nur in gegenläufigen Aussagen zur Sprache gebracht werden können. Die Trinität bleibt absolutes Mysterium, sie kann nur angenähert, nicht erfaßt werden.[42]

---

[39] TL 3, 224.

[40] Vgl. S 5, 177. Siehe auch S 3, 40: »Der trinitarisch-personale Prozeß ist 'die Liebe'.«

[41] TL 3, 142. Mit Verweis auf H. Mühlen und gegen Hegel.

[42] Vgl. ebd. 144. Hier weist v.Balthasar auf eine Grenze des innerpersonalen Modells nach Augustinus hin: »Dem augustinischen Bild der drei Funktionen im einen Geist fehlt die Personalität dieser Funktionen und damit die Überschreitung des Selbstbewußtseins auf personbegründende Kommunikation.« Vgl. TD 2/2, 422 Anm. 19: »Der Ansatz dieser Überlegungen [sc. einer Onotologie der endlichen Freiheit] ist also ... fundamental augustinisch (mit Einschluß der thomanischen Ontologie), jedoch mit dem Unterschied, daß die 'imago trinitatis' nicht primär in der Einzelseele, sondern in der Interpersonalität gesehen wird.«

III. Trinitarische Liebe Gottes und Liebe des Menschen

Der Mensch ist dazu berufen, Zeuge und Verherrlicher der trinitarischen Liebe zu sein, in welche er im Geist miteinbezogen ist. V.Balthasar stellt am Ende seiner Trilogie die Liebe als Quelle und Feuer, aus dem alles entspringt, in den Mittelpunkt.[43] Man kann das gesamte Hauptwerk als eine »trinitarische Ontologie der Liebe«[44] verstehen und so die Liebe Gottes als Schlüssel der theologischen Ontologie betrachten. Wie schon im Abschnitt »Die Rolle der Liebe im christlichen Stand« (viertes Kapitel, III. 2.) dargelegt, soll auch an dieser Stelle die Bedeutung der Liebe in der Theologie v.Balthasars nicht umfassend behandelt werden. Es geht im Folgenden um die Frage, ob und wie die innertrinitarische Liebe Gottes sich auf Formen (zwischen-)menschlicher Liebe auswirkt und inwiefern von daher Konsequenzen für das Eheverständnis angezeigt sind.

1. Liebe als Eros und Agape

Das Verhältnis von menschlicher und göttlicher Liebe, oft im Begriffspaar von Eros und Agape gefaßt, wird nach neuplatonischer Tradition in einer aufsteigenden Linie verstanden. Jede endliche Liebe muß um der höheren, unendlichen Liebe wegen überstiegen und hinter sich gelassen werden. Diese Auffassung hat immer wieder dazu geführt, die leibhaftige, erotische, endliche Liebe geringzuachten und in Gegenüberstellung zur unendlichen, leibbefreiten Liebe abzuwerten. Einer derartigen Zuordnung sich ausschließender Gegensätze stellt v.Balthasars ästhetischer Ansatz der »Herrlichkeit« die Suche nach der guten, wahren und schönen Liebe im Geschöpflichen entgegen.
Eine entscheidende Station in der Geistesgeschichte ist nach v.Balthasar dabei das theologische Werk Dante Alighieris. Er stellt erstmals

---

43 TL 3, 410: »So wird es bei der Aussage bleiben, daß wir durch die Herrlichkeit des Sohnes hindurch den Abgrund der Liebesherrlichkeit des unsichtbaren Vaters erscheinen sehen, und dies in der Doppelgestalt des Heiligen Geistes der Liebe, indem wir, als aus dem Geist Geborene, im Feuer der Liebe existieren, in der Vater und Sohn sich begegnen, und damit, zusammen mit dem Geist, gleichzeitig auch die Zeugen und Verherrlicher dieser Liebe sind.«

44 W. Löser, Unangefochtene Kirchlichkeit - universaler Horizont, 477. Vgl. ebd.: »Der 1987 erschienene 'Epilog' bestätigt noch einmal, daß es in der Trilogie um den Entwurf einer theologischen Ontologie ging.«

und in überragender Art und Weise das theologisch relevante Prinzip auf, »daß der Christ, um der unendlichen Liebe willen eine endliche nicht aufzugeben braucht, die endliche vielmehr positiv in die unendliche hineintragen kann«[45]. Dante beschreibt, wie menschliche Liebe, die auf der Erde beginnt, sich bis zum Thron Gottes durchträgt. Das ist für v.Balthasar in der Geschichte der christlichen Theologie »schlechterdings unerhört«.[46] Das skizzierte aufsteigend-abwertende Denkschema wird damit überholt.

Der Weg von der irdisch-menschlichen Liebe zu einer Liebe, die im Angesicht Gottes als solche besteht und bleibt, ist allerdings nur in einem schmerzhaften (Leidens-)Prozeß der Katharsis vollziehbar. Die dramatischen Verwandlungen, denen ein solcher Läuterungsprozeß unterworfen ist, dürfen nicht leichterhand beiseite geschoben werden.

> »Eros ist zu sehr an die irdische Geschlechterfolge gebunden, als daß er ... sich davon lösen könnte. An dieser Stelle offenbart sich die Fragwürdigkeit der Meinung von Christen wie Nichtchristen, im Jenseits eine Art unproblematischer Fortsetzung ihrer irdischen Bindungen, Freundschaften und Verhältnisse wiederzufinden. Was 'Holz, Heu und Stroh' ist, muß verbrannt werden (1 Kor 3,12), und welcher Mensch kann mit Zuversicht behaupten, seine Liebe sei 'Gold, Silber und Kleinod'?«[47]

Der Eros muß, um zur geläuterten Agape zu werden, durch Tode hindurch. Die Weiterführung der Danteschen Gedanken bei Ficino, welcher platonischen Eros und biblische Caritas kurzerhand gleichsetzt, zeigt, weshalb an der Unterschiedenheit von Eros und Agape festgehalten werden muß. »Für Ficino kann es keine andere als religiöse Liebe geben, auch Liebe zwischen Menschen, sei sie geschlechtshaft oder freundschaftlich, hat, wenn sie überhaupt Liebe ist und nicht

---

45 H 2/2, 388. Vgl. ebd. 425: »Die Liebe zur Mitkreatur [kann] bleibender, nicht zu verneinender Weg zur Gottliebe sein und umgekehrt«. Siehe auch H 3/1, 504-505, wo v.Balthasar eine direkte Linie von Dante zu Wolfram v.Eschenbach zieht: »Wie Dante erstrebt Wolframs Held als Äußerstes (...): treue Liebe zu Gott und treue Liebe zur geliebten Frau ... Die 'große Treue', die er seiner Frau hält, ist nach seinem Willen von der Gottestreue unscheidbar«.

46 H 2/2, 388: »Warum sollte denn ein christlicher Mann nicht eine Frau in alle Ewigkeit lieben und sich von dieser Frau in den Vollsinn dessen einführen lassen, was 'Ewigkeit' in Wahrheit heißt? Und warum sollte es verwunderlich sein - ist es nicht viel eher so zu erwarten? -, daß eine solche Liebe die ganze Theologie und Himmel, Fegfeuer und Hölle zu ihrer Vollendung beansprucht?«.

47 TD 3, 105. Vgl. dazu die unten (Anm. 52) zitierte Stelle TD 4, 461.

egoistischer Trieb, ihre Ermöglichung einzig in Gott.«[48] An Ficino wird damit ersichtlich, daß die mangelnde Abgrenzung von Eros und Agape zu einem »erotischen Monismus« führt.[49] Für v.Balthasar scheiden sich an der Frage nach dem Verhältnis von Eros und Agape die Geister.[50]

Trotz aller Warnung vor falscher Gleichmacherei und verharmlosendem Irrtum ist es das Anliegen seines ästhetischen Ansatzes, den bleibenden Wert des Erotischen im theologischen Sinn zu entdecken, auch wenn die gesamte christliche Eroskultur vom Mittelalter bis zur Neuzeit als schwermütig gekennzeichnet wird.

> »Man kann mit Kierkegaard sagen, daß erst nachchristlich das 'Ästhetische' in einem solchen tödlichen Gegensatz zum 'Ethisch-Religiösen' treten konnte, weil erst jetzt die latente Schwermut und Angst der endlichen Existenz in ihrem unauflösbaren Widerspruch ans Licht kam. Aber indem man das sagt, gilt es nicht aus den Augen zu lassen, daß die Ehe christlich ein Sakrament ist, daß, wie der ganze Mensch, so auch sein Eros einer Erlösung fähig ist, daß der Bund Gottes mit dem Menschen in Christus (und der Kirche) eroshafte Gestalt trägt, daß die platonisch-plotinische Sehnsucht zu Gott als der ewigen Schönheit christlich gerechtfertigt werden muß und auch kann.«[51]

Die christliche Ehe und deren Verständnis als Sakrament ist es, die einer völligen Trennung von endlicher und unendlicher Liebe definitiv entgegensteht. Die Sakramentalität der Ehe schließt es aus, die erotische Dimension des Menschseins in jeder Hinsicht der göttlichen Liebe entgegenzusetzen. »Was an irdischer Liebe übersteht, ist das, was sich an himmlischer in ihr inkarniert hat. Das kann viel sein; eine fast völlige Verwandlung und Durchformung des Eros durch die Agape. Das verborgen Egoistische und Naturhaft-Gattungsmäßige des Eros kann in einer selbstlos gewordenen, nur noch in Gott liebenden Liebe die 'Auferstehung des Leibes' mitmachen und das Wunder der Meta-

---

48 H 3/1,2: 601.

49 Vgl. ebd. 603. Siehe dazu ebd. 971: »Der fromme metaphysische Eros Ficinos strandet in einem vorwiegend geschlechtlichen«.

50 »Das Verhältnis von Eros und Agape bleibt für das Abendland ein echter Ort der Entscheidung«: Ebd. 613.

51 Ebd.

morphose von der Puppe zum Falter erleben.«[52] Im Bild der Verwandlung der Puppe zum Falter kommt sowohl die Kontinuität als auch die Unterschiedenheit der Liebe Gottes und der Liebe des Menschen zum Ausdruck, wobei v.Balthasar offen läßt, was im so abgesteckten Rahmen konkret von der geschichtlichen Existenz zur endzeitlichen Vollendung gelangt.

2. Gemeinsamkeit und Unterschiedenheit von Gottes- und Menschenliebe

Die Verhältnisbestimmung von trinitarisch-göttlicher und geschöpflich-menschlicher Liebe erfährt im Lauf der Jahrzehnte bei v.Balthasar unterschiedliche Akzentsetzungen. Im frühen Werk »Das Herz der Welt« scheint die in TD 4 beschriebene, sich wandelnde Kontinuität nicht möglich. »Allein die Liebe erlöst, was aber die Liebe ist, das weiß Gott, denn Gott ist die Liebe. Es gibt nicht zweierlei Liebe. Es gibt nicht neben der Liebe Gottes eine andere, menschliche Liebe. Sondern wenn Gott bestimmt und sein Wort bekundet: die Liebe steigt ab, die Liebe strömt über ins Leere, dann hat er Fug und Tafel jeglicher Liebe errichtet.«[53] Die Betonung der *einen* (göttlichen) Liebe hat dabei nicht zum Ziel, alles, was unter Menschen als Liebe bezeichnet wird, zu vergöttlichen. Im Gegenteil: Die Liebe Gottes soll in ihrer Einzigartigkeit und fundamentalen Unterschiedenheit von jeglicher menschlicher Liebe ins Licht gestellt werden. Die Gemeinsamkeiten göttlicher und menschlicher Liebe treten dadurch in den Hintergrund. Auch im ersten Band der »Herrlichkeit« wird der grundsätzliche Unterschied zwischen der tieferen Wirklichkeit der Liebe und dem, was im allgemeinen oberflächlich als Liebe bezeichnet wird, betont: Wenn es um die Liebe Gottes geht, ist nicht die Rede von »irgendeiner Liebe, wie der zwischen Mensch und Mensch, die, verabsolutiert, dämonisch werden muss (weil dann ein Endliches sich an ein anderes Endliches

---

52 TD 4, 461. Wobei zu beachten ist, daß »in der Tat alles, was das menschliche Sehnen an das Geschlechtliche, Genealogische, Sippenmäßige, an sinnenhafte Sympathie bindet, zur Endlichkeit gehört und die Tore des Todes und erst recht das Feuer der göttlichen Liebe nicht durchschreitet«: Ebd. Siehe auch oben Anm. 47 (TD 3, 105).

53 A.a.O. 25. Vgl. S 3, 96: »Es gibt nicht zweierlei Liebe, il n'y a pas deux amours.«

unendlich übergibt, mitsamt seinem ewigen Heil), nicht einmal [von] der philosophischen Liebe der Kreatur zu Gott, ... sondern gerade nur [von] der christlichen Liebe, die auf der hypostatischen Einheit Christi aufruht und das menschlich ewig Unvereinbare zusammenknüpft: die Liebe zu einem Seienden mit der Liebe zum Sein.«[54]
In den späten Schriften treten die Bedenken, die gegen ein Verwischen der Gott-Welt-Differenz immer wieder in Erinnerung gerufen wurden, zurück: Die ewige Liebe im göttlichen Sinn findet ihr Abbild im Bereich des geschöpflichen Werdens. Der trinitarische Gott ist dabei Ausgangs- und Endpunkt der Gedankengänge. Im Geist, der »als Liebe die innergöttliche Frucht ist und ökonomisch als die personale Liebe das wesenhafte Liebe-Sein-Gottes auslegt und einprägt«[55], wird dieses Mysterium von Vater und Sohn offenbar. Was in innertrinitarischer und ökonomischer Liebe »geschieht«, wird »nachher in jeder Liebe, wenn auch noch so unvollkommen, nachvollzogen«.[56]
Die (wie auch immer geartete) Verbundenheit von Gott und Mensch in der Liebe ist neben der Inkarnation sowohl in der Schöpfung als auch in der Vollendung begründet. Gott schafft die Welt ungenötigt in schenkender Freiheit. Daß Gott dreifaltige Liebe ist, ist der Grund der Schöpfung.[57] Und Gott vollendet alles Geschaffene in Liebe. Vom

---

54 A.a.O. 186. V.Balthasar unterscheidet philosophische und christliche Liebe im Sinn eines menschlichen Grundaktes: »Der metaphysische Grundakt ist die Liebe innerhalb der Seinsdifferenz ... der christliche Grundakt ist die Liebe innerhalb der Gott-Welt-Differenz«: H 3/1,2: 965-966. Auch noch im 1966 erschienenen Aufsatz »Geist, Liebe, Betrachtung«, aufgenommen in »Spiritus Creator« (S 3), wird die zwischenmenschliche von der in Christus geoffenbarten Liebe scharf getrennt: »Die zwischenmenschliche Liebe in Ehe und Freundschaft, auch die aufsteigende Liebe zur Gottheit, der religiöse Eros, sind eben nicht das, was hier gezeigt werden soll; sie müssen, schon um des Mißverständnisses willen, für den Augenblick weggestellt werden, damit der Blick frei wird für das, worauf der Apostel hindeuten will, die Agape des sich am Kreuz Christ uns hinverschwendenden Gottes. Daß außerhalb dieses Liebesereignisses Gottes in Christo in vielerlei Weise vorher und nachher unter Menschen von Liebe geredet wird, leugnet Johannes nicht. Aber er sagt, daß nur hier die Eigentlichkeit, die Absolutheit der Liebe offenbar wurde, und daß von hier aus aller Liebe das bei Gott geltende Maß gesetzt worden ist.« A.a.O. 157.

55 TL 3, 184.

56 Ebd. 207, mit Verweis auf F. Ulrich und A. v.Speyr. Vgl. TD 4, 69: »Die Lebendigkeit und Freiheit der ewigen Liebe bleibt im Reich des göttlichen Seins das Urbild dessen, was Liebe im Bereich des geschöpflichen Werdens an Bestem besitzt.«

57 Vgl. H 3/1,2: 965. Vgl. auch: S 5, 107-108: »Vielleicht kann das, was im

Mysterium der Auferstehung aus betrachtet wird jede endliche (Liebes-)Sehnsucht »mit unendlichem dreifaltigem Eros« durchglüht und »jede geschaffene Ich-Du-Liebe übererfüllt in die Gottesliebe hinein«.[58]

3. Überraschung in der Liebe

Im Kontext der Positivität des Endlichen, Sich-Verändernden entwikkelt v.Balthasar einen Gedanken, den er zwar nicht auf die Ehe anwendet, der jedoch die Ehetheologie in einem wichtigen Punkt beleuchten kann. Es handelt sich um das Moment der Überraschung der Liebe, der Nicht-Berechenbarkeit. Gott ist sich innertrinitarisch in Liebe selbst je-mehr, als erwartet werden kann.

> »Aus dieser Lebendigkeit der ewigen Liebe wird nun ersichtlich, wie Potentialität in der Schöpfung etwas höchst Positives sein kann. Wenn es im ewigen Leben Gottes kein Werden, aber trotzdem das Je-mehr, die Überraschung der Liebe, ein Je-einig-Sein aus verschiedenen 'Standpunkten' her gibt, dann ist geschöpfliches Werden die höchstmögliche Annäherung an eine solche unerreichbare Lebendigkeit. Und zwar Potentialität ebensowohl in ihrem aktiven wie passiven Aspekt, die sich gegenseitig zugeordnet und nicht adäquat unterscheidbar sind.«[59]

Geschöpfliche Potentialität und innergöttliche Liebe korrespondieren in ihrer Lebendigkeit. Die Prozeßhaftigkeit menschlicher Liebe, welche in der Geschichte einer Ehe in besonders intensiver und leibhaftiger Weise zum Ausdruck kommt, kann insofern als Abbild der trinitari-

---

christlichen Raum - mit oder durchaus auch ohne mystische Erfahrung - als die erreichte Selbstlosigkeit zu beschreiben ist, eindeutig nur mit dem Mysterienwort 'Liebe' benannt werden, ein Wort, das im Endlichen seine klar erkennbare Bedeutung hat, aber in der Steigerung, die durch den Tod des alten Menschen und die Auferstehung des neuen in Christus erfolgt, auch nur in Paradoxen ausdrückbar ist. ... (Eph 3,19). Diese Fülle trinitarischen Lebens wird nicht .. in einer weltlosen Einsamkeit erlebt, sondern in jener zugleich Gott-immanenten und in der Menschwerdung Gottes zur Welt transzendierenden Form, die 'Sendung' heißt, und unmittelbar in die Gemeinschaft nicht nur der Kirche, sondern der Menschheit im ganzen und aller in Gott heimzuholenden Kreatur integriert.«

[58] S 2, 371. An dieser Stelle ist der Eros Gott selbst zugeordnet und ein Dualismus neuplatonischer Prägung (Eros ist vergänglich, Agape unvergänglich-göttlich) durchbrochen. Vgl. H 3/2,2: 454: »Die trinitarische Liebe ist die einzige Letztform aller zwischen-Gott-menschlichen und aller mitmenschlichen Liebe.«

[59] TD 4, 79. Zum Folgenden vgl. ebd. 83.

schen Liebesprozesse verstanden werden. Die Charakteristika menschlicher Liebesbeziehung sind dann als ein entferntes Bild der Verhältnisse von Vater, Sohn und Geist aufzufassen.
Die Überraschung der Liebe, welche eine nicht im vorhinein berechenbare Lebendigkeit voraussetzt, beinhaltet Veränderungen und Entwicklungen. Im Zusammenhang mit der Menschwerdung Gottes spricht v.Balthasar mit Bezug auf K. Rahner von der schöpferischen Selbstentäußerung und vom »Werden« Gottes, bei der sich die innertrinitarische Genesis in der Schöpfung fortsetzt.[60]

4. Liebe als Geschenk

Das Verhältnis von Vater, Sohn und Geist besteht in der Hingabe in Liebe. In ihrer gegenseitigen göttlichen Liebeshingabe sind Armut und Reichtum identisch. Gott verzichtet auf ein »bloßes Ichsein ohne Du«.[61] Das Ereignis der Einheit ist für Vater und Sohn ein Geschenk. Dieses Geschenk Gottes an Gott findet seine Analogie in der schenkenden Liebeshingabe von Mann und Frau.

> Das innergöttliche Geschenk wird zur »Frucht (wie das Kind Frucht ist des 'Ein-Fleisch-Seins' von Mann und Frau), denn schon die göttliche Liebe und jede ihr wirklich gleichende ist (...) ein 'Überschwang', weil die reine Grundlosigkeit der Güte als solche zutage tritt, als das letzte Antlitz, *prosōpon*, der Gottheit. Es ist das, was die L[i]ebenden überkommt ('sur-prise'), sie über-rascht, und zwar, weil wir im Zeitlos-Ewigen sind, immer neu, weil man der grundlosen Liebe von Vater und Sohn nie auf den Grund kommt«.[62]

Gottes unergründliche Liebeshingabe kann auch mit einer Quelle verglichen werden.[63] Das Wesen einer Quelle ist es, sich zu verströmen, sich zu verschenken. Es ist jedoch nicht Gottes »Natur«, eine Quelle zu sein. Gott ist ursprungloses Liebesgeschenk, ist immer

---

[60] Vgl. TL 2, 259 und ebd. 256: »Daß das Wort Fleisch geworden ist, ist ein - ist das - Faktum« zu dessen Wesen es gehört, »Ausgangs- und Mittelpunkt alles christlichen Glaubens« zu sein.

[61] TL 3, 208. Zum Aspekt der innertrinitarischen Hingabe vgl. S 4, 32.

[62] Ebd. 209. Es handelt sich im Originaltext (»Lebenden«) offensichtlich um einen Druckfehler.

[63] Vgl. zum Folgenden: S 3, 95.

schon ewiges Sich-Verströmen. Gott ist vor aller Schöpfung in sich selbst Liebe. Diese trinitarische Liebe Gottes ist uns in Jesus Christus zugänglich. Jesus legt in seinem Gehorsam Gott als die trinitarische Liebe aus.[64] In Christus ist die - von der Welt her nicht erratbar und konstruierbar - trinitarische Liebe als Wesen alles Seins sichtbar geworden.

Die Analogie der Liebesprozesse läßt sich auch im Hinblick auf Nähe und Distanz der sich liebenden Personen beschreiben: »Nähe und Abstand in ihrer Einheit haben in Gott ein Verhältnis des Je-mehr: 'Je mehr sich in Gott die Personen differenzieren, um so größer ist ihre Einheit'. Es ist ähnlich wie im Verhältnis der Geschlechter: 'Je unterschiedener' der Partner ist, desto liebenswerter erscheint er.«[65] Wiederum ist die Entsprechung von innergöttlichem und ehelichem Liebesgeschehen deutlich hervorgehoben. Jede menschliche Liebe zwischen Mann und Frau braucht bei aller Nähe und Gemeinsamkeit auch einen gegenseitigen Abstand, um sich entfalten zu können. Wenn zwei Liebende sich diese Distanz in der Liebe nicht zugestehen, so bleibt kein Raum, sich dem anderen wirklich zu schenken. Gewiß, »es gehört zur 'echten Liebe', 'sich am Geliebten nicht sattsehen zu können'«.[66] Um sich in diesem Sinn gegenseitig anblicken zu können, bedarf es der Distanz. Auch wenn v.Balthasar diese menschliche Entsprechung als fernes Bild der göttlichen Liebesprozesse bezeichnet, bezieht er die Gedanken zur wahren Liebe dennoch direkt auf die innergöttliche Perichorese. »Ohne diese personale Distanz in der *circumincessio* der Personen würde weder die kreatürliche Distanz von Gott noch die ökonomische Ferne des Sohnes vom Vater (bis zur Verlassenheit) verständlich.«[67] Wichtig ist, daß die genannten Modalitäten nicht als bloße Potentialität im Sinne von Unbestimmtheit aufgefaßt, sondern daß sie angesichts der geoffenbarten ewigen, freien, trinitarischen Lebendigkeit Gottes formuliert sind.

---

64 Vgl. TL 2, 331 und TL 3, 403-404.

65 TD 4, 83, mit Zitat aus: A. v.Speyr, Der Epheserbrief, Einsiedeln 1983, 85. Zum Folgenden vgl. ebd. 86.

66 Ebd. 68, mit Zitat aus: A. v.Speyr, Die Welt des Gebetes, Einsiedeln 1951, 226.

67 Ebd. 86, worauf auch das Folgende beruht.

Die angesprochenen Aspekte der Liebe, die v.Balthasar entwickelt, erweisen sich in der Übertragung auf das Eheverständnis und -leben als grundlegend: Da sich jeder menschliche Lebensprozeß letztlich auf die trinitarischen Liebesprozesse Gottes bezieht, trifft dies in besonderer Weise auch auf die Ehe zu. Denn die Ehe ist ein menschlicher Lebensprozeß von Mann und Frau, der seine christliche Begründung nur in der Liebe finden kann. Diese den Wesenskern der Ehe bildende Liebe ist mit der dargelegten Sichtweise treffend charakterisiert.
Eheliche Liebe beinhaltet für die Ehepartner nicht nur deren gegenseitige Nähe, sondern braucht ebenso Distanz, um den jeweils anderen in seiner unantastbaren Würde zur Entfaltung kommen zu lassen und um vor der Gefahr der Vergöttlichung (bzw. Vergötzung) des menschlichen Gegenübers zu schützen. Dieselbe Liebe bringt für Mann und Frau mit sich, immer wieder und immer mehr zu versuchen, sich der Grundhaltung Jesu zum Vater im Geist (Liebe als Geschenk) anzunähern bzw. sich annähern zu lassen. Die Liebe der Eheleute wird dabei nicht nur subjektiv empfunden, sondern sie drückt sich in geschichtlicher Verbindlichkeit und Treue (auch institutionell) aus. Die Liebe in der Ehe erstarrt, wenn sie sich nur noch hinter Gewohnheiten versteckt und nicht mehr immer wieder die ganze Existenz aufs Spiel setzt. Im Eheprozeß lassen sich Mann und Frau auf eine lebendige Entwicklung ein, ohne im voraus zu wissen, was und wie sich alles verändern wird.

Ergebnis

Wir haben das Eheverständnis v.Balthasars in schöpfungstheologischem, christologischem, ekklesiologischem und trinitätstheologischem Zusammenhang dargelegt. In der Durchsicht dieser vier Zugangswege hat sich ergeben, daß grundlegende Aspekte der Ehetheologie im Gesamtwerk verstreut liegen und auf ihre Tragweite für das Eheverständnis befragt werden mußten. Eine explizite, zusammenhängende und systematische Ehelehre legt v.Balthasar nicht vor. Dennoch kann von einer (impliziten) Ehetheologie v.Balthasars gesprochen werden. Es hat sich gezeigt, daß die Schwerpunkte seiner Aussagen zur Ehe Impulse darstellen, die in der gegenwärtigen Entwicklung des christlichen Eheverständnisses nicht unbeachtet bleiben sollten.[1]

I. Schwerpunkte der Ehetheologie v.Balthasars

1. Dogmatische Perspektive

V.Balthasar entwickelt sein Eheverständnis aus streng dogmatischer Sicht. Es geht ihm weder um Fragen der Ehepastoral, noch um (kirchen-) rechtliche Probleme. Vielmehr steht für ihn die Frage im Mittelpunkt, welche Bedeutung die Ehe angesichts der Offenbarung Gottes in Jesus Christus erhält.

Seine methodische Zentrierung alles Seienden auf die eine Mitte umgreift auch die Ehe. Mit großer Kraft der Gedanken wird die Ehe in das Drama der Geschichte Gottes mit dem Menschen gestellt. Daß Gott Mensch wird, die Inkarnation des Logos, ist der Boden, auf dem die Heilsgeschichte steht. Das »Schlüsselereignis« des Verbum caro factum ist für v.Balthasar der Ausgangspunkt aller Theologie. Die daraus abgeleitete grundsätzliche Positivität des Endlichen, Mensch-

---

1 Wir sind mit unserer Bezeichnung einer »impliziten« Ehetheologie zurückhaltender bezüglich der Frage, inwiefern im Werk v.Balthasars von einer Theologie der Ehe gesprochen werden kann, als J. O'Donnell dies in seiner Abhandlung: H.U. von Balthasar sulla teologia del matrimonio, in: La Civiltà Cattolica 139 (1988) 483-488, voraussetzt.

lich-Geschichtlichen hat für die Ehe besonderes Gewicht. V.Balthasar betont im christlich-sakramentalen Eheverständnis deren Zugehörigkeit zur Naturordnung - eine Schwerpunktsetzung, die auch in der traditionellen Ehetheologie zu finden ist. Ein weiterführender Impuls liegt im konsequenten Durchgang verschiedenster dogmatischer Grundbegriffe: Die Ehe wird als (Ab-)Bild der »Hochzeitlichkeit« verstanden und letztlich trinitarisch begründet.

Die Zuordnung der Ehe zum bräutlichen Liebesbund Christi und der Kirche und deren Ableitung aus Eph 5,32 hat eine lange theologische Tradition, auf der v.Balthasar aufbaut. Er hinterfragt dabei an keiner Stelle, ob der Umgang mit Eph 5 den biblischen Bildern und Metaphern angemessen ist.[2] Mit seinem Begriff der *»Hochzeitlichkeit«* bündelt er vielmehr verschiedene Traditionsstränge. Seine Synthese (im Blick auf das Ganze) verknüpft die menschliche Ehe zutiefst mit der liebenden Hingabe und Treue Gottes.
Zwar benennt v.Balthasar immer wieder die je größere Unterschiedenheit von zwischenmenschlich-endlicher und göttlich-unendlicher Zuwendung. An keiner Stelle ist eine Neigung zur Vergöttlichung oder Verherrlichung der Ehe ersichtlich. Dennoch legt er die Entsprechung und Übertragbarkeit im analogen Verhältnis weit ins göttliche Geheimnis hinein aus. Am deutlichsten wird dies im Zueinander von Christus (als neuer Adam) und Maria (als zweite Eva).
Die Lebenshingabe Christi »für uns« aus Liebe, die sich in der eucharistischen Hingabe an die Kirche sakramental fortsetzt, spiegelt sich in der gegenseitigen ehelichen Lebenshingabe von Mann und Frau aus Liebe wider. Auch wenn die Parallelisierung der Geschlechterrollen von Christus-Kirche/Maria und Mann-Frau in der Ehe, welche v.Balthasar als gegeben ansieht, nicht übernommen werden muß, und auch wenn seine geschlechtsspezifische Charakterisierung der Eucharistie als Geschehen zwischen sich verströmendem Christus-Mann und empfangender Kirche-Frau abgelehnt werden kann, so bleibt doch die tiefe Verwurzelung des christlichen Eheverständnisses im Christusereignis für eine Ehetheologie unverzichtbar. Die Liebesgeschichte von Mann und Frau, die in der Ehe ihre verbindliche und letztgültige Form

---

2 Die Frage nach der schriftgemäßen Anwendung von Eph 5 ist nicht nur an v.Balthasar zu richten, sie stellt sich hier jedoch besonders deutlich.

findet, erwächst aus der Liebesgeschichte Gottes mit dem Menschen, welche in Jesus Christus »universal konkret« geworden ist.

Eng mit diesem christologischen Eheaspekt verknüpft ist deren *trinitarische Letztbegründung*. V.Balthasar geht in seinen späten Schriften nicht nur auf den Vergleich menschlich-personaler Beziehung (Ich-Du-Wir) mit den göttlich-trinitarischen Relationen ein, sondern weist ausdrücklich auf die Analogie der Familie (Mann-Frau-Kind) als Imago Trinitatis hin. Keine der beiden Analogien wird jedoch intensiver entfaltet - v.Balthasar ist sich wohl der schmalen Gratwanderung bewußt, die mit diesem theologischen Gedankengang angetreten werden müßte. Dennoch ist die christliche Ehe für ihn letztlich nur aufgrund der Trinität Gottes denkbar.
Die trinitarische Liebe Gottes, wie sie sich dem Menschen heilsgeschichtlich offenbart, ist der letzte Grund für alles Seiende überhaupt. V.Balthasars gesamte Theologie ist durchgängig auf diese Mitte hin entworfen. Deshalb ist auch das Verständnis von Ehe als einer christlichen Lebensform von diesem Geheimnis umgriffen und durchdrungen. Die Ehe wird also nicht isoliert als ein begrenzter Gegenstand der Theologie behandelt, sondern - der theologischen Methode v.Balthasars entsprechend - radikal von den zentralen Wahrheiten der Offenbarung Gottes her verstanden. Dadurch entsteht die Basis für eine Theologie der Ehe, die primär aus dogmatischer Sicht von der Mitte der Offenbarung her entwickelt werden kann.[3]

V.Balthasar will erklärtermaßen keine (Ehe-)Katechese betreiben. Er nimmt keine Rücksicht auf die »pastorale Vermittelbarkeit« seines Eheverständnisses. Diese Vorgehensweise bringt jedoch gerade in der Ehetheologie kaum überwindbare Schwierigkeiten mit sich. Die starke Einbindung der Ehe in die tiefsten und letztlich unergründlichen Ge-

---

[3] In der Veröffentlichung des ökumenischen Arbeitskreises evangelischer und katholischer Theologen zur Ehe in: Lehrverurteilungen - kirchentrennend?, 1: Rechtfertigung, Sakramente und Amt im Zeitalter der Reformation und heute, hg.v. K. Lehmann/W. Pannenberg, Freiburg i.Br. ²1986, 141-156, wird eine Möglichkeit, die Sakramentalität der Ehe katholischer *und* evangelischer Auffassung entsprechend auszudrücken, darin gesehen, das Ehesakrament in pneumatologischer Sicht zu betrachten: 149-150. Die pneumatologische (und damit auch trinitarische) Perspektive des Eheverständnisses kann demnach ein wichtiger Beitrag für den ökumenischen Dialog sein.

heimnisse christlichen Glaubens läßt ein hohes Idealbild entstehen, dem keine konkret gelebte Ehe entsprechen kann. Das mag für andere theologischen Fragen (etwa die Taufe und das Leben des Christen insgesamt) genauso gelten, trifft aber im Zusammenhang mit der Ehe auf größere »Empfindlichkeiten« als anderswo. Der Grund dafür liegt insbesondere in der »sensiblen« moralischen Wertung des Lebensbereichs des Geschlechtlichen. Ein theologischer Entwurf der Ehe, der von den allermeisten der christlichen Eheleute spirituell nicht nachvollzogen oder zumindest angestrebt wird, kann zu einer Kluft zwischen Lehre und Leben beitragen. Das hätte im Hinblick auf die Ehe die Konsequenz, daß zwischen einer gewöhnlichen, durchschnittlichen Ehe und dem seltenen Fall der (im eigentlichen Sinn) christlich-sakramentalen Ehe unterschieden werden müßte.[4]

V.Balthasar ist sich des durchschnittlichen Gelingens und Scheiterns der gegenwärtigen Ehen bewußt und schränkt daher die Zahl derer, die eine »echt christliche Ehe darzuleben versuchen«[5], auf eine kleine Minderheit ein. Die Ehe als Sakrament zu empfangen und zu leben, ist dementsprechend nicht der Normal-, sondern der Grenzfall. Es fällt jedoch auf, daß - legt man die Differenzierung der drei sakramentalen Ebenen zugrunde, wie sie im vierten Kapitel, I. 5. (»Die sakramentalen Ebenen der Kirche«) skizziert wurde - v.Balthasar für das Thema Ehe auf die mittlere (»sakramentale«) Ebene kaum eingeht. Die Ehe wird im »über- oder gesamtsakramentalen« und im »unter-sakramentalen« Sinn bedacht, die sakramentale mittlere Ebene kommt wenig zur Sprache. Dadurch entsteht eine eigenartige Spannung im Eheverständnis v.Balthasars, und damit bleiben auch konkrete Fragen der gegenwärtigen Ehediskussion offen und vieldeutig. Dies soll an folgendem Beispiel deutlich gemacht werden.

Mehrfach betont v.Balthasar, daß in der eschatologischen Vollendung des Menschen (»im Himmel«) keine Ehe mehr denkbar ist. Zugleich ist es für ihn ebenso klar, daß die (durch männliche und weibliche Elemente geprägte) Treue von Christus und seiner Kirche auch in der Vollendung bestehen bleibt. Kann dann noch die unlösbare Treue

---

4 Was weiterhin zur Folge hat, daß nicht mehr jede Ehe zwischen Getauften eo ipso Sakrament ist. Zwei Getaufte müßten dann eine (neu zu definierende) Ehe eingehen können, die *nicht* die (höchste) Form christlich-sakramentaler Ehe darstellt.

5 Wer ist ein Christ?, 25.

Christi zur Kirche die absolute Unauflöslichkeit der Ehe direkt begründen? Müßte nicht angesichts der unterschiedlichen Bewertung im Hinblick auf die endzeitliche Vollendung auch eine Differenzierung hinsichtlich der geschichtlichen Existenz erfolgen? V.Balthasar zweifelt zwar nicht an der Unauflöslichkeit der sakramentalen Ehe. Es wird in diesem Beispiel aber ersichtlich, daß manche Fragen im Detail widersprüchlich erscheinen oder verschieden gedeutet werden können.

2. Standestheologie: Ehe und Evangelische Räte

Ein zweiter Schwerpunkt im Eheverständnis v.Balthasars ist seine Standestheologie. Die Ehe wird als christlicher Stand im vielschichtigen Gefüge der verschiedenen kirchlichen Stände aufgefaßt. Das heißt, die Ehe steht immer unmittelbar im Rahmen der Kirche. Jede Erneuerung des Kirchenverständnisses wirkt sich somit direkt auf das Eheverständnis aus. Umgekehrt muß sich eine Weiterentwicklung der Ehetheologie in der Ekklesiologie bewähren.
Der Stand, welcher für v.Balthasars Sicht der Ehe am meisten Bedeutung hat, ist die Lebensform der Evangelischen Räte und darin der der Jungfräulichkeit. Das spezifisch Christliche der Ehe kann ohne die Ergänzung und Korrektur durch Ausrichtung auf die Räte-Ehelosigkeit nicht erfaßt werden. Das Christusereignis eröffnet dem Christen die Möglichkeit zur Ehelosigkeit in einer fruchtbaren Hingabe aus Liebe. *Vor* Christus war diese Lebensform undenkbar. Seit und mit Christus steht sie im Zentrum des Christseins. Ein Leben aus den Räten ist im höchsten und radikalsten Sinn christliches Leben.
Die Ehe bleibt durch Menschwerdung, Kreuz und Auferstehung Jesu ebenfalls nicht unberührt. In Christus wird die Ehe zum Sakrament »erhoben«. Was diese Teilhabe am Mysterium der (dramatisch erscheinenden) Zuwendung Gottes zur Welt bzw. Christi zur Kirche für die christlichen Eheleute bedeutet, das muß nach v.Balthasar von der Jungfräulichkeit (in Armut und Gehorsam) her betrachtet werden. Die Grundhaltung der Hingabe für den anderen, die Fruchtbarkeit aus Liebe, das sich Gott ganz-zur-Verfügung-Stellen kommt für v.Balthasar in der Lebensform der Räte »adäquat« zum Ausdruck. Die christliche Ehe kann sich dem nur annähern.

Ein entscheidender Punkt für das Verhältnis von Ehe- und Rätestand ist die Frage nach Berufung und Sendung. Den Rätestand kann niemand aus eigener Macht wählen oder ergreifen. Es ist für v.Balthasar eine Lebensform, in die hinein nur Gott selbst stellen kann. Der Räte-Christ ist durch Gott aus der Menge der Christen herausgerufen und mit einer besonderen Sendung beauftragt. Eine derartige (»qualifizierte«) Berufung zum Ehestand ist für v.Balthasar ausgeschlossen. In dieser prinzipiellen Ausschließlichkeit kommen mehrere Vor-Entscheidungen zum Tragen, die nicht zwingend so verknüpft werden müssen. Zum einen geht v.Balthasar in der Frage der Berufung von einer »durchschnittlichen« Ehemotivation aus, welche er von den Gesetzen der Gattung geprägt sieht. In seiner Entwicklung der Theologie der Räte-Jungfräulichkeit orientiert er sich demgegenüber an der sündenlosen Beziehung zwischen Christus und Maria.

Die Prägung der Ehe durch das Gattungshafte wirkt sich zum zweiten dahingehend aus, daß v.Balthasar die Ehe unlösbar mit Schuld und Tod verknüpft sieht. Diese Verstrickung reicht für ihn so weit, daß eine (sündenlose) göttliche Sendung sich nicht mit allen Vollzügen der Ehe vereinbaren läßt.

Des weiteren ordnet v.Balthasar - der Räte-Dreiheit entsprechend - die Ehe dem Besitz und der Selbstverfügung zu und stellt sie der Ehelosigkeit mit Armut und Gehorsam diametral gegenüber. Daß eine Ehe ebenso in Armut und Gehorsam gelebt werden könnte - oder in gewissem Sinn sogar muß -, wird nicht erwogen.

Schließlich betrachtet v.Balthasar den Vorgang der Ehewahl und -schließung immer vom Mann aus: Der Mann wählt sich (s)eine Frau und heiratet sie. Deren Zustimmung ist zwar vorausgesetzt, eine ebensolche Wahl der Frau ist aber aufgrund des geschlechtsspezifischen Rollenverständnisses nicht vorgesehen.[6] Nur deshalb kann v.Balthasar von einem »Besitz« der Familie sprechen. Durch diese Betonung der freien, eigenmächtigen Bestimmung des Mannes tritt die Frage nach dem Willen Gottes in der komplexen Entwicklung einer Beziehung bis hin zur Ehe in den Hintergrund.

---

6 Daß die geschlechtsspezifische »Passivität« der Frau in v.Balthasars Verständnis in höherem Maß als die des Mannes »aktiv« sein kann, hat für unseren Argumentationsgang an dieser Stelle keine Relevanz. Mit der abstrakten, ungebundenen Wahl von Mann *und* Frau (und deren »zufällige« Übereinstimmung) wäre u.E. das Phänomen der »Eheentstehung« ebensowenig hinreichend erklärt wie durch die Wahl des Mannes allein.

Eine wichtige Quelle der Standestheologie ist für v.Balthasar der Lebensstand Marias (und Josefs). Für das Eheverständnis ist dabei die theologische Überzeugung entscheidend, daß die Menschwerdung Gottes nicht im Zusammenhang mit der sexuellen Vereinigung von Mann und Frau stehen konnte, weil sich Gott niemals der sündenbedingten Todesverfallenheit der menschlichen Gattung unterworfen hätte. Maria *mußte* Jesus jungfräulich empfangen. Eine leibliche Vaterschaft Josefs ist aus theologischen Gründen prinzipiell unmöglich. Dennoch ist die Ehe von Maria und Josef auch ohne deren sexuellen Vollzug für v.Balthasar voll und ganz, ja in hervorragender Weise christliche Ehe. Für die Heilsgeschichte jedoch ist Marias Haltung der Räte-Jungfräulichkeit ungleich bedeutsamer als ihre Ehe-Existenz. Im Hinblick auf die konkrete Geschichtlichkeit und »Fleischwerdung« des christlichen Rätelebens (und insbesondere dessen leibhaftige Fruchtbarkeit, wie sie vor allem im Leben Marias zum Ausdruck kommt) geht v.Balthasar entschieden über die enge Verflechtung von Konkupiszenz und Leiblichkeit des Menschen hinaus - im Zusammenhang mit der konkret gelebten Ehe dagegen nicht.

Als weitere grundlegende Quelle für v.Balthasars Differenzierung der Stände muß seine Urstandstheologie genannt werden. V.Balthasar diskutiert die Urstandslehre nicht in erster Linie, um das Verhältnis von Natur und Gnade zu klären, sondern leitet aus dem rekonstruierten, infralapsarischen Zustand des Menschen entscheidende Grundlagen seiner Standestheologie ab. Für die Bewertung von Ehe und Jungfräulichkeit greift er durchgängig auf diesen Argumentationsstrang zurück: Was im Urstand geeint war, bricht mit dem Sündenfall auseinander. Die Sexualität des Menschen tritt postlapsarisch »isoliert«, aus der Urstandseinheit herausgelöst, in der Geschichte auf. Nur die Jungfräulichkeit kann die zerstörte Einheit wiederherstellen.
Dazu ist jedoch kritisch anzumerken, daß v.Balthasar einen logischen Zirkelschluß durchführt: Er leitet die Urstandslehre zunächst aus der geschichtlichen Existenz des Menschen ab und verwendet sie sodann als Argumentationsbasis, um den Stand des heutigen Menschen zu charakterisieren. Zudemhin ist es ein Spezifikum jeder Urstandstheologie, nicht datierbar zu sein - v.Balthasars Gedankengang setzt demgegenüber eine solche zeitliche Fixierung (»*vor* dem Sündenfall«) voraus.

3. Relativierung der Ehe

V.Balthasar entwirft zwar theologisch ein ideales Bild sakramentaler Ehe, erachtet die Verwirklichung einer solchen Ehe jedoch als seltenen Grenzfall. Im Blick auf die gelebten Eheerfahrungen springt für ihn die Unvollkommenheit des Menschen ins Auge. Er schreckt vor jeder Verharmlosung der schulddurchtränkten Gattung zurück. Dadurch wird auch die *einzelne* Ehe relativiert, es entsteht keinerlei Überhöhung menschlicher Ehe.

In der Verhältnisbestimmung von Natur und Gnade, die eine der wichtigsten Weichenstellungen für das Eheverständnis darstellt, bleibt v.Balthasar in der Frage der gegenwärtig (»schon jetzt«) wirkmächtigen Gnade im geschichtlichen Vollzug des Ehesakramentes sehr zurückhaltend, obwohl seine Verhältnisbestimmung von Natur und Gnade im Ganzen eine solche Zurückhaltung nicht nahelegt. Die Ehe ist und bleibt für ihn eine natürliche, schöpfungsbegründete Größe. Im Gegensatz zur christlichen Ehelosigkeit werden eheliche Lebensformen praktiziert, seit es Menschen gibt. Gottes gnädiges Heilshandeln ist jedoch für die menschliche Ehe kein Fremdkörper, der auf eine in sich vollendete Natur trifft und sie insofern fremd-bestimmt. Gratia supponit naturam. V.Balthasar schöpft aber an dieser Stelle die Bedeutung und die Weite des Axioms nicht aus. Er hebt vielmehr immer wieder die unlösbare Verstrickung der Ehe in den postlapsarisch schuldbedingten Kreislauf von Zeugung, Geburt und Tod hervor. Das Gattungshafte der gefallenen Natur kommt für ihn in besonders ausgeprägter Weise in der sexuell vollzogenen Geschlechtlichkeit des Menschen zum Tragen. Ehe und todesverfallene Endlichkeit des Menschen liegen nah beieinander.

Die dadurch entstehende - in mancherlei Hinsicht heilsame - Relativierung der Ehe wurde schon angesprochen. Weder eine schwärmerische Überhöhung der Beziehung von Mann und Frau im Sinn eines romantischen Liebesideals[7], noch eine isolierte Überbetonung der Gnadengegenwart Gottes im Sakrament der Ehe sind für eine Ehetheologie hilfreich. Der Schwerpunkt v.Balthasars führt jedoch bis an den Rand (und einige wenige Male auch darüber hinaus) einer Tendenz, die eine Entfaltung der Theologie der Ehe behindert - im Extremfall gar ver-

---

7 Vgl. H.-G. Gruber, Christliche Ehe in moderner Gesellschaft, 146.

hindert -, und zwar in dem Punkt, wo er die geschlechtliche Fortpflanzug bzw. deren sexuellen Vollzug mit der Sündhaftigkeit und Verderbtheit des Menschen wesentlich verknüpft.
Auch in der Entfaltung des Eheverständnisses kann die Grundbedingtheit der Schuldhaftigkeit des Menschen nicht beiseite geschoben werden. Es bleibt jedoch im Hinblick auf die Lebensbereiche von Armut-Besitz, Gehorsam-Verfügung und Jungfräulichkeit-Ehe auffallend, daß v.Balthasar die konkreten schuldbedingten Fehlformen in der Ehe (bzw. Geschlechtlichkeit des Menschen) berücksichtigt, die sündhaften Auswüchse im Bereich von Besitz/Eigentum und Verfügung/Macht aber wenig Relevanz erhalten.

4. Zu Ideal und Realität

Wir haben eingangs betont, daß die theologische Reflexion der Ehe den »Blick für die Realitäten« nicht vernachlässigen darf. V.Balthasars Eheverständnis stellt in diesem Zusammenhang geradezu ein Plädoyer dafür dar, daß ein Ehe*ideal* entworfen werden muß. Auch die unvollkommene Verwirklichung dieses Eheideals darf nicht von vornherein davon abhalten, ein solches Ideal aufzustellen zu wagen.
V.Balthasar betreibt Theologie »in der Perspektive Gottes«. Er bedenkt alles Geschaffene so, wie es sich von Gott her gedacht darstellt. Nur in dieser Sicht kann der Mensch sein eigenes Wesen entfalten. Was in diesem Rahmen über die christliche Ehe zu sagen ist, trifft ebenso für das Christsein insgesamt zu. V.Balthasars theologisches Interesse gilt dem Menschen, der auf Gottes Anruf in Offenbarung und Sendung antwortet, der sich erfüllen und verwenden läßt, es gilt dem »Heiligen«. Dort, wo ein Mensch sich ganz dem Willen Gottes überläßt, vollzieht sich im höchstmöglichen Maß die Anteilnahme am Heilsmysterium des dreieinigen Gottes bzw. Christi und der Kirche. In der Reihe der Heiligen, die v.Balthasar vorstellt, ist es vor allem Maria, die in ihrem ganzen Menschsein zum Ausdruck bringt, was Christsein bedeutet. Maria ist deshalb »ideales« Vorbild für jeden Christen.
Diese Idealität steht in keinem Gegensatz zur Realität, sie ist vielmehr im höchsten Sinn »real«, wirklich. V.Balthasar sieht an diesem Punkt im Ideal die Verwirklichung der Wahrheit. Daß die meisten Menschen weit hinter ihrem »Ideal« zurückbleiben, schränkt diesen Ansatz nicht ein. V.Balthasar lehnt es ab, vom sündigen Menschen, der Gottes Schöpfungs- und Erlösungsplan nicht entspricht, auszugehen.

In diesem Spannungsfeld von Ideal und Realität spielen zwei von v.Balthasar vorgetragene Fakten eine prägende Rolle für seine Sicht der Ehe. Zum einen hat das Vorbild Marias auch für die christliche Ehe Relevanz. Maria lebte mit Josef in einer heiligen Ehe, die zwar ohne sexuellen Vollzug geblieben ist, aber dennoch ohne jede Einschränkung voll und ganz als Ehe angesehen wird. Zum zweiten stellt v.Balthasar in der Reihe der behandelten Heiligen außer der Ehe Marias keine weitere heilige Ehe mehr dar. Dies wirkt sich dahingehend aus, daß eine christlich gelebte *und* sexuell vollzogene Ehe für v.Balthasar kaum möglich erscheint.
Mit dieser Ansicht verspielt v.Balthasar die Möglichkeit, seine von ihm entwickelte Einschätzung der Positivität des Endlichen auf die Leibhaftigkeit der ehelichen Beziehung anzuwenden. Ein für die Ehetheologie wesentlicher Aspekt - die Bedeutung des Sexuellen in der Ehe - wird damit nicht positiv entfaltet.

Zwei weitere Elemente des Eheverständnisses, die bei v.Balthasar zu sehr im Hintergrund bleiben, tragen dazu bei, daß das Verhältnis von Ideal und Realität die Balance zu verlieren droht.
Zum einen findet das Sakramentenverständnis nur ansatzweise Anwendung auf die Ehe. Ähnlich verfährt v.Balthasar mit dem Taufsakrament, welches in seinem Gesamtwerk ebenfalls auffallend zurückhaltend behandelt wird. Auch die Sakramententheologie insgesamt wird nicht breit entfaltet. Man kann zwar v.Balthasar das Vorhandensein einer (ebenfalls »impliziten«) Sakramententheologie nicht absprechen. Das Schwergewicht des theologischen Interesses im Hinblick auf die Sakramente der Kirche liegt jedoch nicht auf Taufe und Firmung, noch weniger auf der Ehe. Deutliche Akzente setzt v.Balthasar beim Sakrament der Buße, der Eucharistie, zum Teil beim Amt und beim Bedenken dessen, was Sakramentalität im Theodrama insgesamt bedeutet. Dabei sprengt er entschieden ein zu engsichtiges, neuscholastisches Korsett der Systematisierung.
Zum zweiten wird das Verständnis der Ehe als Bund, welches einleitend als eine Möglichkeit beschrieben wurde, um die Theologie der Ehe biblisch begründet zu entwerfen, zwar erwähnt, bleibt aber insgesamt blaß. V.Balthasar berücksichtigt und entfaltet grundlegende Voraussetzungen für eine Bundestheologie (wie zum Beispiel das Verständnis der Offenbarung als personale Zuwendung und Anruf

Gottes an den Menschen, die Geschichtlichkeit des Gott-Mensch-Dramas, das Zueinander von unendlicher und endlicher Freiheit und vor allem die hochzeitliche Bundesbeziehung zwischen Christus und seiner Kirche), entwickelt jedoch ihre Relevanz für die geschichtlich konkrete Ehe als Bund nicht weiter. Der bundestheologische Ansatz wird daher *in konkreter Anwendung auf die Ehe* kaum ausgeführt.

Trotz dieser Einschränkungen bleibt das Anliegen v.Balthasars aktuell, daß die Tradition einer Theologie »von oben« auch im Hinblick auf das Eheverständnis nicht ohne Verlust übergangen werden kann. Vor allem seine Verankerung der Ehe in zentralen theologischen Themen wie der Schöpfungslehre, der Ekklesiologie, der Christologie, der Pneumatologie und der Trinitätslehre kann als Plädoyer dafür verstanden werden, die explizit theologische Sicht nicht aus dem Blick zu verlieren.

II. Weiterentwicklung der Impulse v.Balthasars

Zu den umstrittenen Fragen der gegenwärtigen Ehediskussion, wie sie in der Hinführung beschrieben wurden, äußert sich v.Balthasar kaum. Seine implizite Ehetheologie enthält jedoch Bausteine, die weitergeführt werden können.

1. Zum Stellenwert der Ehetheologie

Zwei Spannungsfelder, auf die v.Balthasar aufbaut, tragen dazu bei, das Ehethema im Gesamt der Theologie zu verankern: Die Bezogenheit von Natur und Gnade und die Verhältnisbestimmung von Pneuma und Institution.

Die Ehe steht in ausgeprägter Weise in der Spannung von Natur und Gnade. Wird die christliche Ehe als Sakrament betrachtet, muß ihr in letztgültiger Weise Gnadenwirkung durch die geschichtlich gewordene Gegenwart Gottes zugesprochen werden. Gottes Heilswille, der die dreieinige Liebe ist, ist in der sakramentalen Ehe in leibhaftiger Gestalt »präsent« - wenn auch unter eschatologischem Vorbehalt. Diese verbindliche Heilsgegenwart Gottes wirkt in der Ehe selbst, sie läßt die Ehe - im Sinne des »gratia supponit naturam«-Axioms - ihr tiefstes Wesen entfalten. Mann und Frau erhalten in der christlichen Ehe

Anteil am Liebesmysterium Christi und der Kirche. Die Liebe Gottes hebt dabei die natürliche, eheliche Liebe nicht auf, sondern vollendet sie, indem sie sie (über-)erhöht. Das Ineinander von Schöpfung und Bund ist für die christliche Ehe charakteristisch.
Eine solche Zuordnung der Natur zur Gnade steht schnell im Verdacht, glorifizierend und realitätsfern zu sein. Meist wird die Ehe im Hinblick auf die Begrenzungen und Unvollkommenheiten der Partner erfahren. Die so beschriebene Gnadenwirkung sakramentaler Ehe wird dann als unerfüllbare, »gnadenlose« Forderung gedeutet oder erscheint gar - im Zusammenhang mit scheiternden oder gescheiterten Ehen - als verletzend weltfremd.
Der Glaube an die liebende Zuwendung Gottes in Jesus Christus bzw. an die Heilsgegenwart Gottes im Lebensprozeß der Ehe ist eine *Hoffnung*, vor allem angesichts der Tatsache, daß viele Ehen zerbrechen. Menschliche Liebe und Treue ist möglich, weil Gott selbst sich als unendliche Liebe und Treue geschichtlich offenbart hat.[8]

Das zweite Spannungsfeld ist das Verhältnis des Subjektiven und des Objektiven. In der Verhältnisbestimmung von Pneuma und Institution greift v.Balthasar auf die Ehe zurück, um das Institutionelle in seiner inneren Verbindung mit dem Personalen deutlich zu machen.
Die Ehe ist eine christliche Lebensform, in der die Spannung zwischen objektiv-institutioneller Struktur und subjektiv-existentiellem Lebensvollzug immer gegenwärtig ist, ja gerade ihr Wesen ausmacht. Wo keinerlei persönliche (subjektive) Hingabe mehr gelebt wird, erstirbt die Ehe zur kalten Routine, die nur zerstörerisch wirken kann. Wo keinerlei (objektive) strukturelle Verbindlichkeit eingegangen wird, bleibt die Beziehung von Mann und Frau unklar und vieldeutig, die Lebens*geschichte* der Ehe, die mehr ist als die Nebeneinanderreihung der Lebensgeschichten der Partner[9], wird nicht gewagt. Jede Verbin-

---

8 Vgl. O.H. Pesch, Ehe, 26: »Die Ehe ist keine gottesdienstliche, symbolische Handlung, sondern das gemeinsame Leben selbst. Diese aber findet, fern den großen Worten der Theologen, auf dem Erdboden statt. Für die christlich gelebte Ehe kommt es daher darauf an, mit allen Konsequenzen die jeglicher Vernunft widerstreitende Wahrheit zu leben, daß es in der Kraft Gottes die Möglichkeit unverbrüchlicher Treue gibt«. Mit Verweis auf: F. Böckle, Ehe und Ehescheidung, in: Handbuch der christlichen Ethik, Bd. 2, 123-130.

9 Vgl. J. und I. Splett, Meditation der Gemeinsamkeit, München/Freiburg i.Br. 1970, 23.

dung von Mann und Frau enthält beide Pole. Eine rein subjektive oder rein objektive menschliche Beziehung ist gar nicht denkbar.
Die innere Verbindung des Institutionellen mit dem Personalen bietet einen Ansatz, um der Ehe als Lebensgemeinschaft sowohl innerhalb der Zweierbeziehung als auch im sozialen Gefüge (Familie, Kirche, Gesellschaft) ihren Ort zuzuweisen.

Die Ehe als theologisches Thema darf weder zu geringgeschätzt noch zu wichtig genommen werden. Einerseits ist die Ehe meistpraktizierte Lebensform unter Christen und darf deshalb in der theologischen Forschung nicht zu kurz kommen. Außerdem ist sie als Sakrament eine der expliziten, leibhaftigen »Gestalten« der Gegenwart Gottes in der Geschichte. Die theologische Reflexion über die Ehe bleibt somit unverzichtbar und muß alle Aspekte der Theologie berücksichtigen. Andererseits ist die Ehe aber nicht der Mittelpunkt der Offenbarung.[10] Eine - auch unausgesprochene - Zentrierung alles Christlichen auf die Ehe bringt die Ehetheologie von vorn herein in eine Schieflage.
Der Stellenwert der Ehetheologie bemißt sich also am Stellenwert des christlichen Lebens überhaupt. Die Ehe ist eine Lebensform, die wirklich »in Christus« gelebt werden kann. Was das Christsein eines Menschen ausmacht - von der Nachfolge Jesu bis zum Kirche-sein, vom Rhythmus der Feste und Zeiten bis zur alltäglichen, nötigen Umkehr - kommt in der Ehe als Sakrament zum Tragen.

2. Wesentliche Elemente eines christlichen Eheverständnisses

Im Rahmen seiner Pneumatologie kommt v.Balthasar auf fünf Momente zu sprechen, die sich auf die Ehe anwenden lassen und die dann grundlegend zu einem Eheverständnis beitragen können, welches weder einseitig naturalistisch ist, noch in einer Gegenbewegung personalistisch nur noch die Individualität der Subjekte gelten lassen will.

---

10 Selbst wenn die Ehe (als wesentlicher Bestandteil der Familie) im Hinblick auf ihre fruchtbringende Liebeshingabe eine Analogie zu den innertrinitarischen Liebesprozessen darstellen kann, so bleibt in dieser Analogie die umso größere Unterschiedenheit und Unvergleichbarkeit immer mitausgesagt. - Unter den sieben Sakramenten sind Taufe und Eucharistie grundlegender und gewichtiger (»sacramenta maiora«) als das Ehesakrament, welches zu den »sacramenta minora« gezählt wird.

Es handelt sich dabei um die Aspekte der Hingabe (in Armut und Gehorsam), der personalen, leib-geistigen Kommunikation (Sprache), der Beziehung zum Kreuz und der (von Gott geschenkten) Liebe und Fruchtbarkeit. Auf die Ehe übertragen, können sie wesentliche Elemente zum Verständnis von deren Sakramentalität darstellen.

Ein erstes Element ist die *gegenseitige Hingabe* von Mann und Frau, welche v.Balthasar von der gegenseitigen Grundhaltung Jesu und Marias her versteht. Die eheliche Hingabe findet ihre Vollendung in der Hingabe Jesu an die (in Maria repräsentierte) Kirche. Die Hingabe Jesu wiederum entspringt seinem rückhaltlosen Sich-zur-Verfügung-Stellen dem Vater gegenüber. Marias Haltung ist ebenfalls die der ganzen Hingabe. Sie wird in ihrer Sendung »expropriiert«. V.Balthasar bezeichnet mit diesem Begriff den Übergang von der eigenmächtigen Selbstbestimmung eines Menschen in die totale Verfügungsentscheidung Gottes (was für die Lebensform des Christen Armut, Gehorsam und Jungfräulichkeit zur Folge hat).
Die Hingabe von Mann und Frau in der Ehe kann als eine analoge gegenseitige Übereignung verstanden werden - auch ohne der Auffassung v.Balthasars in jeder Hinsicht folgen zu müssen.[11] Der Grundsatz, daß das »Ein-Fleisch-Sein« von Mann und Frau in Christus und der Kirche zum Sakrament wird, hat für die gegenseitige Hingabe in der Ehe besonderes Gewicht.

Ein zweites Element ist die *Bedeutung der Sprache* im umfassenden Sinn. V.Balthasar legt die Inkarnation als Sprachprozeß aus: Gott spricht sich (im Logos) aus, Christus ist das letzte Wort Gottes in der Geschichte. Diese Offenbarung Gottes in Sprache setzt die menschliche Sprache der Schöpfung voraus. Schon die natürliche Sprache des Menschen weist ihn also über sich selbst hinaus. Es besteht eine Analogie zwischen der Sprache Gottes und der des Menschen.
Das das ganze Wesen des Menschen umfassende Sprachverständnis kann in diesem Sinn auf den personalen Austausch in der Ehe über-

---

[11] So wird zum Beispiel die Hingabe Marias an Josef zu wenig thematisiert. In der Zuordnung des Mannes Jesus zur Frau Maria darf deren Mutter-Sohn-Beziehung nicht übergangen werden. V.Balthasars Deutung der »himmlischen« Jesus-Maria-Beziehung als hochzeitlich-eheliches Verhältnis scheint dies nicht immer genügend zu berücksichtigen.

tragen werden. Eheliche Kommunikation umfaßt dementsprechend alle geistigen und leiblichen Bereiche des Menschen. Vom alltäglichen Gespräch bis zur leiblichen Vereinigung, vom schweigenden Hören bis zur eigenen Mitteilung reicht deren Bandbreite. Die Ehe als Sprachprozeß hat in dieser Perspektive letztlich ihren Grund, ihre Quelle und ihr Ziel in der Kommunikation Gottes mit dem Menschen.[12]

Das dritte Element ist die *Beziehung zum Kreuz*. Die ganze geschichtliche Theodramatik spitzt sich im Kreuz zu. Sowohl die Hingabe Jesu Christi und die Sprachlichkeit der Offenbarung, als auch die noch folgenden Aspekte der Fruchtbarkeit und der Liebe sind geprägt vom Kreuz. Das Kreuz steht dabei für das Aufeinandertreffen Gottes und seines Heilswillens und der Endlichkeit, Begrenztheit und Sündhaftigkeit des Menschen. Der Weg der Erlösung führt durch Tod und Auferstehung.

In der Ehe als Lebensprozeß wird nur zu deutlich spürbar, daß der Mensch weit hinter dem zurückbleibt, wozu er von Gott ins Sein gesetzt (und erhalten) wurde. Keine eheliche Beziehung bleibt auf Dauer ohne gegenseitige, schuldbedingte Verletzungen und Enttäuschungen. Keine Ehe besteht unabhängig vom gesellschaftlichen Umfeld, das - ebenfalls schuldbedingt - der einzelnen Ehe nicht immer gerecht wird. Die Ehe ist sowohl nach innen als auch nach außen von den Konsequenzen der Sünde bedroht. Das Kreuz ist in diesem Sinn das Symbol für die letzte, tödliche, vernichtende Konsequenz menschlicher Schuld.

Die Ehe steht aber zugleich auch in einer gegenläufigen Bedeutungslinie im Zeichen des Kreuzes. Durch das Erleiden des Kreuzes verliert der Tod *in Christus* seinen Stachel. An dieser Erneuerung in Christus hat christliche Ehe Anteil. Für den Wachstumsprozeß der Ehe bedeutet dies, daß Schuld vergeben werden, daß Verzeihung und Versöhnung stattfinden kann - und immer wieder muß. Und dies nicht als »billige Harmonie«, sondern in schmerzlichen Prozessen. Umkehr und Vergebung sind Wesensbestandteile christlicher Ehe und insbesondere deren Sakramentalität.[13]

---

[12] Von hier aus kann auch eine integrale Sicht ehelicher Sexualität entwickelt werden, welche v.Balthasar über weite Strecken vermissen läßt.

[13] Vgl. O.H. Pesch, Ehe, 27: »Während die anderen Sakramente Glaubenszeichen

Wird die gegenseitige Vergebung der Ehepartner und die Versöhnung mit Gott als unverzichtbares Element christlicher Ehe ernst genommen, so verliert die Verbundenheit der Ehe mit Gattung und Tod ihre Bedrohung. V.Balthasar entfaltet diesen Aspekt der Ehetheologie zwar kaum, er legt jedoch selbst ein Beispiel für Vergebung in einer Eheähnlichen Liebesgeschichte dar: Das patristische Motiv der »Casta Meretrix«.[14]

Das vierte und fünfte Element sind *Fruchtbarkeit* und *Liebe*, die wir an dieser Stelle gemeinsam erwähnen, weil v.Balthasar sie als nicht mehr isolierbar ineinander verschränkt betrachtet.
Sowohl die Fruchtbarkeit als auch die Liebe gehören seit jeher zum Grundbestand christlicher Ehetheologie. Die Fruchtbarkeit stellt im Sinne der Fortpflanzung von Augustinus bis zum heutigen Eherecht einen tragenden Pfeiler des Eheverständnisses dar. Die Liebe als personaler Austausch in gegenseitiger Hingabe und Annahme findet demgegenüber unterschiedliche Bewertungen. Das Spektrum reicht dabei von naturrechtsgeprägter Vernachlässigung und Geringschätzung bis zur romantisch-verklärenden Überhöhung. Der unterschiedliche Stellenwert der personalen Liebe in der Ehe wirkt sich jedoch direkt auf das Verständnis der Fruchtbarkeit aus. Der Begriff der Fruchtbarkeit kann sich auf die Erhaltung der Gattung bzw. geschlechtlichen Vermehrung im biologischen Sinn beschränken, er kann aber auch die leib-geistige Einheit des Menschen zum Ausdruck bringen und sich damit auf alle leiblichen und geistigen »Früchte« der Ehe (nicht nur auf die Kinder) beziehen.
Der Schwerpunkt v.Balthasars besteht darin, daß er sowohl Fruchtbarkeit als auch Liebe trinitätstheologisch begründet und entwickelt. Gott ist in seiner Trinität fruchtbare Liebe. Diese Liebe enthält das

---

sind, sofern sie als klare Symbole auf die reine Struktur des Glaubens und seiner Sache verweisen, nämlich auf die Nähe Gottes, ist die Ehe gerade dadurch öffentliches Glaubenszeichen in der Kirche, daß sie auch auf die Gebrochenheit und Unzulänglichkeit aller irdischen Existenz vor Gott hinweist und eben darin - jenseits allen vernünftigen Kalkulierens - die heilende Nähe Gottes bekennt.« Pesch spricht in diesem Zusammenhang von einem »existentiell-ekklesiologischen Verständnis von der Ehe als Sakrament«: Ebd.

14 S 2, 203-305. In dieser historischen Abhandlung geht v.Balthasar dem Thema des Volkes Gottes als »Hure« und »Braut« nach. Gott findet sein Volk als untreue Ehebrecherin vor, macht es jedoch in Christus zur Jungfrau und Braut.

Moment der »Überraschung«, des bleibenden Geheimnisses im Sinne der Achtung der Unverfügbarkeit des Gegenübers. Sie ist kreativ und schöpferisch. Fruchtbarkeit der Liebe beinhaltet einen unendlichen Reichtum, der nicht durch Sich-Nehmen, sondern nur im Sich-Hingeben und Beschenkenlassen vermehrt wird.
Auch wenn v.Balthasar selbst dieses Verständnis der (immanenten und ökonomischen) Trinität im Hinblick auf die Vergleichbarkeit ehelicher Liebe und Fruchtbarkeit mit der göttlich-trinitarischen nicht weiter ausführt, greift er trinitätstheologisch dennoch auf die menschliche, fruchtbare Liebe zurück. Diese Liebe kommt in der Ehe in tiefgreifender Weise zum Ausdruck.

3. Ehe und Evangelische Räte[15]

Armut, Gehorsam und Jungfräulichkeit sind für v.Balthasar nicht nur drei von vielen christlichen Grundhaltungen, sondern ein unersetzliches »Strukturprinzip systematischer Theologie«[16] überhaupt. In den drei Evangelischen Räten zeigt sich radikal und intensiv, was christliches Leben ausmacht. Dabei stellt v.Balthasar Räte und Ehe diametral gegenüber: Ein Leben nach den Evangelischen Räten läßt sich mit einem Leben in der Ehe nicht verbinden. Es kann weder eine »qualifizierte« Berufung zur Ehe geben, noch lassen sich Ehe und der Rat der Jungfräulichkeit miteinander vereinbaren.
Demgegenüber halten wir eine Zuordnung der Evangelischen Räte zur christlichen Ehe für möglich und bedenkenswert. Die Grundhaltung der gelebten Evangelischen Räte - wie v.Balthasar sie entwickelt hat - kann das Christliche einer Ehe zum Ausdruck bringen. Als These formuliert: Christliche Ehe ist ein Leben in Armut, Gehorsam und »Jungfräulichkeit« bzw. Keuschheit.

---

15 Jüngst äußert sich P. Knauer zum Verhältnis von Ehe und Räten: Die 'Ehelosigkeit um des Himmelreiches willen' und das Zölibatsgesetz, in: StZ 120 (1995) 823-832, wobei er im Anschluß an Ignatius von Loyola eine »geistliche« und eine »aktuale« Weise, die Evangelischen Räte zu leben, unterscheidet. Im »geistlichen« Sinn sollen die Räte von allen Gläubigen gelebt werden - auch von den Eheleuten. »Aktual« wird der Evangelische Rat der Ehelosigkeit von den »um des Himmelreiches willen« ehelos Lebenden verwirklicht. Aber auch von Verheirateten müssen in Grenzsituationen die Räte »aktual« gelebt werden. Grundsätzlich gilt, daß Ehe und Ehelosigkeit gerade in ihrer Verschiedenheit aufeinander angewiesen sind, wenn sie »im Herrn« gelebt werden.

16 Vgl. den Untertitel M. Scheuers, Die Evangelischen Räte.

Mit der Anwendung der Räte auf die Ehe weichen wir im Verständnis der Geschlechtlichkeit des Menschen, der Entstehung einer Ehe und der Trennung zwischen Ehe und Jungfräulichkeit von den Ansichten v.Balthasars ab. Um die Ehe als eine christliche Lebensform im Geist der Räte verstehen zu können, müssen diese Grundlagen vielmehr folgendermaßen aufgefaßt werden.
Zum einen wird vorausgesetzt, daß die menschliche Geschlechtlichkeit von der Sündenverstrickung des Menschen nicht mehr (und nicht weniger) betroffen ist, als alle anderen Lebensbereiche auch. Das Sexuelle des Menschen steht der sündigen Todesverfallenheit nicht näher als andere Aspekte des Menschseins. Entgegen der langen Tradition der Abwertung des Geschlechtlichen besteht in der Frage der Schuld und der Sünde des Menschen kein Anlaß, die Endlichkeit und Unvollkommenheit vor allem am Sexuellen festzumachen. Was Sünde ist, betrifft das ganze Menschsein, zum Beispiel auch Besitz, Macht oder Wahrhaftigkeit. Die Geschlechtlichkeit ist davon nicht ausgenommen, steht aber nicht in herausragender Weise im Mittelpunkt.
Zum zweiten muß die »Entstehung« einer christlichen Ehe als ein geschichtlicher Liebesprozeß zwischen Mann und Frau und zwischen Gott und Mensch angesehen werden. Die »Ehewahl« ist durch eine Wahl des Mannes nicht hinreichend zu beschreiben. Die »Wahl«, die eine Ehe möglich macht und konstitutiv zur Entstehung beiträgt, ist vielmehr ein umfassender Prozeß, bei dem weder Mann noch Frau noch Gott ausgeschlossen bleiben können. Eine Berufung (im »qualifizierten« Sinn) zur Ehe ist demnach möglich, ja sogar der tiefste Grund christlich gelebter Ehe.
Zum dritten kann die Trennung, die zwischen spezifisch berufenen Räte-Christen und verheirateten, »durchschnittlichen« Christen gezogen wird, nicht an der Ehe(losigkeit) festgemacht werden. Ehe oder Ehelosigkeit unterscheiden nicht die radikale, besondere Nachfolge Jesu von dem nur »ausreichend« nachfolgenden Christen.
Grundsätzlich gilt für alle Lebensformen des Christseins, daß der in den Evangelischen Räten konkret gefaßte Geist des Evangeliums, der letztlich die dreieinige Liebe Gottes ist, von Menschen nie ganz verwirklicht werden kann, sondern je neu angestrebt werden muß.

Werden diese Auffassungen vorausgesetzt, so ist die Übertragung der drei Räte auf die Ehe hinsichtlich der einzelnen Räte unterschiedlich plausibel. Am direktesten kommt der Rat des Gehorsams in der Ehe zum Tragen - wenn nicht der Mann in der Ehebeziehung das alleinige Sagen und die Frau sich immer seinem Willen zu fügen hat (oder umgekehrt). Hören und achten sich die Ehepartner in ihrer jeweiligen unverletzlichen Würde, so kommen sie nicht umhin, sich gegenseitig »gehorsam« zu sein. Keiner kann mehr eigenmächtig sein Leben selbst bestimmen. Mit der Ehe bindet sich jeder an den anderen in einer definitiven Weise, die den Gehorsam dem Anderen gegenüber miteinschließt.

Der Begriff der »Jungfräulichkeit« ist dagegen vieldeutiger. Die These »Christliche Ehe ist ein Leben in Armut, Gehorsam und Jungfräulichkeit« legt hinsichtlich der Jungfräulichkeit das Mißverständnis nahe, daß eine Ehe ohne geschlechtlichen Vollzug gemeint sei. Das ist hier nicht der Fall. Was v.Balthasar jedoch mit dem Rat der Jungfräulichkeit verknüpft und entfaltet, läßt sich auf christlich gelebte Ehe übertragen. Es geht in der »Jungfräulichkeit« um eine Grundhaltung der Hingabe an Gott, die konkret und leibhaftig geschieht. Unsere These besagt demnach, daß die Intention des Rates der Jungfräulichkeit in einer Ehe gelebt werden kann, ohne daß die sexuelle Vereinigung der Ehepartner ausgeschlossen werden muß. Die Ehe steht einer ganzen und leibhaftigen Hingabe an Gott nicht im Wege. Sie schließt diese Ganzhingabe nicht aus, sondern erhält - insofern sie Liebesvollzug ist - Anteil an der Liebe Gottes.

Schließlich trifft auch der Rat der Armut die Situation christlich gelebter Ehe. Auch wenn es eine Aufgabe der Ehepartner ist, sich um die materielle Grundlage einer möglichen Familie zu sorgen, so fordert insbesondere das Leben mit Kindern in vielfacher Hinsicht gegenseitigen Verzicht. Je mehr die Ehepartner ihre Bindung christlich, im Sinn des Rates der Armut leben, umso mehr verzichten sie auf eigenmächtiges, freies Verfügen über jede Form von Besitz. Die These bedeutet an dieser Stelle, daß die Ehe, je näher sie dem Schöpfungs- und Erlösungswillen Gottes kommt (der ihre eigene Vollendung ist), umso »ärmer vor Gott« (nach Mt 5, 3) gelebt wird.

Ein wichtiger Unterschied zwischen den christlichen Lebensformen der Ehe und der Räte besteht darin, daß in der Ehe kein öffentliches Gelübde zu den Räten abgelegt wird. Die Eheschließung selbst kann zwar als Ehegelübde von Mann und Frau verstanden werden, sie ist jedoch mit einem Gelübde der Evangelischen Räte nicht identisch. Deshalb kann auch nicht von der Ehe als »Evangelischem Rat« im traditionellen Sinn gesprochen werden. Zu bedenken bleibt dennoch, ob nicht in einer Ehe, die von der Liebe Christi zur Kirche erfüllt ist, Armut, Gehorsam und Jungfräulichkeit/Keuschheit existentiell unumgänglich sind.

Abkürzungen

Die Abkürzungen richten sich nach Siegfried Schwertner, Internationales Abkürzungsverzeichnis für Theologie und Grenzgebiete. Zeitschriften, Serien, Lexika, Quellenwerke mit bibliographischen Angaben, 2., überarbeitete und erweiterte Auflage, Berlin 1992.

Abkürzungen der Werke v.Balthasars:

S 1	Verbum Caro. Skizzen zur Theologie 1 (1960)
S 2	Sponsa Verbi. Skizzen zur Theologie 2 (1960)
S 3	Spiritus Creator. Skizzen zur Theologie 3 (1967)
S 4	Pneuma und Institution. Skizzen zur Theologie 4 (1974)
S 5	Homo creatus est. Skizzen zur Theologie 5 (1986)
H 1	Herrlichkeit. Eine theologische Ästhetik. Bd. 1: Schau der Gestalt (1961)
H 2	Herrlichkeit. Eine theologische Ästhetik. Bd. 2: Fächer der Stile (1962)
H 3/1	Herrlichkeit. Eine theologische Ästhetik. Bd. 3/1: Im Raum der Metaphysik (1965)
H 3/2,1	Herrlichkeit. Eine theologische Ästhetik. Bd. 3/2, 1. Teil: Alter Bund (1965)
H 3/2,2	Herrlichkeit. Eine theologische Ästhetik. Bd. 3/2, 2. Teil: Neuer Bund (1969)
TD 1	Theodramatik 1. Prolegomena (1973)
TD 2/1	Theodramatik 2. Die Personen des Spiels, 1. Teil: Der Mensch in Gott (1976)
TD 2/2	Theodramatik 2. Die Personen des Spiels, 2. Teil: Die Personen in Christus (1978)
TD 3	Theodramatik 3. Die Handlung (1980)
TD 4	Theodramatik 4. Das Endspiel (1983)
TL 1	Theologik 1. Wahrheit der Welt (1985) = Wahrheit. Bd. 1: Wahrheit der Welt (1947)
TL 2	Theologik 2. Wahrheit Gottes (1985)
TL 3	Theologik 3. Der Geist der Wahrheit (1987)

Literaturverzeichnis

I. Hans Urs von Balthasar

1. Bücher

Balthasar Hans Urs von, Apokalypse der deutschen Seele. Studien zu einer Lehre von letzten Haltungen. 3 Bde., Salzburg 1937-1939.

-, Das Weizenkorn. Aphorismen, Luzern 1944. 2. Aufl. (Christ heute 3/4) Einsiedeln 1953; ³1989.

-, Das Herz der Welt, Zürich 1945. - 4. erw. Aufl. Ostfildern 1988.

-, Wahrheit. Bd. 1: Wahrheit der Welt, Einsiedeln 1947.

-, Der Laie und der Ordensstand (Christ Heute 1/2) Einsiedeln 1948.

-, Theologie der Geschichte (Christ Heute 1/8) Einsiedeln 1950. Neue Fassung 3. Aufl. 1959; ⁵1979.

-, Karl Barth. Darstellung und Deutung seiner Theologie, Köln/Olten 1951. 2. Aufl. mit einem neuen Vorwort, Einsiedeln ⁴1976.

-, Der Christ und die Angst (Christ heute 2/3) Einsiedeln 1951; ⁶1989.

-, Schleifung der Bastionen. Von der Kirche in dieser Zeit (Christ Heute 2/9) Einsiedeln 1952; ⁵1989.

-, Thomas und die Charismatik. Kommentar zu Thomas von Aquin, Summa II-II, 171-182, Besondere Gnadengaben und die zwei Wege menschlichen Lebens, Einsiedeln 1996, Neuauflage von: Deutsche Thomasausgabe Bd. 23, Heidelberg und Graz - Wien - Salzburg 1954, 252-464.

-, Das betrachtende Gebet (Adoratio 1) Einsiedeln 1955; ⁴1976

-, Thessalonicher- und Pastoralbriefe des Heiligen Paulus. Für das betrachtende Gebet erschlossen von Hans Urs von Balthasar, Einsiedeln 1955; ²1992.

-, Die Gottesfrage des heutigen Menschen, Wien 1956.

-, Einsame Zwiesprache. Martin Buber und das Christentum, Einsiedeln 1958; ²1993.

-, Verbum Caro. Skizzen zur Theologie 1, Einsiedeln 1960; ³1990.

-, Sponsa Verbi. Skizzen zur Theologie 2, Einsiedeln 1960; ²1971.

-, Herrlichkeit. Eine theologische Ästhetik, Bd. I-III (7 Teilbde.) Einsiedeln 1961-1969. In 2. und 3. Aufl. 1975-1989.

-, Kosmische Liturgie. Das Weltbild Maximus' des Bekenners. 2. völlig veränderte Aufl., Einsiedeln 1961; ³1988.

-, Das Ganze im Fragment. Aspekte der Geschichtstheologie, Einsiedeln 1963; ²1990.

-, Glaubhaft ist nur Liebe (Christ heute 5/1) Einsiedeln 1963; ⁵1985.

-, Wer ist ein Christ? Einsiedeln 1965; ⁵1993.

-, Rechenschaft 1965. Mit einer Bibliographie der Veröffentlichungen Hans Urs von Balthasars, zusammengestellt von Berthe Widmer (Christ heute 5/7) Einsiedeln 1965.
-, Cordula oder der Ernstfall (Kriterien 2) Einsiedeln 1966 - 2. Aufl. 1967 mit einem neuen Nachwort; [4]1987.
-, Spiritus Creator. Skizzen zur Theologie 3, Einsiedeln 1967; [2]1988.
-, Erster Blick auf Adrienne von Speyr, Einsiedeln 1968; [4]1988.
-, Einfaltungen. Auf Wegen christlicher Einigung, München 1969; Einsiedeln [4]1988.
-, Schwestern im Geist. Therese von Lisieux und Elisabeth von Dijon, Einsiedeln 1970; [4]1990.
-, Klarstellungen. Zur Prüfung der Geister, Freiburg 1971; Einsiedeln [4]1978.
-, Gelebte Kirche: Bernanos, Einsiedeln 1971; [3]1988.
-, In Gottes Einsatz leben (Kriterien 24) Einsiedeln 1971; [2]1972.
-, Die Wahrheit ist symphonisch. Aspekte des christlichen Pluralismus (Kriterien 29) Einsiedeln 1972.
-, Theodramatik 1-4 (5 Teilbde.), Einsiedeln 1973-1983.
-, Der antirömische Affekt. Wie läßt sich das Papsttum in der Gesamtkirche integrieren?, Freiburg 1974. - 2. erw. Aufl. Einsiedeln 1989.
-, Pneuma und Institution. Skizzen zur Theologie 4, Einsiedeln 1974.
-, Katholisch (Kriterien 36) Einsiedeln 1975; [3]1993.
-, Henri de Lubac. Sein organisches Lebenswerk (Kriterien 38) Einsiedeln 1976.
-, Der dreifache Kranz. Das Heil der Welt im Mariengebet (Beten heute 9) Einsiedeln 1977; [3]1978.
-, Christlicher Stand, Einsiedeln 1977; [2]1981.
-, Neue Klarstellungen (Kriterien 49) Einsiedeln 1979; [2]1995.
-, Das Christentum und die Weltreligionen. Ein Durchblick, Hg. v. Informationszentrum Berufe der Kirche, Freiburg i.Br. 1979; [2]1989.
-, Kennt uns Jesus - Kennen wir ihn?, Freiburg 1980; [2]1980.
-, Kleine Fibel für verunsicherte Laien, Einsiedeln 1980; [3]1989.
-, Hans Urs von Balthasar Bibliographie 1925-1980, bearb. v. Cornelia Capol, Einsiedeln 1981.
-, Jesus nachfolgen - arm, ehelos, gehorsam, Hg. v. Informationszentrum Berufe der Kirche, Freiburg 1982.
-, «Du krönst das Jahr mit deiner Huld». Radiopredigten, Einsiedeln 1982.
-, Christen sind einfältig (Kriterien 66) Einsiedeln 1983.
-, Unser Auftrag. Bericht und Entwurf, Einsiedeln 1984.
-, (Hg.), Adrienne von Speyr und ihre kirchliche Sendung. Akten des römischen Symposiums 27.-29. September 1985, Einsiedeln 1986.
-, Theologik 1-3, Einsiedeln 1985-1987.
-, Was dürfen wir hoffen? (Kriterien 75) Einsiedeln 1986; [2]1989.
-, Homo creatus est. Skizzen zur Theologie 5, Einsiedeln 1986.
-, Prüfet alles - das Gute behaltet, Ostfildern 1986.
-, Epilog, Einsiedeln 1987.
-, Kleiner Diskurs über die Hölle, Ostfildern 1987; [2]1987.
-, Paulus ringt mit seiner Gemeinde. Die Pastoral der Korintherbriefe (Kriterien 83) Einsiedeln 1988.

-, Wenn ihr nicht werdet wie dieses Kind, Ostfildern 1988.
-, Du hast Worte ewigen Lebens. Schriftbetrachtungen, Einsiedeln 1989.
-, Mein Werk - Durchblicke, Einsiedeln 1990.
-, Hans Urs von Balthasar Bibliographie 1925-1990, Einsiedeln 1990.
-, Nochmals - Reinhold Schneider, Einsiedeln 1991.
-, Gottbereites Leben. Der Laie und der Rätestand - Nachfolge Christi in der heutigen Welt, hg. v. d. Johannesgemeinschaft, Einsiedeln 1993.

2. *Aufsätze*

-, Auch die Sünde. Zum Erosproblem bei Charles Morgan und Paul Claudel, in: StZ 136 (1939) 222-237.
-, Eros und Agape, in: StZ 136 (1939) 398-403.
-, Analogie und Dialektik. Zur Klärung der theologischen Prinzipienlehre Karl Barths, in: DT 22 (1944) 171-216.
-, Analogie und Natur. Zur Klärung der theologischen Prinzipienlehre Karl Barths (Fortsetzung), in: DT 23 (1945) 3-56.
-, Das Ärgernis der Laienorden, in: WuW 6 (1951) 485-494.
-, Wesen und Tragweite der Säkularinstitute, in: Civitas 11 (1956) Sondernummer »Der Laie in der Kirche« 196-210.
-, Der gekreuzigte Eros. Zu P.Claudel, Der seidene Schuh, in: WuW 14 (1959) 481-482.
-, Evangelische Räte in der katholische Kirche von heute, in: Reformatio 13 (1964) 289-297.
-, Evangelische Räte in der heutigen Welt?, in: Civitas 21 (1966) 187-197.
-, Berufung. Theologische Meditation, Sonderdruck 1, Hg. v. Informationszentrum Berufe der Kirche, Freiburg i.Br. 1966.
-, Zur Theologie der Ordensgelübde, in: Protokoll der 3. Tagung der Novizenmeister monastischer Gemeinschaften Deutschlands, 16.-20. November 1971, 5-14.
-, Göttliches und Menschliches im Räteleben nach den Großen Ordensregeln, in: Ordensnachrichten 85 (1975) 394-408.
-, Im Grenzbereich des Laientums, in: IKaZ 8/2 (1979) 187-189.
-, Das Wagnis der Säkularinstitute, in: IKaZ 10 (1981) 238-245.
-, Von der Theologie Gottes zur kirchlichen Theologie, in: IKaZ 10 (1981) 306-315.
-, Liebe steigt »Von oben« ab, in: GuL 55(1982) 87-91.
-, Weltliche Schönheit und göttliche Herrlichkeit, in: IKaZ 11 (1982) 513-517.
-, Wer ist ein Laie?, in: IKaZ 14 (1985) 385-391.
-, Gottes Reich und die Kirche, in: IKaZ 15 (1986) 124-130.
-, Die Armut Jesu, in: IKaZ 15 (1986) 385-387.
-, Theologie und Heiligkeit, in: IKaZ 16 (1987) 483-490.
-, Katholizismus und Gemeinschaft der Heiligen, in: IKaZ 17 (1988) 3-7.
-, Zeugnis und Glaubwürdigkeit, in: IKaZ 17 (1988) 104-110.
-, Schöpfung und Trinität, in: IKaZ 17 (1988) 205-212.

3. *Beiträge zu Sammelwerken*

-, Zur Theologie des Rätestandes, in: Stephan Richter (Hg.), Wagnis der Nachfolge, Paderborn 1964, 9-57.

-, Der Zugang zur Wirklichkeit Gottes, in: MySal 2, hg. v. J. Feiner und M. Löhrer, Einsiedeln/Köln 1967, 15-43.

-, Mysterium Paschale, in: MySal 3/2 1970, 133-326.

-, Warum ich noch ein Christ bin?, in: Zwei Plädoyers, zusammen mit J. Ratzinger, Münchner Akademie Schriften 57, 11-52.

-, Die Nachfolge Christi im Neuen Testament, in: Nachfolge Christi mitten in der Welt, zusammen mit B. Albrecht, Meitingen 1971, 11-26.

-, Nachfolge Christi in der Liebe - mitten in dieser Welt, in: a.a.O. 65-79.

-, Neun Thesen zur christlichen Ethik, in: J. Ratzinger (Hg.), Prinzipien christlicher Moral (Kriterien 37) Einsiedeln 1975; [3]1981, 67-93.

-, Die marianische Prägung der Kirche. Epilog, in: W. Beinert (Hg.), Maria heute ehren, Freiburg i.Br. 1977, 263-279.

-, Die Gegenwart des einen Jesus Christus in der Einheit der Kirche, in: K. Lehmann (Hg.), In der Nachfolge Jesu Christi, Freiburg i.Br. 1980, 37-54.

4. *Vor- und Nachworte*

-, Vom Ordensstand, in: Die Großen Ordensregeln, Einsiedeln 1948; [7]1994, 7-31.

-, Vorwort des Herausgebers, in: Adrienne von Speyr, Theologie der Geschlechter (Nachlaßwerke 12) Einsiedeln 1969, 7-9.

-, Nachwort des Übersetzers, in: Louis Bouyer, Frau und Kirche (Kriterien 42) Einsiedeln 1977, 87-95.

-, Einleitung und Anmerkungen, in: Richard von Sankt-Victor, Die Dreieinigkeit (CMe 4) Einsiedeln 1980.

-, Einführung, in: Gregor von Nyssa, Der versiegelte Quell. Auslegung des Hohen Liedes (CMe 23) Einsiedeln [3]1984, 7-26.

-, Nachwort zur deutschen Übersetzung, in: Paul Claudel, Der seidene Schuh, Salzburg [7]1953, 427-465.

II. Sekundärliteratur

1. *Zu Hans Urs von Balthasar*

Albus Michael, Die Wahrheit ist Liebe. Zur Unterscheidung des Christlichen nach Hans Urs von Balthasar, Freiburg i.Br. 1976.

-, Geist und Feuer. Ein Gespräch mit Hans Urs von Balthasar, in: HerKorr 30 (1976) 72-82.

Baumer Iso, Vermittler des Unzeitgemäßen, in: Hans Urs von Balthasar - Gestalt und Werk, hg. v. K. Lehmann/W. Kasper, Köln 1989, 85-103.

Biser Eugen, Hans Urs von Balthasar, in: H.J. Schultz (Hg.), Tendenzen der Theologie im 20. Jahrhundert, Stuttgart 1966, 524-529.

Conway Eamonn, The anonymous Christian - a relativised Christianity?. An Evaluation of Hans Urs von Balthasar's criticisms of Karl Rahner's theory of the anonymous Christian (EHS. 23/485) Frankfurt a.M. 1993.

Escobar Pedro, Das Universale Concretum Jesu Christi und die 'Eschatologische Reduktion' bei Hans Urs von Balthasar, in: ZKTh 100 (1978) 560-595.

Fessio Joseph, The Origin of the Church in Christ's Kenosis. The Ontological Structure of the Church in the Ecclesiology of Hans Urs von Balthasar (Diss. masch.) Regensburg 1974.

Gawronski Raymond, Word and Silence. Hans Urs von Balthasar and the Spiritual Encounter between East and West, Grand Rapids, Mich. 1995.

Greiner Susanne, Die Würde der Frau. Ihre Bedeutung in der Theologie Hans Urs von Balthasars, in: Hans Urs von Balthasar - Gestalt und Werk, hg. v. K. Lehmann/W. Kasper, Köln 1989, 285-297.

Guerriero Elio, Hans Urs von Balthasar. Eine Monographie, Einsiedeln 1993.

Heinz Hanspeter, Der Gott des Je-mehr. Der christologische Ansatz Hans Urs von Balthasars, Bern - Frankfurt 1975.

Henrici Peter, Erster Blick auf Hans Urs von Balthasar, in: Hans Urs von Balthasar - Gestalt und Werk, hg. v. K. Lehmann/W. Kasper, Köln 1989, 18-61.

-, Zur Philosophie Hans Urs von Balthasars, in: Hans Urs von Balthasar - Gestalt und Werk, hg. v. K. Lehmann/W. Kasper, Köln 1989, 237-259.

-, Der Weltauftrag des Christen, in: Vermittlung als Auftrag, hrsg. v. der Hans Urs von Balthasar-Stiftung, Einsiedeln 1995, 125-148.

Kappes Clemens, Freiheit und Erlösung. Überlegungen zu den Grundlagen der Soteriologie in den Entwürfen Hans Urs von Balthasars, Karl Rahners und Jürgen Moltmanns (Diss. masch.) Münster 1987.

Kay Jeffrey Ames, Theological Aesthetics. the role of aesthetics in the theological method of Hans Urs von Balthasar, Bern - Frankfurt 1975.

-, Hans Urs von Balthasar - ein nachkritischer Theologe?, in: Conc(D) 17 (1981) 86-90.

Kehl Medard, Einführung: Hans Urs von Balthasar. Ein Portrait, in: In der Fülle des Glaubens. Hans Urs von Balthasar - Lesebuch, hg. v. M.Kehl/W. Löser, Freiburg i.Br. ³1981.

Klaghofer-Treitler Wolfgang, Gotteswort im Menschenwort: Inhalt und Form von Theologie nach Hans Urs von Balthasar, Innsbruck-Wien 1992.

Krenski Thomas Rudolf, Passio Caritatis. Trinitarische Passiologie im Werk Hans Urs von Balthasars (Horizonte, Neue Folge 28) Einsiedeln-Freiburg 1990.

-, Hans Urs von Balthasar. Das Gottesdrama (Theologische Profile) Mainz 1995.

Lehmann Karl/*Kasper* Walter (Hg.), Hans Urs von Balthasar - Gestalt und Werk, Köln 1989.

Lochbrunner Manfred, Analogia Caritatis. Darstellung und Deutung der Theologie Hans Urs von Balthasars (FThSt 120) Freiburg i.Br. 1981.

Löser Werner, Im Geiste des Origenes. Hans Urs von Balthasar als Interpret der Theologie der Kirchenväter (FTS 23) Frankfurt a.M. 1976.

-, Unangefochtene Kirchlichkeit - universaler Horizont, in: HerKorr 42 (1988) 472-479.

Lubac Henri de, Ein Zeuge Christi in der Kirche: Hans Urs von Balthasar, in: IKaZ 4 (1975) 390-409.

Menke Karl-Heinz, Stellvertretung. Schlüsselbegriff christlichen Lebens und theologische Grundkategorie, Einsiedeln 1991.

Meuffels Hans Otmar, Einbergung des Menschen in das Mysterium der dreieinigen Liebe. Eine trinitarische Anthropologie nach Hans Urs von Balthasar (BDS 11) Würzburg 1991.

Naduvilekut James, Christus der Heilsweg. Soteria als Theodrama im Werk Hans Urs von Balthasar, St. Ottilien 1987.

O'Donnell John, H. U. von Balthasar sulla teologia del matrimonio, in: La Civiltà Cattolica 139 (1988/III) 483-488.

Pannenberg Wolfhart, Zur Bedeutung des Analogiegedankens bei Karl Barth. Eine Auseinandersetzung mit Hans Urs v. Balthasar, in: ThLZ 78 (1953) 17-24.

Peelman Achiel, Hans Urs von Balthasar et la Théologie de l'Histoire (EHS. 23/107) Frankfurt a.M. 1978.

Pérez Haro Eliecer, El misterio del ser. Una mediación entre Filosofía y Teología en Hans Urs von Balthasar, Barcelona 1994.

Rahner Karl, Hans Urs von Balthasar, in: Civitas 20 (1964/65) 601-604.

Ratzinger Joseph, Christlicher Universalismus. Zum Aufsatzwerk Hans Urs von Balthasars, in: Hochl. 54 (1961/62) 68-76.

Römelt Josef, Personales Gottesverständnis in heutiger Moraltheologie: auf dem Hintergrund der Theologie von K.Rahner und H.U.v.Balthasar (IThS 21) Innsbruck-Wien 1988.

Sachs John Randall, Spirit and Life. The Pneumatology and Christian Spirituality of Hans Urs von Balthasar (Diss. masch.) Tübingen 1984.

Scheuer Manfred, Die Evangelischen Räte. Strukturprinzip systematischer Theologie bei Hans Urs von Balthasas, Karl Rahner, Johann Baptist Metz und in der Theologie der Befreiung (StSSTh 1) Würzburg [2]1992

Schmid Johannes, Im Ausstrahl der Schönheit Gottes. Die Bedeutung des Analogiebegriffs im Werk »Herrlichkeit. Eine theologische Ästhetik« von Hans Urs von Balthasar (MüSt 35) Münsterschwarzach 1982.

Schreer Werner, Der Begriff des Glaubens. Das Verständnis des Glaubensaktes in den Dokumenten des Vatikanum II und in den theologischen Entwürfen Karl Rahners und Hans Urs von Balthasars (EHS. 23/448) Frankfurt a.M. 1992.

Scola Angelo, Hans Urs von Balthasar - ein theologischer Stil. Eine Einführung in sein Werk, übers. v. F. Brunckhorst, Paderborn 1996.

Spangenberg Volker, Herrlichkeit des Neuen Bundes. Die Bestimmung des biblischen Begriffs der »Herrlichkeit« bei Hans Urs von Balthasar (WUNT 2/55) Tübingen 1993.

Strukelj Anton, Zivljenje iz polnosti vere. Teologija krscanskih stanov pri Hansu Ursu von Balthasarju (Diss. masch.) Ljubljana 1981, mit einer deutschen Zusammenfassung: Die Theologie der christlichen Stände bei Hans Urs von Balthasar, 322-324.

-, Mann und Frau in Gott. Die Würde des Menschen nach Hans Urs von Balthasar, in: FKTh 10 (1994) 269-277.

Tinnefeldt Wolfgang, Ekstasis der Liebe und Einfaltung des Glaubens. Eine Untersuchung zur Frage nach der Mitte und Einheit der christlichen Wahrheit bei Hans Urs v. Balthasar (Diss. masch.) Mainz 1975.

Tossou Kossi K. Joseph, Streben nach Vollendung. Zur Pneumatologie im Werk Hans Urs von Balthasars (FThSt 125) Freiburg i.Br. 1983

Vorgrimler Herbert, Hans Urs von Balthasar, in: -/R.v.d.Gucht (Hg.), Bilanz der Theologie im 20. Jahrhundert, Bahnbrechende Theologen, Freiburg i.Br. 1970, 122-142.

Wallner Karl Josef, Gott als Eschaton. Trinitarische Dramatik als Voraussetzung göttlicher Universalität bei Hans Urs von Balthasar, Heiligenkreuz 1992.

Wittschier Sturmius-M., Kreuz - Trinität - Analogie. Trinitarische Ontologie unter dem Leitbild des Kreuzes, dargestellt als ästhetische Theologie (BDS 1) Würzburg 1987.

Zwank Rudolf, Geschlechteranthropologie in theologischer Perspektive?: Zur Phänomenologie des Geschlechtlichen in Hans Urs von Balthasars »Theodramatik«, Frankfurt a.M. 1996.

2. Zur Ehe

Auer Johann, Die Sakramente der Kirche (KKD 7), 2. durchges. und erg. Aufl., Regensburg 1979.

Aymans Winfried, Die Sakramentalität christlicher Ehe in ekklesiologisch-kanonistischer Sicht. Thesenhafte Erwägungen zu einer Neubesinnung, in: TThZ 83 (1974) 321-338.

Baumann Urs, Die Ehe - ein Sakrament?, Zürich 1988.

Baltensweiler Heinrich, Die Ehe im Neuen Testament. Exegetische Untersuchungen über Ehe, Ehelosigkeit und Ehescheidung, Zürich 1967.

Beinert Wolfgang, Die Ehe als Sakrament der Kirche, in: Beiträge zur Theologie der Ehe, Kevelaer 1971, 11-36.

-, Partnerschaftliche Ehe. Theologische Überlegungen, in: StZ 197 (1979) 689-700.

- (Hg.), Glaubenszugänge. Lehrbuch der Katholischen Dogmatik, Bd. 3, Paderborn 1995.

Böckle Franz, Ehe und Ehescheidung, in: Handbuch der christlichen Ethik. Aktualisierte Neuausgabe, Bd. 2, hg. v. A. Hertz/W. Korff/T. Rendtroff/H. Ringeling, Freiburg i.Br. 1993, 117-135.

Boff Leonardo, Das Sakrament der Ehe, in: Conc 9 (1973) 459-465.

Bujo Bénézet, Ehe als Bund und Prozeß in Afrika, in: StZ 120 (1995) 507-520.

Brunner Peter, Theologie der Ehe als ökumenische Aufgabe, in: ders., Bemühungen um die einigende Wahrheit: Aufsätze, Göttingen 1977, 216-244.

Corecco Eugenio, Ordinatio Fidei. Schriften zum kanonischen Recht, hg. v. L. Gerosa/L. Müller, Paderborn 1994.

Courth Franz, Die Sakramente. Ein Lehrbuch für Studium und Praxis der Theologie, Freiburg i.Br. 1995.

Crouzel Henri, L'Église primitive face au divorce. Du premier au cinquième siècle (ThH 13) Paris 1971.

Demel Sabine, Kirchliche Trauung - unerläßliche Pflicht für die Ehe des katholischen Christen?, Stuttgart 1993.

Doms Herbert, Zweigeschlechtlichkeit und Ehe, in: Mysterium Salutis 2, Einsiedeln - Zürich - Köln 1967, 707-747.

Duss-von Werdt Josef, Theologie der Ehe - Der sakramentale Charakter der Ehe, in: Mysterium Salutis 4/2, Einsiedeln - Zürich - Köln 1973, 422-448.

Ganoczy Alexandre, Einführung in die katholische Sakramentenlehre, Darmstadt 1979.

Greeven Heinrich, Ehe nach dem Neuen Testament, in: Theologie der Ehe, hg. v. G. Krems/R. Mumm, Regensburg - Göttingen ²1972, 37-79.

Gruber Hans-Günter, Christliche Ehe in moderner Gesellschaft. Entwicklungen - Chancen - Perspektiven, Freiburg i.Br. ²1995

Gründel Johannes, Die Zukunft der christlichen Ehe. Erwartungen - Konflikte - Orientierungshilfen, München ²1979.

Hilpert Konrad, Ehe als Lebensform von Liebe, in: W. Ernst (Hg.), Grundlagen und Probleme der heutigen Moraltheologie, Würzburg 1989, 227-246.

Kaiser Matthäus, Spender des Ehesakramentes, in: KlBl 70 (1990) 194-200.

Kasper Walter, Die Verwirklichung der Kirche in Ehe und Familie. Überlegungen zur Sakramentalität der Ehe, in: Glaube und Geschichte, Mainz 1970, 330-354.

-, Zur Theologie der christlichen Ehe, Mainz ²1981.

Kirchschläger Walter, Ehe und Ehescheidung im Neuen Testament. Überlegungen und Anfragen zur Praxis der Kirche, Wien 1987.

Knauer Peter, Die »Ehelosigkeit um des Himmelreiches willen« und das Zölibatsgesetz, in: StZ 120 (1995) 823-832.

Koch Günter/*Breuning* Wilhelm, Die Ehe des Christen. Lebensform und Sakrament (BThF 9) Freiburg i.Br. 1981.

Larentzakis Gregor, Ehe Ehescheidung und Wiederverheiratung in der orthodoxen Kirche, in: ThPQ 125 (1977) 250-261.

Lehmann Karl, Zur Sakramentalität der Ehe, in: Ehe und Ehescheidung, hg. v. F. Henrich/V. Eid, München 1972, 57-72.

-, Glaube - Taufe - Ehesakrament. Dogmatische Überlegungen zur Sakramentalität der christlichen Ehe, in: StMor 16 (1978) 71-97.

-, Die christliche Ehe als Sakrament, in: IKaZ 8 (1979) 385-392.

Lettmann Reinhard, Die Diskussion über die klandestinen Ehen und die Einführung einer zur Gültigkeit verpflichtenden Eheschließungsform auf dem Konzil von Trient (MBTh 31) Münster 1966.

Liss Bernhard, Die Ehe als Sakrament leben, in: LebZeug 46 (1991) 219-227.

Lüdecke Norbert, Eheschließung als Bund: Genese und Exegese der Ehelehre der Konzilskonstitution "Gaudium et Spes" in kanonistischer Auswertung, 2 Bd. (FKRW 7) Würzburg 1989.

Mackin Theodore, The Marital Sacrament, New York - Mahwah 1989.

Mieth Dietmar, Ehe als Entwurf. Zur Lebensform der Liebe, Mainz ²1992.

-, Ehe als Prozeß, in: Diakonia 19 (1988) 293-300.

Molinski Waldemar, Theologie der Ehe in der Geschichte (CiW 7, 7 a/b) Aschaffenburg 1976.

Müller Michael, Die Lehre des Hl. Augustinus von der Paradiesesehe und ihre Auswirkungen in der Sexualethik des 12. und 13. Jahrhunderts bis Thomas von Aquin, Regensburg 1954.

Ott Detlef, Christliche Ehe heute. Zur theologische Reflexion menschlicher Geschlechtlichkeit (EHS. 23/196) Frankfurt a.M. 1983.

Pesch Otto Hermann/*Kaufmann* Franz-Xaver/*Mandel* Karl Herbert, Ehe, in: CGG 7, Freiburg i.Br. 1981.

Pesch Rudolf, Freie Treue. Die Christen und die Ehescheidung, Freiburg i.Br. 1971.

Puza Richard, Die Ehe als Sakrament und Vertrag. Zu Geschichte und Gegenwart eines kodifizierten Lehrsatzes (c. 1055 §§ 1.2 CIC 1983), in: ThQ 167 (1987) 128-136.

-, Kirchenrecht - Theologie - Liturgie, in: Eheschließung - mehr als ein rechtlich Ding?, hg. v. K. Richter (QD 120) Freiburg i. Br. 1989, 62-83.

Rahner Karl, Kirche und Sakramente (QD 10) Freiburg i.Br. 1960.

-, Die Ehe als Sakrament, in: Schriften zur Theologie 8, Einsiedeln - Zürich - Köln 1967, 519-540.

Ratzinger Joseph, Zur Theologie der Ehe, in: Theologie der Ehe, hg. v. G. Krems/R. Mumm, Regensburg - Göttingen ²1972, 81-115.

Reinhardt Klaus, Sakramentalität und Unauflöslichkeit der Ehe in dogmatischer Sicht, in: Ehe - Sakrament in der Kirche des Herrn, hg. v. K. Reinhardt/H. Jedin (EGG 2) Berlin 1971, 7-59.

Reynolds Philip Lyndon, Marriage in the Western Church. The Christianization of Marriage during the Patristic and early medieval periods (Vig Chr 24) Leiden - New York - Köln 1994.

Ritzer Korbinian, Formen Riten und religiöses Brauchtum der Eheschließung in den christlichen Kirchen des ersten Jahrtausends (LWQF 38) 2. verb. u. erg. Aufl., Münster 1981.

Scharbert Josef, Art. Ehe/Eherecht/Ehescheidung, II: Altes Testament, in: TRE, Bd. 9, 311-313.

Scheffczyk Leo, Die sakramentale Ehe als Abbild der Christus - Kirche - Verbindung, in: Die Familie: ein Herzensanliegen, hg. v. J.Stöhr, St. Ottilien 1988, 127-140.

Schillebeeckx Eduard, Le Mariage. Réalité terrestre et mystère de salut, Paris 1966.

Schilson Arno, "Ohne dich bin ich nichts!". Liebe und Ehe in theologischer Sicht, in: ThGl 77 (1987) 317-335.

-, Die liturgische Feier der Eheschließung als Sakrament. Anstöße zu einer sakramententheologischen Neubesinnung aus zwei neueren Publikationen, in: ALW 32 (1990) 365-381.

Schnackenburg Rudolf, Die Ehe nach dem Neuen Testament, in: Theologie der Ehe, hg. v. G. Krems/R. Mumm, Regensburg - Göttingen ²1972, 9-36.

Schneider Theodor, Zeichen der Nähe Gottes. Grundriß der Sakramententheologie, Mainz ⁴1984

-, (Hg.), Mann und Frau - Grundproblem theologischer Anthropologie (QD 121) Freiburg i.Br. 1989.

-, (Hg.), Geschieden, wiederverheiratet, abgewiesen?: Antworten der Theologie (QD 157) Freiburg i.Br. 1995.

Schockenhoff Eberhard, Ehe - nichteheliche Lebensgemeinschaft - Ehelosigkeit, in: J. Gründel (Hg.), Leben aus christlicher Verantwortung. Ein Grundkurs der Moral, Bd. 3, Düsseldorf 1992, 31-49.

Splett Ingrid, Zur Kultur menschlicher Beziehungen in der Ehe, in: LebZeug 46 (1991) 208-218.

Splett Jörg und Ingrid, Meditation der Gemeinsamkeit. Aspekte einer ehelichen Anthropologie, München - Freiburg i.Br. 1970.

Splett Jörg, Der Mensch: Mann und Frau. Perspektiven christlicher Philosophie, Frankfurt a.M. 1980.

-, Leben als Mit-Sein. Vom trinitarisch Menschlichen, Frankfurt a.M. 1990.

Stöhr Johannes, Die Familie als Analogie zum Trinitätsmysterium?, in: Die Familie: ein Herzensanliegen. Zur neueren Theologie der christlichen Ehe, hg. v. J.Stöhr, St. Ottilien 1988, 141-181.

Verweyen Hansjürgen (Hg.), Ehe heute - sechs Grundfragen, Essen 1981.

Vogt Hermann J., Die Eheschließung in der frühen Kirche, in: Eheschließung - mehr als ein rechtlich Ding?, hg. v. K. Richter (QD 120) Freiburg i. Br. 1989, 119-132.

Vorgrimler Herbert, Sakramententheologie (LeTh 17) Düsseldorf 1987.

-, Zur dogmatischen Einschätzung und Neueinschätzung der kirchlichen Trauung, in: Eheschließung - mehr als ein rechtlich Ding?, hg. v. K. Richter (QD 120) Freiburg i. Br. 1989, 42-61.

Zapp Hartmut, Kanonisches Eherecht, Freiburg i.Br. [7]1988.

3. Sonstige Literatur

Bessières Albert, Anna-Maria Taigi. Seherin und Prophetin. Beraterin von Päpsten und Fürsten 1769-1837, Wiesbaden 1961.

Breuning Wilhelm, Art. Stände des Menschen, in: LThK[2], Bd. 9, 1013-1016.

Chenaux Philippe (Hg.), Charles Journet (1891-1975): Un théologien en son siècle. Actes du Colloque de Genève 1991 sous la direction de Philippe Chenaux, Freiburg/Ue. 1992.

Codex des kanonischen Rechtes. Lateinisch - deutsche Ausgabe, hg. im Auftrag der Deutschen Bischofskonferenz u.a., Kevelaer 1983.

Das Zweite Vatikanische Konzil. Konstitutionen, Dekrete und Erklärungen lt. und dt. (LThK[2]) Teil 3, Freiburg i.Br. 1968.

Enchridion symbolorum, definitionum et declarationum de rebus fidei et morum, hg. v. H. Denzinger, bearb. v. A. Schönmetzer, Barcelona - Freiburg i.Br. [36]1979.

Erikson Erik H., Kindheit und Gesellschaft, Sonderausgabe, Stuttgart 1987.

Finkenzeller Josef, Art. Sakrament, III. Dogmengeschichtlich, in: LThK[2], Bd. 9, 220-225.

-, Die Lehre von den Sakramenten im allgemeinen: Von der Reformation bis zur Gegenwart (HDG 4/1b) Freiburg i.Br. 1981.

Gasper Hans/*Minz* Karl-Heinz/*Bode* Franz-Josef, Matthias Joseph Scheeben als Theologe zwischen Erstem und Zweitem Vatikanischen Konzil, in: N. Trippen (Hg.), Das Kölner Priesterseminar im 19. und 20. Jahrhundert. Festschrift zur

Feier des 250-jährigen Bestehens am 29. Juni 1988 (SKKG 23) Siegburg 1988, 221-333.

Gemeinsame Hirtenschreiben der Bischöfe der Oberrheinischen Kirchenprovinz zur Pastoral mit Geschiedenen und Wiederverheirateten Geschiedenen vom 10. Juli 1993, hg. v. Bischöflichen Ordinariaten der Oberrheinischen Kirchenprovinz Freiburg i.Br., Mainz und Rottenburg-Stuttgart, August 1993.

Gertz Bernhard, Glaubenswelt als Analogie. Die theologische Analogie-Lehre Erich Przywaras und ihr Ort in der Auseinandersetzung um die analogia fidei, Düsseldorf 1969.

Greshake Gisbert, Die theologische Herkunft des Personbegriffs, in: Personale Freiheit und pluralistische Gesellschaft, hg. v. G. Pöltner, Wien - Freiburg - Basel 1981, 75-86.

-, Geschenkte Freiheit, Neuausgabe, Freiburg i.Br. 1992.

Greshake Gisbert/*Faber* Eva-Maria, Art. Gnade V. Theologie- und dogmengeschichtlich, in: LThK[3], Bd. 4, 772-779.

Herz Martin, SACRUM COMMERCIUM. Eine begriffsgeschichtliche Studie zur Theologie der römischen Liturgiesprache (MThS II, 15) München 1958.

Ignatius von Loyola, Die Exerzitien, übertr. v. H.U. v.Balthasar (Sigillum 1) Einsiedeln [10]1990.

Katechismus der Katholischen Kirche, München u.a. 1993

Katholischer Erwachsenen-Katechismus. Das Glaubensbekenntnis der Kirche, hg. v. d. Deutschen Bischofskonferenz, Kevelaer u.a. [2]1985.

Kehl Medard, Kirche als Institution. Zur theologischen Begründung des institutionellen Charakters der Kirche in der neueren deutschsprachigen katholischen Ekklesiologie, Frankfurt a.M [2]1978.

Lehrverurteilungen - kirchentrennend? I: Rechtfertigung, Sakramente und Amt im Zeitalter der Reformation und heute, hg. v. K. Lehmann/W. Pannenberg, Freiburg i.Br. [2]1986.

Lubac Henri de, Glauben aus der Liebe. »Catholicisme«, übertr. u. eingel. v. H.U. v.Balthasar, Einsiedeln [3]1992.

-, Die Freiheit der Gnade, 1. Bd.: Das Erbe Augustins, übertr. v. H.U. v.Balthasar, Einsiedeln 1971.

-, Die Freiheit der Gnade, 2. Bd.: Das Paradox des Menschen, übertr. v. H.U. v.Balthasar, Einsiedeln 1972.

Méroz Lucien, Le cardinal Journet ou la sainte théologie, Bouère 1993.

Minz Karl-Heinz, Pleroma Trinitatis. Die Trinitätstheologie bei Matthias Joseph Scheeben (DiTh 10) Frankfurt a.M. 1982.

Mühlen Heribert, Gnadenlehre, in: Bilanz der Theologie im 20. Jahrhundert, hg. v. H. Vorgrimler/R. v.Gucht, Bd. 3, Freiburg i.Br. 1970, 148-192.

Müller Gerhard Ludwig, Katholische Dogmatik. Für Studium und Praxis der Theologie, Freiburg i.Br. 1995.

Mullady Brian T., The mystery of marriage in Matthias Joseph Scheeben, in: Vari Autori, M.J. Scheeben. teologo cattolico d'ispirazione tomista, Studi Tomistici 33, hg. v. A. Piolanti, Rom 1988, 435-441.

Naab Erich, Zur Begründung der analogia entis bei Erich Przywara. Eine Erörterung (EichB 21, Abt. Phil. u. Theol. 4) Regensburg 1987.

Nieborak Stefan, 'Homo analogia'. Zur philosophisch-theologischen Bedeutung der 'analogia entis' im Rahmen der existentiellen Frage bei Erich Przywara S.J. (1889-1972), Frankfurt a.M. 1994.

Paul Eugen, Denkweg und Denkform der Theologie von Matthias Joseph Scheeben (MThS II, 40) München 1970.

Pemsel-Maier Sabine, Rechtfertigung durch Kirche. Das Verhältnis von Kirche und Rechtfertigung in Entwürfen der neueren katholischen und evangelischen Theologie (StSSTh 5) Würzburg 1991.

Pesch Otto Hermann, Das Zweite Vatikanische Konzil (1962-1965). Vorgeschichte - Verlauf - Ergebnisse - Nachgeschichte, Würzburg 1993.

Przywara Erich, Analogia Entis. Metaphysik, Schriften 3, Einsiedeln 1962.

Raffelt Albert, Art.: gratia (prae-)supponit naturam, in: LThK^{3}, Bd. 4, 986-988.

Richard von Sankt-Viktor, Die Dreieinigkeit, übertr. u. m. Anm. v. H.U. v.Balthasar, Einsiedeln 1980.

Salotti Carlo, Die selige Anna Maria Taigi (1769-1837), übers. v. Leo Schlegel, St. Ottilien 1928.

Sämtliche Berichte und Konsenstexte interkonfessioneller Gespräche auf Weltebene 1931-1982, hg. v. H. Meyer/H.J. Urban/L. Vischer, Paderborn - Frankfurt a.M. 1983.

Scheeben Matthias Joseph, Die Herrlichkeiten der Göttlichen Gnade, hg. v. R. Grosche (Gesammelte Schriften 1, hg. v. J. Höfer) Freiburg i.Br. ^{17}1949.

-, Die Mysterien des Christentums, hg. v. J. Höfer (Gesammelte Schriften 2) Freiburg i.Br. ^{2}1951.

-, Handbuch der Katholischen Dogmatik, Drittes Buch, Schöpfungslehre, hg. v. W. Breuning/F. Lakner (Gesammelte Schriften 5) Freiburg i.Br. ^{3}1961.

Schmaus Michael, Der Glaube der Kirche, 2. veränd. Aufl., Band 2: Gott der Eine und Dreieinige - der ewige Ursprung des menschgewordenen Gottessohnes, St. Ottilien 1979.

Siewerth Gustav, Metaphysik der Kindheit, Einsiedeln 1957.

-, Philosophie der Sprache, Einsiedeln 1962.

Speyr Adrienne von, Der Epheserbrief, Neuauflage, Einsiedeln 1983.

-, Die Welt des Gebets, Einsiedeln ^{2}1992.

-, Das Licht und die Bilder, Einsiedeln ^{2}1986.

-, Theologie der Geschlechter, Die Nachlaßwerke 12, hg. u. eingel. v. H.U. v.Balthasar, Einsiedeln 1969.

Stertenbrink Rudolf, Ein Weg zum Denken. Die Analogia entis bei Erich Przywara (SSPh 10), Salzburg 1971.

Stoeckle Bernhard, »gratia supponit naturam«. Geschichte und Analyse eines theologischen Axioms, Rom 1962.

Thomas von Aquin, Summa Theologiae. Textus Leoninus, in: Biblioteca de Autores Cristianos, Madrid ^{3}1961-1965.

Ulrich Ferdinand, Der Mensch als Anfang. Zur philosophischen Anthropologie der Kindheit, Einsiedeln 1970.

Valković Mariano, L'uomo, la donna e il matrimonio nella teologia di Matthias Joseph Scheeben (AnGr 152, B, 48) Rom 1965.

Studien zur systematischen und spirituellen Theologie

Herausgegeben von Gisbert Greshake, Medard Kehl und Werner Löser

Band 1: Manfred Scheuer: **Die evangelischen Räte.** Strukturprinzip systematischer Theologie bei H.U. von Balthasar, J.B. Metz und in der Theologie der Befreiung. 1990. ^{2}1992. XIII + 449 Seiten. ISBN 3-429-01296-1.

Band 2: Dagmar Heller: **Schriftauslegung und geistliche Erfahrung bei Bernhard von Clairvaux.** 1990. IX + 228 Seiten. ISBN 3-429-01332-1.

Band 3: Anneliese Herzig: "**Ordens-Christen**". Theologie des Ordenslebens in der Zeit nach dem Zweiten Vatikanischen Konzil. 1991. XI + 464 Seiten. ISBN 3-429-01369-0.

Band 4: Christoph Benke: **Unterscheidung der Geister bei Bernhard von Clairvaux.** 1991. XI + 320 Seiten. ISBN 3-429-01366-6.

Band 5: Sabine Pemsel-Maier: **Rechtfertigung durch Kirche?** Das Verhältnis von Kirche und Rechtfertigung in Entwürfen der neueren katholischen und evangelischen Theologie. 1991. XIV + 415 Seiten. ISBN 3-429-01399-2.

Band 6: Peter Scharr: **Consensus fidelium.** Zur Unfehlbarkeit der Kirche aus der Perspektive einer Konsenstheorie der Wahrheit. 1992. XI + 257 Seiten. ISBN 3-429-01465-4.

Band 7: Gerd Summa: **Geistliche Unterscheidung bei Johannes Cassian.** 1992. XI + 266 Seiten. ISBN 3-429-01468-9.

Band 8: Gerhard Marschütz: **Die verlorene Ehrfurcht.** Über das Wesen der Ehrfurcht und ihre Bedeutung für unsere Zeit. 1992. XI + 340 Seiten. ISBN 3-429-01469-7.

Band 9: Eva-Maria Faber: **Kirche zwischen Identität und Differenz.** Die ekklesiologischen Entwürfe von Romano Guardini und Erich Przywara. 1993. XI + 449 Seiten. ISBN 3-429-01491-3.

Band 10: Stefan Zekorn: **Gelassenheit und Einkehr.** Zu Grundlage und Gestalt geistlichen Lebens bei Johannes Tauler. 1993. X + 256 Seiten. ISBN 3-429-01516-2.

Band 11: Andreas Wollbold: **Therese von Lisieux.** Eine mystagogische Deutung ihrer Biographie. 1994. IX + 367 Seiten. ISBN 3-429-01601-0.

Band 12: Herbert Hecker: **Phänomenologie des Christlichen bei Edith Stein.** 1995. XII + 399 Seiten. ISBN 3-429-01642-8.

Band 13: Toni Witwer: **Die Gnade der Berufung.** Allgemeine und besondere Berufung bei Hieronymus Nadal am Beispiel der Gesellschaft Jesu. 1995. X + 299 Seiten. ISBN 3-429-01686-X.

Band 14: Peter-Felix Ruelius: **Mysterium Spes.** Gabriel Marcels Philosophie der Hoffnung und ihre Relevanz für die Eschatologie. 1995. XII + 412 Seiten. ISBN 3-429-01687-8.

Band 15: Josef Freitag: **Geist-Vergessen - Geist-Erinnern.** Vladimir Losskys Pneumatologie als Herausforderung westlicher Theologie. 1995. XVI + 459 Seiten. ISBN 3-429-01688-6.

Band 16: Roland Faber: **Der Selbsteinsatz Gottes.** Grundlegung einer Theologie des Leidens und der Veränderlichkeit Gottes. 1995. XII + 472 Seiten. ISBN 3-429-01689-4.

Band 17: Stefan Kiechle: **Kreuzesnachfolge.** Eine theologisch-anthropologische Studie zur ignatianischen Spiritualität. 1996. XII + 446 Seiten. ISBN 3-429-01787-4.

Band 18: Gabriele Kieser: **Jesus Christus im Armen.** Zur Bedeutung der Armut und des Armen bei Léon Bloy. 1996. X + 213 Seiten. ISBN 3-429-01829-3.

Band 19: Katja Boehme: **Gott aussäen.** Zur Theologie der weltoffenen Spiritualität bei Madeleine Delbrêl. 1997. X + 311 Seiten. ISBN 3-429-01841-2

Band 20: Thomas Dienberg: **»Ihre Tränen sind wie Gebete« (Elie Wiesel).** Das Gebet nach Auschwitz in Theologie und Literatur. 1997. XII + 448 Seiten. ISBN 3-429-01897-8.

Band 21: Michael Bangert: **Demut in Freiheit.** Studien zur Geistlichen Lehre im Werk Gertruds von Helfta. 1997. X + 404 Seiten. ISBN 3-429-01897-8.

Band 22: Christoph Kaiser: **Theologie der Ehe – der Beitrag Hans Urs von Balthasars.** 1997. X + 239 Seiten. ISBN 3-429-01952-4.